Diogenes Taschenbuch 21527

Luigi Pirandello

Meister-erzählungen

*Aus dem Italienischen
von Percy Eckstein,
Hans Hinterhäuser
und Lisa Rüdiger
Mit einem Nachwort
von Lisa Rüdiger*

Diogenes

Ausgewählt aus den *Novelle per un anno*, 1922–1928,
von Lisa Rüdiger und Barbara Birrer
Umschlagillustration:
Marcello Dudovich, 1911

Diogenes Verlag AG Zürich
80/90/8/3
ISBN 3 257 21527 4

Inhalt

Der Rauch 7
Die Häresie der Katharer 79
Der Examenskandidat 97
Ein Goi 133
Die Reise 145
Wenn man das Spiel verstanden hat 177
Seine Majestät 195
Die drei Gedanken des Buckelchens 223
Mahnung zur Pflicht 235
Das Licht vom andern Haus 257
Formalitäten 273
Die Leibrente 319
Nachwort 383

Der Rauch

I

Kaum kamen die Schwefelarbeiter, keuchend und todmüde, aus der Tiefe ihres ›Lochs‹ nach oben, so war das erste, was ihre Augen suchten, das Grün des fernen Hügels, der im Westen das weite Tal abschloß.

Auf dieser Seite sah man nichts als dürre, von dunklem Tuffstein gefleckte, von den Schwefelgruben wie von lauter riesigen Ameisenhaufen durchlöcherte und vom *Rauch* verbrannte Hänge, auf denen seit langem kein Grashalm mehr wuchs.

Auf dem Grün jenes Hügels aber ruhten die entzündeten Augen aus, wenn das Licht nach all den Stunden in der Finsternis drunten schmerzte.

All denen, die die Brennöfen mit Rohmineral zu füllen hatten, die das Schmelzen des Schwefels überwachten oder unter den Öfen selbst damit beschäftigt waren, den verbrannten Schwefel aufzufangen, der langsam und zäh wie dicke schwärzliche Ölhefe in die Formen lief, linderte der Anblick des fernen Grüns auch die Atemnot, die Beschwerde des beißenden *Rauchs*, der sich in der Kehle festsetzte und zu den grausamsten Krämpfen und Erstickungsanfällen führen konnte.

Die Trägerjungen warfen die Last von den abgeschundenen Schultern, setzten sich auf die Säcke, um ein wenig Atem zu holen, über und über beschmutzt von dem tonhaltigen Grundwasser, das in den Schächten stand und die glitschige, zerbröckelte Treppe des ›Lochs‹ hinabrann; sie kratzten sich den Kopf, und über den glasigen Schwefeldampf hinweg, der, aus den entzündeten Brennöfen aufsteigend, in der Sonne zitterte, schauten sie nach jenem Hügel hin und dachten an das Leben auf dem Land, das für sie ein fröhliches Leben in freier Luft, im Sonnenschein, ohne Gefahr und ohne schwere Mühe war, und beneideten die Bauern.

»Die waren glücklich!«

Kurz, der ferne Hügel war für sie alle so etwas wie ein Traumland. Von dort kam das Öl für ihre Lampen, die nur mühsam die dichte Finsternis der Grube erhellten; von dort das Brot, jenes kernige und schwarze Brot, das sie den ganzen Tag lang der viehischen Anstrengung widerstehen ließ; von dort der Wein, ihre einzige Erholung am Abend, der Wein, der ihnen Mut und Kraft gab, jenes verfluchte Leben auszuhalten, wenn man es überhaupt Leben nennen konnte, was sie da drunten unter der Erde wie lauter geschäftige Tote führten.

Die Bauern des Hügels dagegen spuckten aus, wenn sie auf jene Hänge des Talgrunds blickten: »Puh!«

Das dort war ihr Feind: der *Rauch*, der alles verwüstete.

Und wenn der Wind von drüben kam und den erstickenden Gestank des verbrannten Schwefels herübertrug, dann betrachteten sie ihre Bäume, wie um sie zu verteidigen, und murmelten Verwünschungen gegen jene Narren, die nicht davon ablassen wollten, ihrem Glück das Grab zu schaufeln, die, nicht zufrieden, das ganze Tal verwüstet zu haben, als seien sie neidisch auf dieses einzige Fleckchen Grün, mit ihren Spitzhacken und Brennöfen auch in ihr Land einbrechen wollten.

Alle behaupteten in der Tat, auch unter dem Hügel müsse Schwefel vorkommen. Jene Kämme aus Kieselkalkstein, und weiter unten das Auswitterungsgeröll zeigten es deutlich; und die Bergbauingenieure hatten das Gerücht mehrfach bestätigt.

Aber die Eigentümer des Landes hatten, obwohl sie ständig mit großzügigen Angeboten überlaufen wurden, niemals den Grund verpachten wollen, sondern nicht einmal aus Neugier der Versuchung nachgegeben, eine kleine Probe aufs Exempel zu machen.

Dort lagen ihre Felder unter der Sonne hingebreitet, und alle konnten sie sehen: zwar kamen schlechte Jahre, aber die guten brachten auch den Ausgleich; die Schwefelgrube hingegen war ein finsteres Loch, und wehe, wenn man hineingeriet! Das Gewisse für das Ungewisse hinzugeben, das wäre ein rechter Narrenstreich gewesen.

Diese Erwägungen, die jeder der Eigentümer des Hügels ständig im Sinn des andern befestigte, sollten wie eine Verpflichtung für alle sein, gemeinsam der Versuchung zu widerstehen, da sie nur zu gut wußten, daß, wenn einer nachgäbe und sich eine Schwefelgrube in ihrer Mitte auftäte, alle darunter zu leiden haben würden; und hätte erst einmal die Zerstörung ihren Anfang genommen, dann würden bald sich neue Höllenschlünde öffnen, und in ein paar Jahren alle Bäume und alle Pflanzen tot sein, vergiftet vom *Rauch*; und dann ade, Grün des Landes!

II

Unter denen, die den meisten Versuchungen ausgesetzt waren, befand sich Don Mattia Scala, der auf halber Höhe des Hügels ein Gütchen mit einem schönen Bestand von Mandel- und Olivenbäumen besaß, unter dem man zu seinem Ärger ein überaus reiches Mineralvorkommen vermutete.

Mehrere Ingenieure des Königlichen Bergwerkkorps waren schon gekommen, um jenes Auswitterungsgeröll zu untersuchen und Erhebungen zu machen. Scala hatte sie empfangen, wie ein eifersüchtiger Gatte einen Arzt empfangen mag, der in sein Haus kommt, um eine Unterleibserkrankung seiner Frau zu behandeln.

Jenen Regierungsingenieuren, die von Amts wegen kamen, konnte er nicht gut die Tür vor der Nase zuwerfen. Dafür ließ er seine Wut an den andern aus, die entweder im Auftrag eines reichen Schwefelfabrikanten oder einer Grubengesellschaft erschienen, um mit ihm über die Abtretung oder Verpachtung des Grundes zu verhandeln.

»Einen feuchten Kehricht trete ich Euch ab!« schrie er. »Nicht einmal, wenn Ihr mir die Schätze des Krösus anbietet; nicht einmal, wenn Ihr mir sagt: Mattia, mach's wie die Hühner: scharre hier mit dem Fuß; du findest so viel Schwefel, daß du mit einem Schlag reicher wirst als... was sag ich? als König Fàllari! Ich würde einen Dreck tun, Ihr habt mein Ehrenwort!«

Und wenn die andern langsam zudringlich wurden:

»Geht Ihr jetzt endlich, oder soll ich die Hunde rufen?«

Oft genug mußte er mit seinen Hunden drohen, denn das Tor seines Gütchens ging auf den Maultierpfad, der quer über den Hügel führte und den Arbeitern der Schwefelgruben, den Aufsehern und leitenden Ingenieuren, die aus der nächsten Stadt ins Tal kamen oder von dort zurückkehrten, als Richtweg diente. Nun schien es, als hätten besonders diese letzteren Geschmack daran gefunden, ihn aufzuziehen; und wenigstens einmal in der Woche blieben sie vor dem Gitter stehen, wenn sie Don Mattia in der Nähe sahen, und fragten:

»Noch nichts Neues?«

»Faß, Scampirro! Pack zu, Regina!«

Don Mattia rief zum Spaß wirklich die Hunde.

Es hatte eine Zeit gegeben, wo auch er den Schwefelrausch gehabt hatte und seinetwegen zum armen Schlucker geworden war. Jetzt konnte er auch nicht von ferne mehr ein Stück Schwefel sehen, ohne daß ihn gleich, mit Verlaub zu sagen, das Kotzen ankam.

»Aber steckt denn der Teufel in diesem Schwefel?« fragten sie ihn.

Und er:

»Schlimmeres! Denn der Teufel holt Eure arme Seele, aber er macht Euch reich, wenn er will! Während der Schwefel Euch ärmer macht als Hiob – und Eure Seele trotzdem dran glauben muß!«

Wenn man ihn so sprechen hörte, dachte man an einen Telegraphenmast. Endlos lang war er und spindeldürr und hatte immer den weißen Hut in den Nacken geschoben; und an den Ohren trug er ein Paar goldene Kettchen, die zeigten, was er im übrigen keineswegs zu verbergen suchte, daß er nämlich aus einer Familie kam, die halb dem Volk und halb dem Bürgertum angehörte.

Aus dem glattrasierten Gesicht, welches die den galligen Temperamenten eigene Blässe zeigte, stachen die ungeheuren, abfallenden Augenbrauen seltsam hervor, wie ein großer Schnurrbart, der sich dort oben Bahn gebrochen hatte, da ihm drunten, über der Lippe, jeder Versuch hervorzusprießen verwehrt wurde. Und im Schatten dieser Brauen blitzten zwei helle, scharfe, springlebendige Augen, während die Nüstern der großen energischen Adlernase unaufhörlich sich blähten und bebten.

Alle Besitzer des Hügels hatten ihn gern.

Sie erinnerten sich noch, wie er, einst ein reicher Mann, hier aufgetaucht war, um jene wenigen Hektar Land in Besitz zu nehmen, die er nach dem wirtschaftlichen Zusammenbruch gekauft hatte, mit dem Erlös vom Verkauf seines Hauses in der Stadt, des ganzen Hausrats und der Juwelen seiner Frau, die vor Kummer gestorben war; sie erinnerten sich noch, wie er sich zuerst in den vier Zimmern des zu dem Gut gehörenden Landhauses verschanzt hatte, ohne einen Menschen sehen zu wollen, begleitet nur von einem etwa sechzehnjährigen Mädchen, das alle zuerst für seine Tochter gehalten hatten, das aber, wie man später erfuhr, die jüngere Schwester eines gewissen Dima Chiarenza war, also gerade jenes schändlichen Gauners, der ihn verraten und zugrunde gerichtet hatte.

Es steckte eine ganze, lange Geschichte dahinter.

Scala hatte diesen Chiarenza als Jungen kennengelernt und sich seiner, da er Vater und Mutter verloren, sowie jener viel jüngeren Schwester angenommen; ja, er hatte ihn sogar zu sich geholt, um ihm Arbeit zu geben; als er dann seine Erfahrung und Arbeitsliebe erkannte, hatte er ihn an der Pacht seiner Schwefelgrube beteiligt. Alle Ausgaben für die Ausbeutung und Verarbeitung hatte er auf sich genommen; Dima Chiarenza hatte nur an Ort und Stelle zu sein, um die Verwaltung und die Arbeiten zu überwachen.

Inzwischen wuchs Jana (Januzza, wie sie genannt wurde) in seinem Hause auf. Doch Don Mattia hatte einen Sohn (einen einzigen!) fast gleichen Alters, Neli geheißen. Man weiß, wie es geht; bald gewahrten Vater und Mutter, daß die beiden sich anders denn als Bruder und Schwester liebgewonnen hatten; und um nicht das Stroh neben dem Feuer und der Zeit ihren Lauf zu lassen, hatten die beiden beschlossen, Neli, der noch keine achtzehn war, aus dem Haus zu entfernen, und ihn in die Schwefelgrube geschickt, um Chiarenza behilflich zu sein. In zwei, drei Jahren wollten sie die beiden miteinander verheiraten, wenn sich alles erwartungsgemäß entwickeln sollte.

Konnte Don Mattia Scala je vermuten, daß Dima Chiarenza, dem er vertraute wie sich selbst, Dima Chiarenza, den er von der Straße aufgelesen, wie einen Sohn behandelt und an seinen Geschäften beteiligt hatte, daß Dima Chiarenza ihn verraten würde, wie einst Judas Christus verriet?

Ganz so war es! Der Schändliche hatte sich mit dem leitenden Ingenieur der Grube, den Vorarbeitern, den Leuten an der Waage und den Kärrnern zusammengetan, um ihn ungestraft an den Verwaltungsausgaben, an dem geförderten Schwefel, ja, selbst an den Kohlen zu bestehlen, die man zum Betrieb der Maschinen brauchte, mit denen das Grundwasser ausgepumpt wurde. Und die Grube hatte sich eines Nachts rettungslos mit Wasser gefüllt, und die Anlage der schiefen Ebene, die Scala mehr als dreihunderttausend Lire gekostet hatte, war zerstört worden.

Neli, der in jener Nacht zugegen gewesen war und an den nutzlosen, verzweifelten Anstrengungen teilgenommen hatte, das Unglück zu verhüten, hatte den Haß vorausgefühlt, den sein Vater von Stund an gegen Chiarenza nähren, und in den er vielleicht Jana, die unschuldige Schwester, seine Jana einbeziehen würde; er hatte gefürchtet, vielleicht selbst zur Verantwortung gezogen zu werden, weil er den Verrat nicht bemerkt oder nicht rechtzeitig gemeldet hatte, den Verrat dieses Judas, der in kurzem sein Schwager werden sollte; und so war er in der gleichen Nacht, inmitten des allgemeinen Aufruhrs, geflohen wie ein Wahnsinniger und spurlos verschwunden.

Wenige Tage darauf war trotz Janas hingebender Pflege die Mutter gestorben; ruiniert, ohne Gattin, ohne Sohn, allein mit jenem Mädchen, das sich, wie von Sinnen vor Scham und Schmerz, an ihn geschlossen hatte, ihn nicht hatte lassen wollen, damit gedroht hatte, sich aus dem Fenster zu stürzen, wenn er es zu seinem Bruder zurückschicken würde.

Von jener Festigkeit besiegt und den Abscheu, den ihr Anblick jetzt in ihm erwecken mußte, unterdrückend, hatte Scala eingewilligt, die gleichsam doppelt Mutterlose in das damals erworbene Gütchen mitzunehmen.

Die Zeit ging dahin, und er begann nach und nach seine Kümmernis zu verwinden, mit seinen Nachbarn ein paar Worte zu wechseln, und über sich und das Mädchen Aufschluß zu geben.

»Ah, sie ist gar nicht Eure Tochter?«

»Nein. Aber es ist, als wäre sie's.«

Zuerst schämte er sich zu sagen, wer sie eigentlich war. Von seinem Sohn sprach er nicht. Zu brennend war dieser Schmerz. Und was hätte er im übrigen von ihm erzählen sollen? Er hatte keine Nachricht. Die Polizei hatte sich lange mit der Sache beschäftigt, ohne etwas herausbringen zu können.

Nach einigen Jahren jedoch hatte Jana, überdrüssig, so ganz ohne Hoffnung auf die Rückkehr ihres Verlobten zu warten, in die Stadt zurückkehren wollen, in das Haus des Bruders, welcher inzwischen eine reiche Alte, eine berüchtigte Pfandleiherin, geheiratet und seinerseits begonnen hatte, Wuchergeschäfte zu treiben, und jetzt zu den reichsten Leuten der Gegend zählte.

So war Scala auf seinem Gütchen alleingeblieben. Acht Jahre waren schon vergangen, und er hatte, wenigstens äußerlich, zu seiner früheren Gemütsverfassung zurückgefunden; er war der Freund aller Besitzer des Hügels geworden, die oft im Abenddämmer von den benachbarten Gütern zu ihm kamen.

Es schien, als wolle ihn die Erde für sein Unglück mit der Schwefelgrube entschädigen.

Überhaupt hatte er Glück gehabt, jene wenigen Hektar Erde erwerben zu können, denn einer der Eigentümer der sechs Güter, in die der Hügel aufgeteilt war, der steinreiche Butera, hatte es sich in den Kopf gesetzt, mit der Zeit Herr des umliegenden Landes zu werden. Er trieb Leihgeschäfte und erweiterte Schritt um Schritt die Grenzen seines Grundbesitzes. Schon hatte er fast die Hälfte des Gutes eines gewissen Nino Mo annektiert und, indem er ihm die Mitgift für fünf Töchter vorstreckte, einen anderen Grundbesitzer, Labiso, auf ein winziges Fleckchen Erde reduziert; schon seit einer Weile hatte er sein Auge auf Lopes' Felder geworfen; aber dieser, da er nach einer Reihe von schlechten Jahren einen Teil seines Besitzes veräußern mußte, hatte sich aus lauter Groll damit begnügt, ihn, wenn auch zu geringerem Preis, einem andern zu verkaufen: Scala.

Don Mattia hatte sich, um sein Unglück zu vergessen, in die Arbeit gestürzt und in wenigen Jahren die paar Hektar Land derart verbessert, daß die Freunde, darunter Lopes selbst, Mühe hatten, sie wiederzuerkennen, und sich nicht genug wundern konnten.

In Lopes' Innerem fraß natürlich die Eifersucht. Gewöhnlich hatte er den Hut tief in sein gerötetes, sommersprossiges Gesicht gezogen, wie um niemanden und nichts mehr zu sehen; aber unter der Krempe jenes Hutes blitzte dann und wann ein schräger Blick hervor, den niemand jenen großen, grünlichen Augen zugetraut hätte, die ewig schlaftrunken schienen.

Nachdem die Freunde auf dem Gut umhergegangen waren, versammelten sie sich auf dem kleinen Platz vor dem Stall.

Dort lud Scala sie ein, sich's auf dem Mäuerchen bequem zu machen, das auf der Vorderseite rund um die Böschung lief, auf der das Haus erbaut war. Nach hinten erhoben sich am Fuß jenes Geländerückens, wie um das Haus zu beschützen, ein paar turmhohe, schwarze Pappeln, und Don Mattia wurde nicht müde zu fragen, warum Lopes sie gegepflanzt habe.

»Was tun sie denn da? Könnt Ihr mir das sagen? Sie tragen keine Frucht und nehmen den Platz weg.«

»Dann haut sie um und macht Kohle draus«, erwiderte ihm Lopes träge.

Aber Butera riet:

»Schaut erst einmal, ob sie Euch nicht einer abkauft, bevor Ihr sie umlegt.«

»Wer soll sie mir denn abkaufen?«

»Was weiß ich! Vielleicht Leute, die Heiligenbilder schnitzen.«

»Ah! Heiligenbilder! Schau, schau! Jetzt verstehe ich«, schloß Don Mattia, »warum die Heiligen keine Wunder mehr wirken, wenn man sie aus solchem Holze schnitzt!«

Auf jenen Pappeln gaben sich in der Abenddämmerung die Spatzen des ganzen Hügels Stelldichein und störten mit ihrem ohrenbetäubenden Gezwitscher die Freunde, die sich dort gewöhnlich über die Schwefelgruben und die Verluste bei den Grubenunternehmungen unterhielten.

Fast immer führte Nocio Butera das Gespräch, der, als der reichste Besitzer, auch den dicksten Schmerbauch der ganzen Gegend hatte. Er war

Advokat, aber nur ein einziges Mal in seinem Leben, bald nach der Promotion, hatte er seinen Beruf auszuüben versucht: er war mitten in seiner ersten Rede steckengeblieben; fassungslos, während ihm die Tränen herabliefen wie einem Kind, hatte er vor den Geschworenen und dem ganzen Gerichtshof mit geballten Fäusten die Arme gegen die Justitia erhoben, die mit einer riesigen Waage in der Hand auf die Decke gemalt war, und verzweifelt gestöhnt: »Was ist mir denn, heiliger Gott?« Denn der arme Junge hatte Blut geschwitzt, um seine Rede auswendig zu lernen, und geglaubt, sie wirklich glatt und fließend hersagen zu können, ohne steckenzubleiben.

Ab und zu erinnerte ihn noch einer an jenes berühmte Fiasko:

»Was ist mir denn, Don No', heiliger Gott!«

Und Nocio Butera tat so, als lächle jetzt auch er darüber und brummelte: »Na ja… na ja…«, während er sich mit den dicken Händen den schwarzen Backenbart auf den rosigen Wangen kratzte oder sich den Sattel oder die Bügel seiner goldenen Brille auf der knollenförmigen Nase und den Ohren zurechtrückte. Er hätte wirklich aus vollem Herzen darüber lachen können, denn wenn er als Advokat jene miserable Probe seines Könnens abgelegt hatte, als Landwirt und Verwalter war er allen voraus. Aber der Mensch ist eben nie zufrieden, und Nocio Butera schien sich nur freuen zu können, wenn ein anderer, wie einst er selbst, in irgendeinem Unternehmen versagt hatte. Auf den Besitz Scalas kam er einzig und allein, um den bevorstehenden oder schon eingetretenen Ruin dieses oder jenes Bekannten zu verkünden, um die Gründe zu erklären und so zu zeigen, daß ihm das gewiß nicht passiert wäre.

Der spannenlange, eingetrocknete Tino Labiso zog ein rot und schwarz gewürfeltes Stück Stoff aus der Hosentasche und trompetete hinein, als sei seine Nase ein Jagdhorn; dann faltete er es sorgfältig zusammen, führte es ein paarmal unter der Nase hin und her und schob es dann wieder in die Tasche; endlich sagte er, als kluger Mann, der sich niemals vorschnelle Urteile entschlüpfen läßt:

»Es mag schon sein.«

»Es mag schon sein? Es ist, es ist, es ist!« brauste Nino Mo auf, der das phlegmatische Gehabe Labisos nicht ausstehen konnte.

Lopes schien seine düstere Langweile abschütteln zu wollen und riet, unter dem tiefgezogenen Hut hervor, mit schläfriger Stimme:

»Laßt Don Mattia reden, der versteht das besser als Ihr.«

Aber Don Mattia stieg jedesmal, bevor er zu sprechen anfing, in den Keller hinab, um den Freunden einen Krug guten Weines anzubieten.

»Essig, vergiftet Euch!«

Auch er trank, saß da, kreuzte die Beine und fragte:

»Worum handelt es sich denn?«

»Es handelt sich«, platzte gewöhnlich Nino Mo heraus, »darum, daß es lauter Dummköpfe sind, alle miteinander und jeder einzelne für sich!«

»Wer denn?«

»Na, diese Hundesöhne! Die von den Schwefelgruben. Sie graben und graben, und der Preis des Schwefels geht immer mehr herunter! Sie wollen einfach nicht begreifen, daß sie sich selbst und uns zugrunde richten; denn das ganze Geld versinkt dort drunten in diesen Löchern, in diesen immer hungrigen Höllenmäulern, die uns noch lebendig auffressen werden!«

»Und was kann man dagegen machen?« fragte Scala von neuem.

»Die Schwefelproduktion einschränken«, antwortete Nocio Butera ruhig. »Das wäre meiner Ansicht nach das einzige Mittel.«

»Heilige Mutter Gottes, was für ein Dummkopf!« rief Don Mattia Scala aus, indem er aufstand, um freier die Arme bewegen zu können: »Verzeiht mir, lieber Don Nocio, ich sage Dummkopf, und beweise es Euch! Sagt mir doch nur das eine: wieviel Gruben unter tausend, glaubt Ihr, werden direkt von den Eigentümern bewirtschaftet und abgebaut? Kaum zweihundert! Alle anderen werden verpachtet. Gibst du das zu, Tino Labiso?«

»Es mag schon sein«, antwortete dieser aufmerksam und gewichtig.

Und Nino Mo:

»Es mag sein? Es ist, es ist, es ist!«

Don Mattia streckte die Hände aus, um ihn zum Schweigen zu bringen.

»Nun, lieber Don Nocio, wie lange glaubt Ihr, daß bei der Geldgier und Rücksichtslosigkeit der dickbäuchigen Eigentümer der Pachtvertrag einer Schwefelgrube dauert? Sagt schon! Sagt schon!«

»Zehn Jahre?« schätzte Butera mit einem herablassend überlegenen Lächeln.

»Zwölf«, räumte Scala ein, »ja, manchmal sogar zwanzig. Gut, aber was könnt Ihr damit anfangen? Welchen Gewinn könnt Ihr in so kurzer Zeit erzielen? So flink und vom Glück begünstigt man sein mag, in zwanzig Jahren ist es nicht einmal möglich, die Ausgaben herauszuschlagen, die man hat, wenn man eine Grube nach allen Regeln der Kunst abbauen will. Ich sage das, um Euch zu beweisen, daß bei einer geringeren Nachfrage zwar der abbauende Eigentümer die Erzeugung verlangsamen kann, um den Preis der Ware nicht zu drücken, daß dies aber niemals dem kurzfristigen Pächter möglich ist, welcher, wenn er es täte, seine eigenen Interessen zugunsten seines Nachfolgers opfern würde. Daher auf seiten des Pächters der verbissene Eigensinn, mit dem er produziert, soviel nur geht – erkläre ich mich deutlich? Und da es ihm fast immer an Barmitteln fehlt, muß er notwendigerweise auf der Stelle sein Erzeugnis absetzen, zu jedwedem Preis, um die Arbeit fortführen zu können; denn wenn er nicht arbeitet – Ihr wißt es ja –, nimmt ihm der Eigentümer die Grube ab. Und folglich sinkt, wie Nino Mo gesagt hat, der Schwefel immer mehr und mehr, als ob er gemeiner Stein wäre... Könnt Ihr, Don Nocio, die Ihr studiert habt, und du, Tino Labiso, mir übrigens sagen, was zum Teufel der Schwefel ist und wozu er dient?«

Sogar Lopes horchte bei dieser verfänglichen Frage auf und starrte die beiden mit aufgerissenen Augen an. Nino Mo schob seine unruhigen Hände in die Hosentaschen, als wolle er, wutentbrannt, dort eine Antwort suchen, während Tino Labiso wie gewöhnlich wieder sein Tuch herauszog, um sich die Nase zu schneuzen und, als kluger Mann, nichts zu übereilen.

»Was für eine Frage!« rief inzwischen, auch er verlegen, Nocio Butera. »Er dient... er dient... um... um die Reben zu spritzen.«

»Und... und auch für... na freilich, für die Streichhölzer, scheint mir«, fügte Tino Labiso hinzu, indem er mit größter Sorgfalt sein Taschentuch wieder zusammenlegte.

»Mir scheint... mir scheint...«, begann Don Mattia Scala zu lachen. »Was scheint Euch? Gerade so ist's! Nur diese beiden Verwendungsarten kennen wir. Fragt, wen Ihr wollt: niemand wird Euch sagen können, wozu sonst noch der Schwefel dient. Und inzwischen arbeiten wir, bringen uns um Leben und Gesundheit, um ihn zu fördern, dann transportieren wir ihn ans Meer, wo eine Menge von englischen, amerikanischen, deutschen, französischen und sogar griechischen Dampfern mit weit geöffnetem Laderaum bereit liegen, um ihn wie gefräßige Mäuler zu verschlingen; sie senden uns einen langen Pfiff herüber, und fort sind sie! Was machen sie aber damit, dort in ihren Ländern? Keiner weiß es; keiner kümmert sich darum, es zu erfahren! Und unser Reichtum, das, was unser Reichtum sein sollte, verschwindet aus den Adern unserer aufgerissenen Berge, und wir bleiben zurück wie die Blinden, wie die Nachteulen, zum Umfallen müde und mit leeren Taschen. Der einzige Gewinn: unsere Felder sind vom *Rauch* verbrannt.«

Die vier Freunde hörten stumm diesem lebhaften, überzeugenden Beweis der Blindheit zu, mit der man die Ausbeutung und den Handel mit jenem Schatz trieb, den die Natur ihrer Gegend geschenkt hatte, und um den soviel gewinnsüchtiger, hinterhältiger und erbarmungsloser Streit tobte; stumm und niedergeschlagen lauschten sie dem Urteil, das zu ewigem Elend zu verdammen schien.

Dann begann Scala, indem er seine Rede wieder aufnahm, ihnen alle anderen Lasten vorzustellen, die einen armen Grubenpächter drücken. Er kannte sie alle, weil er sie alle, Gott sei's geklagt, am eigenen Leibe erfahren hatte. Nun, da gab es, außer dem kurzfristigen Pachtvertrag, den *Estaglio*, das heißt, die Pachtquote, die in natura von der Bruttoproduktion an den Eigentümer abgeführt werden mußte, welchen es ganz und gar nicht interessierte, ob das Vorkommen groß oder klein war, ob die ertraglosen Zonen selten oder zahlreich waren, ob die Grube trocken oder vom Wasser heimgesucht, ob der Preis hoch oder niedrig, kurz, ob die Ausbeute einträglich war oder nicht. Da gab es, außer dem

Estaglio, jede Art von Staatssteuern; dann die Verpflichtung, nicht nur die schiefen Galerien für den Zutritt zur Grube und die zur Ventilation, sowie die Schächte zur Extraktion und zur Ableitung des Wassers zu errichten, sondern auch die Kalzinieröfen, die Straßen, die Häuserblocks und was sonst noch über Tag zur Ausbeutung der Grube erforderlich sein mochte. Und alle diese Anlagen blieben bei Ablauf des Vertrages in den Händen des Grundeigentümers, der überdies noch forderte, daß ihm alles ordentlich und in gutem Zustand übergeben werde, als hätte *er* alle Auslagen gehabt. Aber damit noch immer nicht genug! Nicht einmal in den unterirdischen Stollen konnte der Pächter arbeiten wie er wollte, sondern er war gehalten, sie abzustützen, wie der Eigentümer es wünschte, manchmal selbst gegen die Erfordernisse des Geländes.

Nun, man mußte schon verrückt oder verzweifelt sein, um solche Bedingungen anzunehmen – nicht wahr? – um sich derart den Fuß auf den Nakken setzen zu lassen. Wer waren denn in der Tat zum größten Teil die Schwefelfabrikanten? Arme Teufel, die keinen roten Heller in der Tasche hatten und gezwungen waren, sich die Mittel zum Betrieb der gepachteten Grube bei den Schwefelhändlern am Meer drunten zu beschaffen, die sie anderen, neuen

Wucherbedingungen, neuer Unterdrückung unterwarfen.

Zog man die Summe, was blieb dann den Erzeugern? Und wie hätten sie den Unglücklichen, die sich drunten, ständig dem Tod ausgesetzt, abschinden mußten, einen weniger erbärmlichen Lohn geben können? Krieg daher, Haß, Hunger, Elend für alle: für die Produzenten, für die Häuer, für die armen Jungen, die unter einer Last, die weit über ihre Kräfte ging, die Stollen und Treppen des ›Lochs‹ auf und ab keuchten.

Wenn Scala zu reden aufhörte und die Nachbarn sich erhoben, um zu ihren Häusern zurückzukehren, ließ der Mond, hoch und wie verloren am Himmel stehend, als wäre er der Mond einer fernen, fernen Zeit, die Hänge des Talgrunds noch trostloser, und ihre Verheerung noch trauriger erscheinen.

Und jeder dachte beim Nachhausegehen, daß es dort, unter jenen vom bleichen Mondlicht erhellten Hängen, hundert, zweihundert Meter unter der Erde, Menschen gab, die noch immer scharrten und schafften – die armen Häuer, denen nichts daran lag, ob droben Tag oder Nacht war, denn für sie war ja immer Nacht.

III

Alle glaubten, wenn sie Scala reden hörten, er habe die Schmerzen der Vergangenheit verwunden und sorge sich um nichts mehr, außer um sein Stückchen Land, von dem er sich seit Jahren nicht einmal für einen Tag trennte.

Wenn er manchmal von seinem verschwundenen, in der weiten Welt verlorenen Sohn sprach, weil einer die Rede darauf gebracht hatte, so warf er ihm seine Undankbarkeit vor und das harte Herz, das er gezeigt.

»Wenn er noch am Leben ist«, schloß er, »dann soll er selbst zusehen; für mich ist er tot, ich denke nicht mehr an ihn.«

So sagte er, aber inzwischen gab es in der ganzen Umgegend keinen Bauern, der nach Amerika auswanderte, ohne daß sich Scala heimlich am Tag vor der Abreise zu ihm begab, um ihm einen Brief an seinen Sohn auszuhändigen.

»Du sollst nicht nach ihm suchen und forschen, nein! Nur wenn du ihn ganz zufällig drüben siehst oder von ihm hörst!«

Viele dieser Briefe waren, zusammen mit den heimkehrenden Auswanderern, wieder an ihn zurückgegangen, zerknittert, vergilbt, fast unleserlich geworden. Keiner hatte Neli gesehen, keinem war es gelungen, etwas über ihn zu erfahren, weder in Argentinien, noch in Brasilien, noch in den Vereinigten Staaten. Don Mattia hörte zu, dann zuckte er die Achseln:

»Was liegt mir daran? Gib nur wieder her. Ich erinnerte mich nicht einmal mehr, dir diesen Brief gegeben zu haben.«

Er wollte den Fremden nicht das Elend seines Herzens zeigen, die Täuschung, in der zu verharren er noch das Bedürfnis fühlte: daß sein Sohn in Amerika sei, in einer fernen Gegend, und eines Tages wiederkommen müsse, wenn er erführe, daß sein Vater sich in die neue Lage gefunden habe und ein Landgut besitze, auf dem er ihn erwartete.

Zwar war sein Besitz nicht groß; aber seit mehreren Jahren nährte Don Mattia, vor Butera verborgen, den Plan, sein Gut durch das eines Nachbarn zu vergrößern, mit dem er schon den Preis und alles übrige vereinbart hatte. Wie viele Entbehrungen, wie viele Opfer hatte er sich nicht auferlegt, um beiseite zu schaffen, was er zur Verwirklichung seines Planes brauchte! Ja, zwar war sein Besitz nicht groß; aber schon seit einer Weile hatte er sich daran gewöhnt, vom Balkon seines Hauses aus mit den Augen die Umfassungsmauer zwischen seinem Gut und dem des Nachbarn zu überspringen und alles Feld als das seine zu betrachten. Schon hatte er die vereinbarte Summe beisammen und wartete nur noch darauf, daß der Nachbar sich entschloß, den Vertrag zu unterschreiben und auszuziehen.

Scala konnte diesen Augenblick kaum erwarten; doch zum Unglück hatte er es mit einer verwünschten Person zu tun! Gut war Don Filippino Lo Cicero, da war nichts zu sagen, zuvorkommend und nachgiebig, aber zweifellos etwas verrückt. Vom Morgen bis zum Abend las er in seinen lateinischen Schmökern und lebte einzig in Gesellschaft eines Äffchens, das man ihm geschenkt hatte.

Das Äffchen hieß Titina; es war alt und schwindsüchtig dazu. Don Filippino pflegte es, als wäre es sein eigenes Kind, streichelte es, unterwarf sich bedingungslos all seinen Launen; nur mit ihm sprach er den ganzen Tag, voll und ganz überzeugt, daß er verstanden werde. Und wenn das Äffchen, durch seine Krankheit melancholisch gemacht, auf dem Himmel des Bettes saß, wo sein Lieblingsplatz war, las er ihm, in seinem Lehnstuhl sitzend, das eine oder andere Stück aus den *Georgica* oder den *Bucolica* vor:

»*Tityre, tu patulae*...«

Aber diese Lektüre wurde von Zeit zu Zeit durch

höchst kuriose Anfälle von Bewunderung unterbrochen: bei dem einen oder anderen Satz, dem einen oder anderen Ausdruck, manchmal auch nur bei einem Wort, dessen treffende Feinheit Don Filippino begriff, dessen Süßigkeit er genoß, legte er das Buch auf die Knie, schloß ein wenig die Augen und begann in schnellstem Tempo zu sagen: »*Schön! Schön! Schön! Schön! Schön!*«, während er sich immer mehr auf die Armlehne sinken ließ, als verlöre er vor Vergnügen die Besinnung. Dann kam Tita vom Himmel herab und stieg ihm verängstigt, aufs höchste bestürzt, auf die Brust; Don Filippino umarmte sie und sagte zu ihr, auf dem Gipfel der Freude:

»Höre, Tita, höre... Schön! Schön! Schön! Schön! Schön!«

Don Mattia Scala aber wollte Land: er hatte Eile, er begann, es satt zu haben und hatte Grund dazu; die vereinbarte Summe lag bereit – und man bedenke, daß Don Filippino dieses Geld dringend nötig gehabt hätte; aber du heiliger Gott, wie hätte er in der Stadt die Hirtenpoesie seines göttlichen Vergil genießen können?

»Haben Sie noch ein wenig Geduld, lieber Mattia!«

Das erste Mal hatte Scala bei dieser Antwort große Augen gemacht:

»Zieht Ihr mich auf, oder ist das Euer Ernst?«

Ihn aufziehen? Nicht einmal im Traum! Es war ihm wirklich Ernst, dem Don Filippino!

Es gab Dinge, die Scala nun einmal nicht verstehen konnte. Und dann war da Tita! Tita, die daran gewöhnt war, auf dem Lande zu leben, und vielleicht die gute Luft nicht würde entbehren können, die Ärmste!

An schönen Tagen führte Don Filippino sie spazieren, indem er sie zuerst langsam und vorsichtig auf ihren eigenen Beinen gehen ließ, und sie dann wie ein Kind auf dem Arm trug; später setzte er sich auf einen Stein am Fuß eines Baumes; Tita kletterte auf die Äste, und, sich an ihrem Schwanz herablassend, versuchte sie, seine Mütze an der Quaste zu erhaschen, oder ihm die Perücke herunterzuziehen, oder ihm den Vergil aus den Händen zu reißen.

»Schön artig, Tita, schön artig! Tu mir diesen Gefallen, arme Tita!«

Arm war das liebe Tierchen, ach, denn es war zum baldigen Tod verurteilt. Mattia Scala mußte sich halt noch ein wenig gedulden.

»Warte wenigstens«, sagte Don Filippino zu ihm, »bis dieses arme Tierchen stirbt. Dann wird das Land dir gehören. Ist es dir recht so?«

Aber schon hatte der Aufschub über ein Jahr gedauert, und noch entschloß sich dieses verdammte Vieh nicht, zu krepieren.

»Wollen wir sie statt dessen kurieren?« sagte eines Tages Scala zu ihm. »Ich habe ein Rezept, das hilft todsicher!«

Don Filippino betrachtete ihn lächelnd, aber doch mit einer ängstlichen Ungeduld, und fragte:

»Du hältst mich wohl zum besten?«

»Nein, allen Ernstes. Nehmt einen Liter feines Öl. Habt Ihr feines Öl? Aber wirklich ganz, ganz feines?«

»Ich kaufe welches, und sollte ich es mit meinem Blute bezahlen.«

»Gut. Meßt einen Liter ab. Setzt ihn aufs Feuer, mit drei Scheiben Knoblauch drin.«

»Knoblauch?«

»Drei Scheiben. Hört gut zu. Wenn das Öl sich zu rühren anfängt, nehmt es, bevor es noch zu sieden beginnt, vom Feuer. Dann nehmt eine gute Handvoll Mallorcamehl und werft es hinein.«

»Mallorcamehl?«

»Mehl aus Mallorca, jawohl, mein Herr. Rührt das Ganze gut durcheinander, und wenn es zu einem weichen, öligen Brei geworden ist, so streicht es, in noch warmem Zustand, auf Brust und Schultern dieses abscheulichen Biests; dann hüllt es gut in Watte, in viel Watte, versteht Ihr?«

»Ausgezeichnet: in Watte; und dann?«

»Dann öffnet ein Fenster und werft es hinaus.«

»Ooooh!« schrie Don Filippino. »Arme Tita!«

»Armes Feld, sage ich! Ihr habt nicht acht darauf; und ich muß es von ferne anschauen, und mittlerweile, denkt nur, sind keine Reben mehr da; die Bäume warten seit wenigstens einem Jahrzehnt darauf, ausgeputzt zu werden; die Sträucher wachsen, ohne gepfropft zu sein, die Schößlinge sprießen ungehemmt, saugen einander den Lebenssaft ab und scheinen nach allen Seiten um Hilfe zu flehen; aus vielen Olivenbäumen kann man nur noch Holz machen. Was kaufe ich mir denn zuguterletzt? Ist es denn die Möglichkeit, so weiterzuwirtschaften?«

Don Filippino machte bei diesen Vorhaltungen ein so betrübtes Gesicht, daß Don Mattia nicht mehr den Mut in sich fühlte, fortzufahren.

Mit wem sprach er denn auch? Jener Ärmste war nicht von dieser Welt. Die Sonne, die wahre Sonne, die Sonne des Tages war vielleicht niemals für ihn aufgegangen: für ihn ging nur die Sonne der Zeiten Vergils auf.

Er hatte stets hier auf dem Lande gelebt, zuerst mit seinem Onkel, dem Pfarrer, der ihm das Gut auf dem Totenbett vermacht hatte, dann immer allein. Mit drei Jahren Waise, war er von jenem Onkel aufgenommen und großgezogen worden, der ein passionierter Latinist und ein ebenso leidenschaftlicher Jäger war. Aber an der Jagd hatte Don Filippino niemals Gefallen gefunden, vielleicht wegen eines Erlebnisses, das sein Onkel gehabt hatte, der, obwohl Priester, schrecklich hitzig war: dem Guten waren beim Laden zwei Finger der linken Hand in der Flinte geblieben. Er dagegen hatte sich mit ruhiger Leidenschaft ganz dem Latein ergeben und sich damit begnügt, ab und zu bei der Lektüre vor Vergnügen ohnmächtig zu werden; während der andere, der Onkel Pfarrer, wenn ihn die Bewunderung packte, Glut im Gesicht und die Stirnadern so geschwollen, daß sie ihm platzen zu wollen schienen, aufsprang, mit donnernder Stimme vorlas und schließlich das Buch zur Erde oder Don Filippino ins dumm verdutzte Gesicht schleudernd, ausbrach:

»Großartig, zum Teufel noch mal!«

Nach dem plötzlichen Tod dieses Onkels war Don Filippino Herr des Landguts geworden; aber ein Herr nur dem Namen nach.

Zu Lebzeiten hatte der Onkel Pfarrer auch ein Haus in der nahen Stadt besessen, und dieses Haus hatte er im Testament dem Sohn einer anderen Schwester vermacht, der Saro Trigona hieß. Nun hatte dieser, vielleicht angesichts seiner Lage als unglücklicher Schwefelmakler und todunglücklicher Familienvater mit einem Nest voll Kindern, damit gerechnet, daß der Onkel Pfarrer alles ihm vermachen würde, Haus und Landgut, mit der Verpflichtung natürlich, den Vetter Lo Cicero zu sich zu nehmen und für seinen Lebensunterhalt zu sorgen, welcher, da er immer ein verzärtelter und weltfremder Mensch gewesen war, unfähig sein würde, jenes Gut zu verwalten. Aber da der Onkel nicht diese Rücksicht für ihn gehabt hatte, suchte Saro Trigona, weil er es rechtmäßig nicht konnte, auf alle Weise auch aus der Erbschaft des Vetters Gewinn zu ziehen und saugte den armen Don Filippino erbarmungslos aus. Fast alle Erzeugnisse des Feldes gelangten in seine Hände: Getreide, Bohnen, Obst, Wein, Gemüse; und wenn Don Filippino heimlich, als sei es nicht sein Hab und Gut, etwas verkaufte, kam Vetter Saro wie rasend in sein Landhaus gestürzt, als hätte er einen Betrug zu seinem Schaden entdeckt, und umsonst bewies ihm Don Filippino demütig, daß er jenes Geld für die vielen Arbeiten benötige, die die Felder brauchten.

»Gib mir das Geld, oder ich bringe mich um!« sagte er zu ihm, indem er so tat, als wolle er einen Revolver unter der Jacke hervorziehen. »Ich bringe mich hier vor deinen Augen auf der Stelle um! Denn es geht nicht mehr weiter mit mir, glaub mir! Neun Kinder, Kruzitürken, die mich weinend um ein Stückchen Brot anbetteln!«

Und es ging noch an, wenn er allein zu diesen Szenen herauskam! Manchmal nahm er sein Weib und den Haufen Kinder mit. Don Filippino, der daran gewöhnt war, allein zu leben, glaubte den Verstand zu verlieren. Die neun Neffen, lauter Jungens, von denen der Älteste noch nicht vierzehn war, nahmen, obwohl sie »um ein Stückchen Brot weinten«, wie neun entfesselte Teufel das stille Landhaus des Onkels im Sturm, warfen ihm alles durcheinander: die Zimmer tanzten buchstäblich von all dem Geschrei, dem Lachen, dem Weinen, dem ungezügelten Umhertollen; dann hörte man unweigerlich den Lärm, das Getöse irgendeines großen Gegenstands, wenigstens eines Schrankspiegels, der in Trümmer ging; Saro Trigona sprang auf und schrie:

»Ich mach die Orgel! Ich mach die Orgel!«

Er lief hinter den Lausbuben her und packte sie, verteilte Fußtritte, Ohrfeigen, Faustschläge, versohlte ihre Hintern; und wenn sie dann in allen Tonarten heulten und schrien, stellte er sie der Größe nach in Reih und Glied auf wie Orgelpfeifen.

»Steht still dort! Schau, Filippino, sind es nicht

lauter schöne Jungs? Sind sie nicht zum Malen? Welche Symphonie!«

Don Filippino verstopfte sich die Ohren, schloß die Augen und begann vor Verzweiflung mit den Füßen zu stampfen.

»Schick sie zum Teufel! Sie sollen meinetwegen alles zerbrechen; sie sollen Haus, Bäume und alles forttragen; aber laßt mich um Gottes willen in Ruhe!«

Doch war Don Filippino nicht ganz im Recht. Denn die Cousine zum Beispiel kam nie mit leeren Händen zu ihm aufs Land; sie brachte ihm eine gestickte Hausmütze mit einer schönen seidenen Quaste mit: ja freilich, er trug sie ja auf dem Kopf; oder sie hatte ein Paar Pantoffeln dabei, ebenfalls von ihr gestickt: er trug sie an den Füßen. Und die Perücke? Ein Geschenk und eine Aufmerksamkeit des Vetters, um ihn vor den häufigen Erkältungen zu schützen, unter denen er wegen seiner frühzeitigen Kahlheit zu leiden hatte. Eine Perücke aus Frankreich! Sie hatte Saro Trigona ein kleines Vermögen gekostet. Und das Äffchen Tita? Auch dieses war ein Geschenk der Cousine: eine Überraschung, um die Mußestunden und die Einsamkeit des guten, aufs Land verbannten Vetters zu erheitern. War es vielleicht nicht so?

»Nichts für ungut, aber Ihr seid ein rechter Esel!« schrie ihm Don Mattia Scala zu. »Was laßt Ihr mich noch warten? Unterschreibt den Vertrag, befreit Euch von dieser Sklaverei! Mit dem Geld, das ich Euch gebe, könntet Ihr, da Ihr keine Laster und so wenig Bedürfnisse habt, in aller Ruhe die Jahre, die Euch bleiben, in der Stadt verbringen. Seid Ihr denn bei Verstand? Wenn Ihr aus Liebe zu Tita und Vergil noch mehr Zeit verliert, so werdet Ihr Euch an den Bettelstab bringen, das werdet Ihr!«

Denn Don Mattia Scala hatte, da er das Gut, das er schon als sein Eigentum ansah, nicht ganz verkommen lassen wollte, damit begonnen, Lo Cicero Teile der vereinbarten Summe vorzustrecken.

»Soviel zum Beschneiden der Bäume; soviel fürs Pfropfen; soviel fürs Düngen... Don Filippino, bringen wir in Abzug!«

»Bringen wir in Abzug!« seufzte Don Filippino. »Aber laß mich hier. In der Stadt, in der Nähe jener Teufel, würde ich's keine zwei Tage aushalten. Ich stehe dir ja nicht im Weg. Bist du nicht Herr hier, lieber Mattia? Du kannst tun, was dir gefällt. Ich rede dir in nichts hinein. Es genügt, daß du mir meine Ruhe läßt...«

»Ja. Aber inzwischen«, antwortete ihm Scala, »hat den Nutzen davon Euer Vetter!«

»Was kann dir daran liegen?« bemerkte Lo Cicero. »Dieses Geld müßtest du mir alles auf einmal geben, nicht wahr? So gibst du es mir halt nach und nach; und der Verlierer bin im Grunde ich, denn, zieh heute ab, zieh morgen ab, werde ich eines Tages mit leeren Händen dastehen, während du dein Geld hier, in den Boden steckst, der dann dir gehört.«

IV

Was Don Filippino da vorbrachte, war ohne Zweifel überzeugend; aber welche Sicherheit hatte inzwischen Scala hinsichtlich des Geldes, das er in den Grund und Boden des andern gesteckt hatte? Und wenn Don Filippino plötzlich sterben sollte, Gott behüte! ohne Zeit und Gelegenheit zu haben, die Verkaufsakte zu unterschreiben, würde dann Saro Trigona, sein einziger Erbe, jene Ausgaben und die vorausgehende Vereinbarung mit dem Vetter anerkennen?

Dieser Zweifel stieg von Zeit zu Zeit in Don Mattia auf; aber dann dachte er, er könnte, wenn er Don Filippino zwingen wollte, ihm den Besitz abzutreten, wenn er ihn wegen jenes vorgestreckten Geldes in die Enge treiben wollte, Gefahr laufen, die

Antwort zu hören: »Aber wer hat dich denn gezwungen, mir etwas vorzustrecken? Von mir aus konnte der Grund bleiben, wie er war, oder auch ganz zum Teufel gehen: ich habe mich nie darum gesorgt. Das Haus gehört mir; du kannst mich nicht daraus vertreiben, wenn ich nicht will.« Außerdem dachte Scala, er habe es mit einem wirklichen Ehrenmann zu tun, der nicht einmal einer Fliege ein Leid zufügen könne. Was die Gefahr eines plötzlichen Todes betraf, so bestand sie eigentlich kaum. Lo Cicero hatte kein Laster, er lebte so still und gesittet, immer gesund und frisch, daß er es auf hundert Jahre bringen konnte. Im übrigen war der Verkaufstermin schon festgelegt: beim Tod des Äffchens, der nun nicht mehr lange auf sich warten lassen würde.

Schließlich war es für ihn ein solches Glück, dieses Land zu einem so niedrigen Preis erwerben zu können, daß es richtiger war, zu schweigen und Vertrauen zu haben; es war richtiger, mit Hilfe jenes Geldes, das er nach und nach in aller Ruhe und ganz nach Gutdünken ausgab, die Hand darüber zu halten. Der wirkliche Herr dort war er; man konnte fast sagen, daß er sich mehr dort als in seinem eigenen Gut aufhielt.

»Tut dieses; tut jenes.«

Er ordnete an; das Feld wurde schöner, und er bezahlte keine Steuern. Was wollte er mehr?

Mit allem konnte der arme Don Mattia rechnen, außer damit, daß jenes verwünschte Äffchen, das ihn so lange auf die Folter gespannt, ihm auch noch den letzten Streich spielen sollte.

Scala war gewohnt, schon vor dem Morgengrauen aufzustehen, um die Vorbereitungen zur Arbeit zu überwachen, die er am Abend zuvor mit dem Knecht festgelegt hatte: dieser sollte nicht, wenn er zum Beispiel die Bäume ausschneiden mußte, zwei- oder dreimal vom Hügel zum Haus zurückkehren, um die Leiter zu holen, oder den Wetzstein oder das Beil oder Wasser oder das Frühstück: fix und fertig ausgerüstet sollte er zu seiner Arbeit gehen, um nicht unnütze Zeit zu verlieren.

»Hast du den Krug? Die Zukost? Da hast du noch eine Zwiebel. Und nun flink voran, laß dir's gesagt sein!«

Dann ging er, bevor die Sonne heraufkam, ins Gut Lo Ciceros hinüber.

Eines Tages verspätete sich Scala, da ein Kohlenmeiler angezündet werden mußte. Es war schon zehn vorbei. Aber seltsamerweise war die Tür von Don Filippinos Haus noch verschlossen. Don Mattia klopfte: keine Antwort; er klopfte wieder: umsonst; er schaute an den Balkonen und Fenstern hinauf: sie waren fest geschlossen, wie bei Nacht.

»Was sind das für Neuigkeiten?« dachte er, indem er sich zum nahen Gesindehaus auf den Weg machte, um von der Frau des Knechts etwas zu erfahren.

Aber auch dort fand er verschlossene Türen. Das Gehöft war wie ausgestorben.

Da legte Scala die Hände an den Mund, um seine Stimme zu verstärken und, zu den Feldern gewandt, rief er den Knecht. Als dieser ihm bald darauf vom Abhang her antwortete, fragte ihn Don Mattia, ob Don Filippino drunten bei ihm sei. Der Knecht antwortete, er habe sich nicht sehen lassen. Scala, schon mit einer undeutlichen Befürchtung, klopfte abermals am Haus; er rief mehrere Male: »Don Filippino! Don Filippino!«, und da er keine Antwort bekam und nicht wußte, was er von der Sache halten solle, begann er seine unförmige, zitternde Nase zu reiben.

Am Abend zuvor hatte er den Freund bei guter Gesundheit verlassen. Krank war er also nicht, wenigstens nicht so schwer, daß er nicht für eine Minute das Bett hätte verlassen können. Aber vielleicht hatte er vergessen, die Fenster der nach vorn gelegenen Zimmer zu öffnen, und war mit seinem Äffchen ins

Freie gegangen: das Tor hatte er vielleicht geschlossen, da er gesehen hatte, daß im Gesindehaus niemand zur Wache zurückgeblieben war.

Nachdem er sich mit diesen Überlegungen beruhigt, begann er ihn auf dem Feld zu suchen, indem er von Zeit zu Zeit stehen blieb, wo er mit dem erfahrenen und vorausschauenden Auge des Landwirts die Notwendigkeit eines Abhilfe schaffenden Eingriffs entdeckte; und ab und zu rief er:

»Don Filippino, hallooo, Don Filippiii.....«

So kam er bis zum Fuß des Abhangs, wo der Knecht mit drei Tagelöhnern das Weinland hackte.

»Wo steckt Don Filippino? Ich finde ihn nicht.«

Der Ungewißheit jener Männer gegenüber ergriff ihn wieder seine Bestürzung; es schien ihnen seltsam, daß die Villa noch immer verschlossen gewesen, und Scala schlug vor, gemeinsam zurückzukehren, um zu sehen, was geschehen war.

»Ich sehe schon! Dieser Morgen fängt schlecht an!«

»Wann ist das je bei diesem Frühaufsteher vorgekommen!« bemerkte der Knecht.

»Ach, sein Äffchen wird krank sein, Ihr werdet schon sehen!« sagte einer der Taglöhner. »Er wird es im Arm halten und sich nicht von der Stelle rühren wollen, um es nicht zu wecken.«

»Nicht einmal, wenn er hört, daß man ihn ruft, wie ich ihn, ich weiß nicht wie oft, gerufen habe?« fragte Don Mattia. »Erzähl mir nichts! Etwas muß ihm zugestoßen sein!«

Auf dem Platz vor dem Haus angekommen, versuchten alle fünf abwechselnd seinen Namen zu rufen, aber umsonst; sie gingen ums Haus herum; auf der Nordseite fanden sie die Läden eines Fensters geöffnet; sie faßten wieder Mut.

»Ah!« rief der Knecht. »Er hat endlich aufgemacht! Das ist das Küchenfenster.«

»Don Filippino!« schrie Scala. »Der Teufel hol Euch! Bringt uns nicht zur Verzweiflung!«

Sie warteten eine Weile mit erhobener Nase; von neuem riefen sie ihn auf alle mögliche Weise; endlich faßte Don Mattia, nunmehr ganz aus der Fassung und auf dem Gipfel der Wut, einen Entschluß.

»Die Leiter!«

Der Knecht rannte zum Gesindehaus und kam bald darauf mit der Leiter zurück.

»Laßt mich hinauf!« sagte Don Mattia, blaß und bebend wie immer, und schob alle zur Seite.

In Höhe des Fensters nahm er seinen weißen Hut ab, zerschlug mit der Faust die Scheibe, öffnete den Rahmen und sprang hinein.

Der Herd in der Küche war erloschen. Kein Laut

im ganzen Haus. Alles war, als sei Nacht da drinnen: nur durch die Spalten der Läden drang das Tageslicht.

»Don Filippino!« rief Scala noch einmal: aber der Klang seiner eigenen Stimme jagte ihm in jener seltsamen Stille eiskalte Schauer über den Rücken.

Er tastete sich durch einige Räume, bis er zum Schlafzimmer kam; auch dieses lag im Dunkeln. Kaum hatte er die Schwelle übertreten, als er mit einem Ruck stehen blieb. Bei dem spärlichen Lichtschimmer, der durch die Läden kam, schien es ihm, als gewahre er einen Schatten, der auf dem Bett hin und her strich und verschwand. Seine Haare sträubten sich über der Stirn; die Stimme versagte ihm, als er schreien wollte. Mit einem Satz war er am Balkon, öffnete, wandte sich um und riß vor Entsetzen Augen und Mund auf, schwang die Hände durch die Luft. Atemlos, ohne Stimme, zitternd und ganz krumm vor Schrecken lief er zum Küchenfenster.

»Kommt herauf... kommt herauf: Sie haben ihn umgebracht! Ermordet!«

»Ermordet? Wie? Was sagt er?« riefen die andern, die in ängstlicher Ungeduld drunten gewartet hatten, indem sie alle vier zugleich die Leiter hinaufstürzen wollten. Der Knecht wollte allen andern voran sein und rief:

»Langsam auf der Leiter! Einer nach dem andern!«

Erstarrt, fassungslos hielt sich Don Mattia den Kopf mit beiden Händen; der Mund stand ihm noch immer offen und in den Augen malte sich das Grauen vor dem gräßlichen Anblick.

Don Filippino lag auf dem Bett; sein Kopf war im Krampf zurückgeworfen, im Kissen versunken, und zeigte die aufgerissene und blutende Kehle: er hatte noch die Hände erhoben, jene Händchen, die nicht mehr die seinen schienen, so starr und fahl waren sie und gräßlich anzusehen.

Don Mattia und die vier Bauern betrachteten ihn eine Weile erschrocken; plötzlich fuhren alle fünf bei einem Laut zusammen, der unter dem Bett hervorkam: sie schauten sich an; dann beugte sich einer von ihnen hinab, um nachzusehen.

»Das Äffchen!« sagte er mit einem Seufzer der Erleichterung und mußte lachen.

Da wollten auch die andern nachsehen.

Als Tita, die mit gebeugtem Kopf und über der Brust gekreuzten Armen unter dem Bett hockte, sich von den verstörten fünf Männern gemustert sah, streckte sie die Hände nach den Bettbrettern aus und hüpfte ein paar Mal hin und her, dann öffnete sie kreisförmig das Maul und ließ ein drohendes: »Chhhh...« hören.

»Schaut!« schrie Scala auf einmal. »Blut... sie hat Blut an den Händen und auf der Brust... *sie* hat ihn getötet!«

Er erinnerte sich an den Schatten, den er beim Eintreten wahrzunehmen geglaubt hatte, und bekräftigte überzeugt:

»Ja, sie war es! Ich habe sie mit eigenen Augen gesehen! Sie saß auf dem Bett...«

Und er zeigte den vier entsetzten Bauern die Kratzer auf den Wangen und dem Kinn des armen Toten:

»Schaut doch nur!«

Aber wie denn? Das Äffchen? War so etwas möglich? Jenes Tier, das er seit soviel Jahren Tag und Nacht um sich hatte?

»Vielleicht ist sie tollwütig?« bemerkte einer der Taglöhner erschrocken.

Alle fünf traten gleichzeitig mit demselben Gedanken vom Bett zurück.

»Wartet! Einen Stock...«, sagte Don Mattia.

Und er suchte mit den Augen im Zimmer umher, ob einer da sei, oder etwas, das sich an Stelle eines Stockes gebrauchen ließe.

Der Knecht faßte einen Stuhl an der Rückenlehne und beugte sich hinab; aber die andern bekamen es mit der Angst zu tun und schrien:

»Warte! Warte doch!«

Auch sie bewaffneten sich mit Stühlen. Dann stieß der Knecht den seinen mehrere Male unters Bett: Tita sprang auf der anderen Seite heraus, kletterte mit staunenerregender Behendigkeit auf den Betthimmel, kuschelte sich ganz oben zusammen und begann sich seelenruhig, als wenn nichts geschehen wäre, den Bauch zu kratzen, und dann mit den Zipfeln eines Taschentuchs zu spielen, das ihr der arme Don Filippino um den Hals gebunden hatte.

Die fünf Männer starrten sprachlos auf das Schauspiel dieser bestialischen Gleichgültigkeit.

»Was ist jetzt zu tun?« fragte Scala, indem er den Blick auf die Leiche senkte; aber beim Anblick jener aufgerissenen Kehle wandte er sogleich das Gesicht wieder weg. »Wenn wir ihn mit dem Bettuch zudeckten?«

»Nein, Herr!« gab der Knecht sofort zurück. »Hören Sie auf mich. Man muß ihn so lassen, wie man ihn findet. Ich wohne hier beim Hause und will keine Händel mit der Justiz. Vielmehr: Ihr seid mir alle Zeugen.«

»Was redest du da!« rief Don Mattia achselzuckend.

Aber der Knecht wiederholte, die Hände vorstreckend:

»Mit der Justiz ist nicht zu spaßen, Herr! Wir

sind arme Teufel, und mit uns... Ich weiß, was ich sage...«

»Ich dagegen«, schrie Don Mattia erbittert, »ich denke, daß der arme Narr da ums Leben gekommen ist wie ein dummer Tropf und daß ich inzwischen, verrückter und törichter als er, hereingefallen und ruiniert bin! Oh, aber Ihr seid mir alle Zeugen, alle wie Ihr hier steht, daß ich auf diesen Feldern mein Geld und meine Kraft ausgegeben habe: Ihr werdet es bezeugen... Jetzt geht und benachrichtigt diesen Ehrenmann von einem Saro Trigona und den Amtsrichter und die Polizei, damit sie kommen und die Heldentaten dieses... Verfluchtes Vieh!« schrie er, riß sich mit einem plötzlichen Ruck den Hut vom Kopf und schleuderte ihn nach dem Äffchen.

Tita fing ihn im Flug auf, untersuchte ihn eingehend, rieb ihr Gesicht daran, als wolle sie sich die Nase putzen, dann schob sie ihn unter sich und setzte sich darauf. Die vier Bauern brachen unwillkürlich in lautes Gelächter aus.

V

Nichts: keine Zeile eines Testaments, keine Aufzeichnung irgendwelcher Art in einem Register oder auch nur auf einem fliegenden Fetzen Papier.

Aber nicht genug mit dem Schaden: Don Mattia Scala mußte sich zu all dem auch noch den Spott der Freunde gefallen lassen. Freilich, denn Nocio Butera zum Beispiel hätte leicht vorausgesehen, daß Don Filippino Lo Cicero auf diese Weise, unter den Krallen des Äffchens zu Tode kommen würde.

»Du, Tino Labiso, was sagst du dazu, he? *Es mag schon sein*, nicht wahr? Was für ein Dummkopf! Was für ein Dummkopf! Was für ein Dummkopf!«

Und Don Mattia zog sich den weißen Hut bis über die Augen und stampfte vor Wut mit dem Fuß auf.

Saro Trigona wollte, bevor sein Vetter, nach der Untersuchung durch den Arzt und Amtsrichter, nicht bestattet war, ihm kein Gehör schenken, und beteuerte, daß das Unglück ihm nicht gestatte, von Geschäften zu sprechen.

»Freilich! Als hätte nicht er selbst ihm eigens das Äffchen geschenkt!« schüttete Scala heimlich sein Herz aus.

Er hätte ihm eine Goldmedaille prägen lassen müssen, diesem Äffchen, und statt dessen hatte der Undankbare es erschießen lassen: hatte es wirklich und wahrhaftig am Tag darauf erschießen lassen, obwohl der junge Arzt, der mit dem Amtsrichter aufs Land gekommen war, eine reizende Erklärung für das ungewollte Delikt des Tieres gefunden hatte. Die lungenkranke Tita hatte vielleicht an Atemnot gelitten, nicht zuletzt wohl wegen des Taschentuchs, das ihr der arme Don Filippino, vielleicht zu eng, um den Hals gebunden; möglicherweise hatte auch sie selbst es noch zugezogen bei ihrem Versuch, sich davon zu befreien. Nun denn: sie war wohl aufs Bett gesprungen, um ihrem Herrn anzudeuten, wo ihr der Atem fehle, hier, am Hals, und hatte ihre beiden Hände um den seinen gelegt; dann hatte sie vielleicht in ihrer Not und Erbitterung, da es ihr gar nicht mehr gelingen wollte, Luft zu holen, ihre Nägel in die Kehle des Herrn gegraben. So war es gekommen! Schließlich war sie halt ein Tier. Was verstand sie davon?

Und der Amtsrichter hatte todernst, finster, mit dem kahlen, roten, schweißbedeckten Schädel wiederholte Zeichen der Zustimmung zu dem seltenen Scharfsinn des hübschen jungen Arztes gegeben.

Genug. Nachdem der Vetter unter der Erde und das Äffchen erschossen war, stellte Saro Trigona sich Don Mattia Scala zur Verfügung.

»Lieber Don Mattia, reden wir miteinander.«

Es gab wenig miteinander zu bereden. Scala legte in seiner ruckhaften Weise kurz seine Vereinbarung mit Lo Cicero dar, und wie er, von Tag zu Tag darauf wartend, daß jenes verdammte Tier krepiere, um seinen Besitz anzutreten, zu verschiedenen Jahreszeiten, selbstverständlich mit dem Einverständnis Lo Ciceros, eine Reihe von Tausendern in das Gut gesteckt habe, die man folglich von der vereinbarten Summe abziehen müsse. Klar, nicht wahr?

»Sonnenklar!« antwortete Trigona, der mit viel Aufmerksamkeit der Erzählung Scalas gefolgt war, indem er mit tiefem Ernst, wie der Amtsrichter, mit dem Kopf dazu nickte. »Sonnenklar! Und ich bin meinerseits, lieber Don Mattia, gern bereit, die Vereinbarung einzuhalten. Ich bin Makler; und Ihr wißt: schlechte Zeiten! Um eine Partie Schwefel an den Mann zu bringen, muß Gott selbst seine Hand im Spiele haben: die Maklerprovision geht in Briefmarken und Telegrammen dahin. Ich erwähne das nur, um Euch zu sagen, daß ich bei meinem Beruf mich nicht mit diesem Landgut abgeben könnte, mit dem ich wirklich nichts anzufangen weiß. Und dann habe ich, wie Ihr, lieber Don Mattia wißt, neun Jungens, die zur Schule gehen müssen: einer ist ein größerer Esel als der andere: aber zur Schule gehen sie nun einmal. Deshalb bleibt mir nichts anderes übrig, als in der Stadt zu wohnen. Doch kommen wir zu uns! Die Sache hat einen Haken. Leider Gottes, lieber Don Mattia! Einen sehr großen Haken. Neun Jungens, sagten wir, und Ihr wißt nicht, Ihr könnt Euch keinen Begriff machen, was die mich kosten: nur allein die Schuhe... aber freilich, es hat keinen Zweck, daß ich Euch das vorrechne! Ihr würdet den Verstand verlieren. Nur um Euch zu sagen, lieber Don Mattia...«

»Nennt mich nicht immer *lieber Don Mattia*, in Gottes und Dreiteufels Namen«, brach Scala aus, irritiert über diesen endlosen Diskurs, der zu keinem Ergebnis führte. »*Lieber Don Mattia... lieber Don Mattia...* Genug damit! Kommen wir zum Schluß! Zuviel Zeit habe ich schon mit Don Filippino und dem Äffchen verloren!«

»Nun«, fuhr Trigona fort, ohne sich aus der Ruhe bringen zu lassen. »Ich wollte Euch sagen, daß ich immer zu gewissen Herrn meine Zuflucht habe nehmen müssen, von denen uns Gott befreien und erlösen möge, um... Ihr versteht? Und natürlich haben sie mir den Fuß auf den Nacken gesetzt. Ihr wißt, wer in unserer Gegend für diese Art von Operationen zuständig ist...«

»Dima Chiarenza?« rief Scala sofort und sprang leichenblaß auf. Er schleuderte den Hut zur Erde, fuhr sich wütend über die Haare; dann fügte er, die Hand hinter dem Nacken liegen lassend und mit aufgerissenen Augen den Zeigefinger der anderen wie eine Waffe gegen Trigona richtend, hinzu:

»Ihr? Ihr geht zu diesem Schurken? Zu diesem Halunken, der mir das Hemd vom Leibe gezogen hat? Wieviel habt Ihr genommen?«

»Wartet, ich werde Euch alles sagen«, antwortete Trigona, eine Hand vorstreckend, mit leidergebener Ruhe. »Nicht ich! Denn jener Schurke, wie Ihr sehr richtig sagt, hat von meiner Unterschrift nie etwas wissen wollen...«

»Don Filippino also?« fragte Scala und bedeckte sein Gesicht mit den Händen, wie um nicht die Worte zu sehen, die aus seinem Munde kamen.

»Die Wechselbürgschaft...« seufzte Trigona, und wiegte mit bitterem Lächeln den Kopf.

Don Mattia begann im Zimmer umherzugehen, indem er händeringend ausrief:

»Ruiniert! Ruiniert! Ruiniert!«

»Wartet«, fing Trigona wieder an. »Verzweifelt nicht. Überlegen wir, was zu tun ist. Wieviel hattet Ihr beabsichtigt, Don Filippino für den Besitz zu geben?«

»Ich?« schrie Don Mattia und blieb, die Hände auf der Brust, mit einem Ruck stehen. »Achtzehntausend Lire wollte ich ihm geben: in bar! Es sind ungefähr sechs Hektar Land: dreitausend Lire in bar je Hektar! Gott allein weiß, welche Mühe es mich gekostet hat, sie zusammenzubringen; und jetzt, jetzt kann ich zusehen, wie mir das Geschäft in die Binsen geht, wie mir die Erde unter den Füßen schwindet, die Erde, die ich schon als mein Eigentum betrachtete!«

Während Don Mattia sich in dieser Weise Luft verschaffte, machte Saro Trigona, finsteren Blicks, mit den Fingern seine Rechnung:

»Achtzehntausend Lire... oh, also...«

»Langsam«, unterbrach ihn Scala. »Achtzehntausend Lire, wenn der Selige mir sofort seinen Besitz überlassen hätte. Aber über sechstausend Lire habe ich schon dafür ausgegeben. Das ist eine Rechnung, die man gleich hier, an Ort und Stelle überprüfen kann. Ich habe Zeugen: erst in diesem Jahr habe ich zweitausend sündteure amerikanische Weinstöcke pflanzen lassen! Und dann...«

Saro Trigona stand, um die Diskussion abzuschneiden, auf und erklärte:

»Aber zwölftausend Lire genügen nicht, lieber Don Mattia. Ich schulde diesem Halunken mehr als zwanzigtausend, stellt Euch nur vor!«

»Zwanzigtausend Lire?« rief Scala, aufs höchste bestürzt, aus. »Habt Ihr denn Geld gefressen, Ihr und Eure Kinder?«

Trigona ließ einen endlosen Seufzer hören, und antwortete, mit der Hand auf Scalas Arm klopfend:

»Denkt Ihr auch an all mein Pech, Don Mattia?

Es ist noch keinen Monat her, daß ich an einen Geschäftsmann von Licata neuntausend Lire Preisunterschied bei einer Partie Schwefel bezahlen mußte. Versucht, mich zu begreifen! Das waren die letzten Wechsel, für die der arme Don Filippino, Gott hab ihn selig, gebürgt hat!«

Nach weiterem nutzlosen Hin- und Hergerede kamen sie überein, am selben Tag, die zwölftausend Lire in der Hand, zu Chiarenza zu gehen, um ihn zu einem Vergleich zu bereden.

VI

Das Haus Dima Chiarenzas lag am Hauptplatz des Städtchens.

Es war ein altes, von der Zeit geschwärztes, zweistöckiges Haus, vor dem die Fremden, die Engländer und Deutschen, die sich zur Besichtigung der Schwefelgruben begaben, mit ihren Photoapparaten stehenzubleiben pflegten, was bei den Einheimischen eine mit Spott und Mitleid gemischte Verwunderung auslöste, denn für sie war jenes Haus nichts anderes als ein düsterer, altersschwacher Bau, der die Harmonie des Platzes störte; auf der gegenüberliegenden Seite sah man nämlich das Rathaus, das mit seinem hellen Verputz aus Marmor schien, ja, mit seiner auf acht Säulen ruhenden Loggia geradezu majestätisch wirkte; und dort erhob sich der Palast der Handelsbank, in dessen Erdgeschoß auf der einen Seite ein lichterfunkelndes Café, auf der andern das Lokal des städtischen Gesellschaftsclubs untergebracht war.

Die Stadtverwaltung hätte, wenn es nach den Mitgliedern dieses Clubs gegangen wäre, jenem öffentlichen Übel abhelfen und Chiarenza zwingen müssen, sein Haus wenigstens anständig tünchen zu lassen. Das hätte auch ihm gut getan, sagten sie: es hätte ihm ein wenig das Gesicht aufgehellt, das, im Lauf der Zeit, die Farbe des Hauses angenommen hatte. Aber – fügten sie dann hinzu –, wenn man gerecht sein wollte, so hatte die Frau jenes Haus als Mitgift in die Ehe gebracht, und er hatte sich mit dem »Ja« des Sakramentes vielleicht dazu verpflichtet, die doppelte Altertümlichkeit zu respektieren.

Don Mattia Scala und Saro Trigona fanden im geräumigen, fast dunklen Vorzimmer einige zwanzig Bauern, die alle auf die gleiche Weise, mit Anzügen aus schwerem, dunkelblauem Stoff bekleidet waren; an den Füßen hatten sie schwere, genagelte Stiefel aus unbearbeitetem Leder, auf dem Kopf schwarze Zipfelmützen; manche trugen Ohrkettchen; alle hatten sich, da heute Sonntag war, frisch rasiert.

»Melde mich«, sagte Trigona zu dem Bedienten, der bei der Tür vor einem Tischchen saß, dessen Platte ganz von Zahlen und Namen bedeckt war.

»Sie müssen sich einen Augenblick gedulden«, antwortete der Bediente und sah verwundert auf Scala, von dessen alter Feindschaft mit seinem Herrn er wußte. »Jetzt ist Tino Labiso drinnen.«

»Auch er? Der Unglückliche!« murmelte Don Mattia und musterte die wartenden Bauern, die, wie der Bediente, über seine Gegenwart in diesem Haus erstaunt waren.

Bald konnte Scala an dem Ausdruck ihrer Gesichter erkennen, wer von ihnen gekommen war, um seine Schulden zu bezahlen, wer nur einen Teil der geliehenen Summe mitbrachte und in den Augen schon die Bitte hatte, die er an den Wucherer richten würde: er möge wegen des Rests bis zum kommenden Monat Geduld haben; und wer endlich gar nichts dabei hatte und unter Drohung des Hungers zu Boden gedrückt schien, denn Chiarenza würde ihm mitleidlos alles abnehmen, was er hatte, und ihn auf die Straße setzen.

Plötzlich ging die Tür des Geschäftszimmers auf und Tino Labiso stürzte mit glühendem Gesicht und glänzenden Augen, als wenn er geweint hätte, davon, ohne jemand anzusehen, in der Hand sein rot und schwarz gewürfeltes Taschentuch: das Emblem seiner schlecht beratenen Klugheit.

Nun betraten Scala und Trigona das Bankzimmer.

Auch dieses war fast dunkel, spärliches Licht fiel durch ein einziges, vergittertes Fenster, das auf ein enges Gäßchen ging. Chiarenza mußte am hellen Tag auf seinem Schreibtisch ein von einem grünen Schirm geschütztes Licht brennen.

Auf einem Ledersessel vor dem Schreibtisch sitzend, dessen Schubfächer voller Papiere steckten, trug Chiarenza ein Umschlagtuch auf den Schultern, eine Hausmütze auf dem Kopf und ein Paar wollene Halbhandschuhe an den von der Gicht gräßlich verkrümmten Händen. Obwohl er noch keine vierzig Jahre zählte, sah er älter als fünfzig aus, mit seinem gelbsüchtigen Gesicht und den dichten, trockenen grauen Haaren, die ihm wie einem Kranken in die Schläfen wuchsen. Er hatte in diesem Augenblick die Brille auf die niedrige, faltige Stirn geschoben und sah mit trüben, unter den schweren Lidern fast erloschenen Augen vor sich hin. Offensichtlich suchte er vor Scala seine innere Erregung zu verbergen.

Das Bewußtsein der eigenen Nichtswürdigkeit

flößte ihm jetzt nichts ein als Haß, finsteren Haß gegen alle und ganz besonders gegen seinen alten Wohltäter, sein erstes Opfer. Er wußte noch nicht, was Scala von ihm wollte; aber er war entschlossen, ihm nichts zu gewähren, um nicht den Eindruck zu erwecken, als bereue er seine Schuld, die er immer, Scala als einen Narren hinstellend, trotzig geleugnet hatte.

Dieser, der ihn seit Jahren nicht einmal von weitem gesehen hatte, betrachtete ihn zuerst mit erstaunten Blicken. Hätte er ihn auf der Straße getroffen, er würde ihn nicht erkannt haben.

›Die Strafe Gottes‹, dachte er, und zog die Brauen zusammen, denn er begriff sofort, daß dieser Mensch glauben mußte, er habe schon durch seinen körperlichen Verfall sein Vergehen gebüßt und schulde ihm deshalb keinerlei Wiedergutmachung.

Dima Chiarenza legte mit niedergeschlagenen Augen eine Hand an die Nieren, um sich langsam im Ledersessel aufzurichten, während sich sein Gesicht krampfhaft verzog; aber Saro Trigona zwang ihn, sitzen zu bleiben, und begann sofort mit seinem gewöhnlichen, verworrenen Gerede, ihm den Zweck ihres Besuchs auseinanderzulegen: er würde, da er das von seinem Vetter geerbte Landgut an den hier gegenwärtigen, lieben Don Mattia verkaufen wolle, dem herzgeliebten Don Dima sofort zwölftausend Lire von seiner Schuld abbezahlen, welcher sich seinerseits dazu verpflichten solle, sich jeden gerichtlichen Einschreitens in Sachen der Erbschaft Lo Cicero zu enthalten, und zu warten...

»Langsam, langsam, mein Lieber«, unterbrach ihn hier Chiarenza, indem er seine Brille wieder auf die Nase setzte. »Ich habe bereits am heutigen Tage Schritte unternommen, indem ich die von Eurem Vetter unterschriebenen und seit einer ganzen Weile verfallenen Wechsel zu Protest gehen ließ. Offenes Spiel!«

»Und mein Geld?« fuhr Scala auf. »Der Besitz Lo Ciceros war nicht mehr als achtzehntausend Lire wert; ich aber habe jetzt schon mehr als sechstausend hineingesteckt; wenn du ihn also ehrlich abschätzen ließest, könntest du ihn nicht für weniger als vierundzwanzigtausend bekommen.«

»Gut«, antwortete Chiarenza seelenruhig. »Da Trigona mir fünfundzwanzigtausend Lire schuldet, so würde ich eben, wenn ich das Gut übernehme, tausend verlieren, wobei ich von den Zinsen absehe.«

»Du hast... fünfundzwanzigtausend?« rief Don Mattia, zu Trigona gewandt, mit aufgerissenen Augen aus.

Der rückte auf dem Stuhl, als sei dieser ein Folterwerkzeug, und stammelte:

»Aber... wie... wie denn?«

»Nun, mein Sohn, ich will es Euch zeigen«, antwortete Chiarenza, ohne aus seiner Fassung zu kommen, und führte von neuem die Hand zu den Nieren, um sich mühevoll heraufzuziehen. »Hier sind die Register. Sie sprechen eine deutliche Sprache.«

»Laß die Register, wo sie sind!« schrie Scala und trat vor. »Hier handelt es sich um mein Geld! Das, welches ich für das Gut ausgegeben habe.«

»Was geht mich das an?« machte Chiarenza, zuckte die Achseln und schloß die Augen. »Wer hat Euch geheißen, es auszugeben?«

Don Mattia Scala wiederholte wutschnaubend Dima Chiarenza sein Abkommen mit Lo Cicero.

»Schlimm«, urteilte Chiarenza, indem er vor Anstrengung, ruhig zu bleiben, die Augen schloß; aber er konnte kaum mehr atmen. »Schlimm. Ich sehe, daß Ihr, wie gewöhnlich, keine Geschäfte abzuschließen versteht.«

»Und das wirfst du mir vor?« schrie Scala. »Du!«

»Ich werfe niemand etwas vor; aber du heiliger Gott, Ihr hättet doch wenigstens wissen müssen, bevor Ihr das Geld ausgabt, von dem Ihr sprecht, daß

Lo Cicero niemand mehr das Gut verkaufen konnte, da er mir eine Menge von Wechseln unterschrieben hatte für einen Wert, der den des Gutes selbst überstieg.«

»Und so«, hob Scala wieder an, »wirst du dir auch mein Geld zunutze machen?«

»Ich mache mir gar nichts zunutze«, antwortete Chiarenza schlagfertig. »Mir scheint, ich habe Euch bewiesen, daß ich, auch nach Eurer Schätzung von dem Grund und Boden mehr als tausend Lire einbüße.«

Saro Trigona versuchte sich ins Mittel zu legen, indem er vor Chiarenza die zwölftausend Lire in bar aufblitzen ließ, die Don Mattia in der Brieftasche hatte.

»Geld ist Geld!«

»Und es fliegt davon!« fügte Chiarenza sofort hinzu. »Die beste Investierung von Geld ist heute ein Grundstück, mein Lieber! Wechsel sind zweischneidige Waffen: der Diskontsatz steigt und fällt; die Erde dagegen liegt da und behält ihren Wert.«

Don Mattia stimmte bei und, Ton und Verhalten wechselnd, sprach er zu Chiarenza von seiner langen Liebe für jenes angrenzende Land, indem er hinzufügte, er würde sich niemals damit abfinden können, es zu verlieren, nach all den Entbehrungen, die er um seinetwillen auf sich genommen. Chiarenza möchte sich deshalb für den Augenblick mit der Summe zufrieden geben, die er dabei habe; den Rest würde er bis zum letzten Heller von ihm, nicht mehr von Trigona erhalten; auch die Schätzung von vierundzwanzigtausend Lire erkenne er an, als wenn jene sechstausend von ihm gar nicht aufgewendet worden wären; ja sogar die fünfundzwanzigtausend, das heißt die ganze Schuld Trigonas würde er notfalls begleichen.

»Kann ich dir mehr bieten?«

Dima Chiarenza hörte unbewegt, mit geschlossenen Augen, der leidenschaftlichen Rede Scalas zu. Dann sagte er, indem auch er einen anderen, ernsteren und düstereren Ton annahm, zu ihm:

»Hört, Don Mattia. Ich sehe, daß Euch dieses Gut sehr am Herzen liegt und überließe es Euch gerne, um Euch eine Freude zu machen, wenn mein Gesundheitszustand besser wäre. Seht Ihr, wie es mir geht? Die Ärzte haben mir Ruhe und Landluft geraten...«

»Ah!« rief Scala bebend aus. »Du würdest also dort einziehen und mein Nachbar werden?«

»Im übrigen«, begann Chiarenza wieder, »würdet Ihr mir im Augenblick nicht einmal die Hälfte dessen geben, was mir zukommt. Wer weiß, wie lange ich noch auf Bezahlung warten müßte; während ich jetzt, wenn ich mit einem leichten Opfer dieses Gut übernehme, sogleich das Meine zurückhaben und für meine Gesundheit sorgen kann. Ich will meinen Erben alles geordnet hinterlassen.«

»Mach mir nichts vor!« brach Scala wutschnaubend aus. »Du denkst an die Erben? Aber du hast ja keine Kinder! Du denkst an deine Neffen? Gerade jetzt? Du hast nie daran gedacht! Sag doch frei heraus: Ich will dich schädigen, wie ich dich immer geschädigt habe! Ah, es hat dir nicht genügt, mir mein häusliches Leben vernichtet, meine Frau in den Tod und meinen einzigen Sohn aus Verzweiflung in die Fremde gejagt zu haben, es hat dir nicht genügt, mich zum Entgelt für das Gute, das ich dir getan, in diese elenden Verhältnisse gebracht zu haben; auch die Erde willst du mir jetzt wegnehmen, die Erde, auf der ich geschuftet habe? Aber warum, warum dieser Grimm gegen mich? Was habe ich dir getan? Ich habe kein Wörtchen gesagt nach deinem Judasverrat: ich hatte an meine Frau zu denken, die durch deine Schuld im Sterben lag, an meinen Sohn, der durch deine Schuld verschwunden war: Beweise, materielle Beweise für deinen Diebstahl hatte ich nicht, um dich ins Zuchthaus zu bringen; so habe ich geschwiegen und bin dorthin gezogen, auf jene drei

Handbreit Erde; während hier das ganze Städtchen dich einstimmig beschuldigte und dir zuschrie: Dieb! Judas! – habe ich geschwiegen! Aber es gibt einen Herrgott im Himmel! Und er hat dich bestraft: betrachte nur deine Diebeshände, wie sie aussehen... Du verbirgst sie? Du bist ja schon tot, tot und gestorben! Und immer noch willst du mir Böses zufügen? Oh, aber dieses Mal, weißt du, dieses Mal soll es dir nicht gelingen! Ich habe dir von den Opfern gesprochen, die ich bringen würde, um das Gut zu bekommen. Sag mir also kurz und bündig: Willst du mir's lassen?«

»Nein!« schrie Chiarenza zurück, das Gesicht finster, von Wut verzerrt.

»Dann weder du noch ich!«

Und Scala wandte sich nach der Tür.

»Was habt Ihr vor?« fragte Chiarenza, sitzenbleibend und die bleichen Lippen zu einem Grinsen verziehend.

Scala drehte sich um, erhob die Hand zu einer heftig drohenden Geste und antwortete, ihm grimmig in die Augen sehend:

»Ich räuchere dich aus!«

VII

Nachdem er das Haus Chiarenzas verlassen und Trigona abgeschüttelt hatte, der ihm, ganz in Schmerz zerflossen, seine guten Absichten unter Beweis stellen wollte, suchte Don Mattia Scala zuerst einen befreundeten Advokaten auf, um ihm den Fall darzulegen und ihn zu fragen, ob er zur Anerkennung seines Kredits gerichtlich vorgehen und Chiarenza hindern könne, von dem Gut Besitz zu ergreifen.

Im Anfang verstand der Advokat gar nichts, überwältigt von der Erregung, mit der Scala gesprochen hatte. Er versuchte ihn zu beruhigen, aber umsonst.

»Kurz und gut: habt Ihr Beweise, Dokumente?«

»Einen Dreck habe ich!«

»Dann geht und laßt Euch begraben! Was wollt Ihr noch von mir?«

»Einen Augenblick«, sagte Don Mattia zu ihm, bevor er ging. »Könnt Ihr mir zufällig sagen, wo der Ingenieur Scelzi von der Grubengesellschaft von Comitini wohnt?«

Der Advokat gab ihm Straße und Hausnummer, und Don Mattia ging, zu allem entschlossen, geradewegs hin.

Scelzi war einer von den Ingenieuren, die, wenn sie am Morgen auf dem Maultierpfad vor dem Gitter des Landhauses vorbeikamen, um sich zu den Schwefelgruben des Talgrunds zu begeben, ihn am dringlichsten zu bewegen versucht hatten, seinen Boden abzutreten. Wie oft hatte nicht Scala zum Scherz damit gedroht, die Hunde zu rufen, um ihn in die Flucht zu schlagen!

Obgleich Scelzi am Sonntag keine geschäftlichen Besuche empfing, beeilte er sich, den ungewöhnlichen Gast in sein Büro zu führen.

»Ihr, Don Mattia? Was führt Euch her?«

Scala pflanzte sich, die ungeheuren Augenbrauen zusammenziehend, vor dem lächelnden, jungen Ingenieur auf, sah ihm in die Augen und antwortete:

»Ich bin bereit!«

»Ah, ausgezeichnet! Ihr tretet ab?«

»Ich trete nicht ab. Ich will verhandeln. Laßt die Bedingungen hören.«

»Kennt Ihr sie denn nicht?« rief Scelzi aus. »Ich habe sie Euch so oft wiederholt...«

»Müßt Ihr andere Erhebungen machen, droben?« fragte Don Mattia finster, ungestüm.

»Aber nein! Schaut her...«, antwortete der Ingenieur und zeigte auf die große Landkarte, die an der Wand hing und auf der das Mineralvorkommen der Gegend eingetragen war. Er zeigte mit dem Finger auf einen Punkt der Karte und fügte hinzu: »Hier ist alles, mehr braucht es nicht...«

»Dann können wir sofort verhandeln?«

»Sofort? ... Morgen. Noch am morgigen Tage werde ich dem Verwaltungsrat darüber berichten. Inzwischen können wir hier, wenn Ihr wollt, den Antrag zusammen aufsetzen, der ohne Zweifel angenommen werden wird, falls Ihr keine anderen Bedingungen stellt.«

»Ich muß mich auf der Stelle binden!« platzte Scala heraus. »Alles wird kaputt gehen droben, nicht wahr? ... Alles kaputt!«

Scelzi sah ihn verwundert an: er kannte seit einer Weile die seltsame, impulsive Art Scalas; aber er erinnerte sich nicht, ihn je so gesehen zu haben.

»Aber die Schäden, die der *Rauch* anrichten wird«, sagte er, »werden im Kontrakt vorgesehen und ausgeglichen werden...«

»Ich weiß! Daran liegt mir nichts!« fügte Scala hinzu. »Die Felder, sage ich, die Felder alle vernichtet ... nicht wahr?«

»Hm...«, machte Scelzi achselzuckend.

»Das, das suche ich! Das will ich!« rief Don Mattia aus und schlug mit der Faust auf den Schreibtisch.

»Hier, Ingenieur: schreibt, schreibt! Weder ich noch er! Ich räuchere ihn aus... Schreibt. Hört nicht auf das, was ich rede.«

Scelzi setzte sich an den Schreibtisch und begann den Antrag zu Papier zu bringen, indem er noch einmal alle die vorteilhaften Bedingungen auseinanderlegte, die Scala früher oft so stolz zurückgewiesen hatte, und zu deren jeder er jetzt finster, mit zusammengezogenen Brauen, beifällig mit dem Kopf nickte.

Nachdem endlich der Antrag fertig war, konnte der Ingenieur Scelzi nicht mehr dem Verlangen widerstehen, das Warum jenes plötzlichen, unerwarteten Entschlusses zu erfahren.

»Ein schlechtes Jahr?«

»Was heißt denn schlechtes Jahr! Wenn Ihr erst einmal die Schwefelgrube aufgemacht habt...« antwortete ihm Scala.

Da vermutete Scelzi, Don Mattia Scala habe schlechte Nachrichten von seinem verschwundenen Sohn erhalten: er wußte, daß er vor einigen Monaten eine Bittschrift nach Rom gesandt hatte, um durch die Konsulatsbeamten überall Nachforschungen anstellen zu lassen. Aber er wollte diese wunde Stelle nicht berühren.

Scala empfahl, bevor er ging, Scelzi erneut, die

Sache mit der größten Beschleunigung zu erledigen.

»Per Eilpost! Und bindet mich gut!«

Aber noch zwei Tage vergingen mit den Beratungen des Verwaltungsausschusses der Grubengesellschaft, mit der Abfassung der Akte beim Notar und mit der Registrierung derselben: zwei schreckliche Tage für Don Mattia Scala. Er aß nicht, er schlief nicht, er war wie in einem ständigen Delirium, ging hierhin und dorthin und lief hinter Scelzi her, dem er unaufhörlich wiederholte:

»Bindet mich gut! Bindet mich gut!«

»Haben Sie keine Sorge«, antwortete ihm lächelnd der Ingenieur. »Jetzt kommen Sie uns nicht mehr aus!«

Als der Abtretungsvertrag endlich unterschrieben und registriert war, stürzte Don Mattia Scala wie ein Wahnsinniger aus dem Büro des Notars; er eilte zum Magazin am Eingang des Städtchens, wo er vor drei Tagen das Maultier zurückgelassen hatte, saß auf und ritt davon.

Die Sonne ging gerade unter. Auf der staubigen Straße begegnete Don Mattia einer langen Reihe mit Schwefel beladener Wagen, die aus den fernen Gruben des Tals von jenseits des Hügels kamen, den man noch nicht sehen konnte, und langsam und schwerfällig zum Bahnhof unterhalb des Städtchens rollten.

Von seinem Maultier herab warf Scala all diesem Schwefel, der bei den Erschütterungen und Stößen der ungefederten Wagen beständig knirschte und knisterte, einen haßerfüllten Blick zu.

Die Straße war von zwei endlosen Hecken von Kaktusfeigen gesäumt, deren Pfähle durch den unaufhörlichen Verkehr jener Karren ganz mit Schwefelstaub bedeckt waren.

Bei ihrem Anblick wuchs Don Mattias Ekelgefühl. Auf Schritt und Tritt sah man nichts als Schwefel in diesem Land! Der Schwefel war auch in der Luft, die man einatmete, verschlug den Atem, brannte in den Augen.

Endlich machte die Straße eine Biegung, und der grün überwachsene Hügel kam zum Vorschein. Die Sonne beschien ihn mit ihren letzten Strahlen.

Scala starrte hinüber und preßte die Zügel in der Faust zusammen, bis es ihn schmerzte. Es schien ihm, als grüße die Sonne zum letzten Male das Grün des Hügels. Vielleicht würde er nie mehr den Hügel sehen, so wie er ihn jetzt von der Erhebung dieser Straße aus erblickte. In zwanzig Jahren würde man von dieser Stelle aus eine kahle, verbrannte, von den Schwefelgruben dunkel gefleckte Anhöhe sehen.

»Und wo werde ich dann sein?« dachte er und empfand ein Gefühl der Leere, das ihm sogleich seinen fernen, verlorenen, durch die Welt irrenden, vielleicht auch schon gestorbenen Sohn ins Gedächtnis rief. Eine heftige Gemütsbewegung überwältigte ihn, und seine Augen füllten sich mit Tränen. Um seinetwillen, um seinetwillen hatte er die Kraft gefunden, sich wieder aus dem Elend zu erheben, in das ihn Chiarenza gestürzt hatte, jener gemeine Dieb, der ihn jetzt um sein Landgut brachte.

»Nein, nein!« stieß er beim Gedanken an Chiarenza zwischen den Zähnen hervor. »Weder ich noch er!«

Und er gab dem Maultier die Sporen, als wolle er mit Windeseile ans Ziel gelangen und unverzüglich das Land zerstören, das nicht mehr ihm gehören konnte.

Es war schon Abend, als er an den Fuß des Hügels kam. Er mußte eine Strecke um ihn herumreiten, ehe er den Maultierpfad einschlagen konnte. Aber der Mond war aufgegangen, und es schien fast, als werde es allmählich wieder Tag. Die Grillen rings umher begrüßten wie närrisch jenes mondene Tagesgrauen.

Wie er so durch die Felder ritt, fühlte Scala heftige Gewissensbisse, wenn er an die Eigentümer jener Länder dachte, die alle seine Freunde waren und in diesem Augenblick gewiß nicht den Verrat vermuteten, den er ihnen angetan.

Ah, all diese Felder würden binnen kurzem verschwinden: nicht einmal ein Grashalm würde mehr dort droben wachsen; und er, er würde zum Zerstörer des grünen Hügels werden! Er versetzte sich in Gedanken auf den Balkon seines nahen Hauses, sah wieder die Grenze seines schmalen Besitzes, dachte daran, daß seine Augen nun dort würden innehalten müssen, ohne jene Umfassungsmauer überspringen und sich im Nachbargut ergehen zu können: und er kam sich vor wie in einem Gefängnis, fast als fehle ihm die Luft, als fehle ihm die Freiheit auf seinem lieben kleinen Besitz – jetzt, wo sein Feind dort drüben wohnen würde. Nein! Nein!

»Zerstörung! Zerstörung! Weder ich noch er! Sie sollen verbrennen!«

Und er betrachtete die Bäume ringsum, während sich seine Kehle zusammenschnürte: die hundertjährigen Olivenbäume mit ihrem mächtigen, grauen, gewundenen Stamm, die unbeweglich, wie geheimnisvoll träumend, im Mondlicht standen. Er stellte sich vor, wie all diese jetzt so lebendigen Blätter sich zusammenrollen würden beim ersten ätzenden Hauch aus dem aufgerissenen Höllenmund der Schwefelgrube; wie sie abfallen, wie die entblößten Bäume schwarz werden, und endlich, vergiftet vom Rauch der Öfen, dahinsterben würden. Dann würde das Beil zu seinem Recht kommen. Brennholz: das war das Ende!...

Eine kleine Brise erhob sich, als der Mond höher stieg. Da rauschten die Blätter der Bäume, als hätten sie ihr Todesurteil gehört, wie in einem langen Erschauern auf, das sich dem Rücken Don Mattia Scalas mitteilte, der, auf sein weißes Maultier gebeugt, eilig dahinritt.

Die Häresie der Katharer

Bernardino Lamis, ordentlicher Professor der Religionsgeschichte, schloß die schmerzenden Augen, nahm, wie immer bei besonders feierlichen Gelegenheiten, den totenschädelhaften Kopf zwischen die zarten, zitternden Hände, die an ihrem Ende, statt der Fingernägel, fünf rosige, schimmernde Muscheln zu tragen schienen, und verkündete den beiden einzigen Schülern, die mit unerschütterlicher Treue seinen Vorlesungen folgten:

»In der kommenden Stunde werden wir, meine Herren, auf die Häresie der Katharer zu sprechen kommen.«

Der eine der zwei Studenten, Ciotta – ein schwarzhaariger, untersetzter und stämmiger Sohn der römischen Campagna – fletschte mit grimmiger Freude die Zähne und rieb sich heftig die Hände. Der andere dagegen, der blasse Vannicoli mit seinen blonden, wie Stoppeln emporstarrenden Haaren und seinem leidenden Gesichtsausdruck, legte mehr Schmerz denn je in den Blick der hellen, schmachtenden Augen und hob die Nase, wie wenn er einen üblen Geruch bemerke, um seine Teilnahme an dem Kummer zum Ausdruck zu bringen, welchen dem verehrten Lehrer, nach dessen privaten Mitteilungen ihm gegenüber, die Behandlung dieses Themas verursachen mußte. (Vannicoli glaubte nämlich, daß sich Professor Lamis, wenn er und Ciotta ihn nach der Stunde ein langes Stück nach Hause begleiteten, einzig und allein an ihn wende, da nur er fähig sei, ihn zu verstehen.)

Und in der Tat wußte Vannicoli, daß seit etwa einem halben Jahr in Deutschland (in Halle an der Saale) eine kolossale, von der Kritik in die höchsten Himmel gehobene Monographie von Hans v. Grobler erschienen war, und daß Bernardino Lamis über den gleichen Gegenstand drei Jahre zuvor zwei dicke Bände geschrieben hatte, die v. Grobler mit Absicht ignorierte – wenn man von einer einzigen, flüchtigen Fußnote absehen will, in der er sie mit einer geringschätzigen Bemerkung abtat.

Bernardino Lamis hatte sich im Innersten getroffen gefühlt; mehr noch aber war er über die italienische Kritik empört gewesen, die ihrerseits das deutsche Werk unbesehen gelobt und nicht ein einziges Mal auf seine eigenen zwei früheren Bände verwiesen, noch ein Wort über die unwürdige Behandlung verloren hatte, die der deutsche Autor einem einheimischen Schriftsteller hatte angedeihen lassen. Mehr als zwei Monate hatte er gewartet, daß sich wenigstens einer unter seinen ehemaligen Schülern zu seiner Verteidigung erhebe; dann hatte er, wenn ihm dies auch, nach seiner Auffassung, nicht ganz in Ordnung schien, selbst seine Verteidigung übernommen, indem er in einer langen und sorgfältigen, mit subtiler Ironie gewürzten Übersicht alle mehr oder weniger schweren Fehler vermerkt hatte, die v. Grobler unterlaufen waren, alle Teile, die dieser sich, ohne dessen zu erwähnen, aus seinem Werk angeeignet; und schließlich hatte er, mit neuen und unangreifbaren Argumenten, seine eigenen Ansichten denen des deutschen Historikers noch einmal entgegengehalten und siegreich vertreten.

Seine Verteidigung jedoch war, wegen ihrer allzu großen Länge und des geringen Interesses, das sie bei der Mehrzahl der Leser erwecken mußte, von zwei Zeitschriften abgelehnt worden, bei einer dritten lag sie seit über einem Monat, und wer weiß, wie lange man ihn noch hinhalten wollte – nach der keineswegs höflichen Antwort zu schließen, die Lamis auf seine Mahnung hin vom Herausgeber erhalten hatte.

Bernardino Lamis hatte also wirklich Grund, wenn er an diesem Tage, von den beiden getreuen jungen Leuten wie gewöhnlich nach Hause begleitet, seiner Bitterkeit freien Lauf ließ. Er sprach zu ihnen von der schamlosen Scharlatanerie, die vom Feld der Politik zuerst in das der Literatur eingedrungen sei, und jetzt leider auch in die heiligen und unverletzlichen Bezirke der Wissenschaft; er sprach von der feigen Unterwürfigkeit, die zutiefst im italienischen Wesen verwurzelt sei und die Schuld trage, wenn man alles, was von jenseits der Alpen und des Meeres komme, für ein kostbares Kleinod halte und alles, was man bei uns hervorbringe, für einen falschen und minderwertigen Stein; er deutete endlich die stärksten Argumente gegen seinen Widersacher an, die er in der kommenden Stunde entwickeln wollte. Und Ciotta, schon im voraus das Vergnügen genießend, das ihm der ironische und gallige Vortrag des Professors bereiten würde, rieb sich von neuem die Hände, während Vannicoli betrübte Seufzer ausstieß.

Auf einmal aber schwieg Professor Lamis und ein abwesender Ausdruck trat auf sein Gesicht: ein Zeichen für die beiden Schüler, daß der Herr Professor allein gelassen sein wollte.

Nach der Stunde machte er jedesmal einen kleinen Erholungsspaziergang hinunter zum Pantheon, dann hinauf zur Minerva, überquerte die Via dei Cestari und kam endlich auf dem Corso Vittorio Emanuele heraus. In der Nähe der Piazza San Pantaleo aber nahm er jene abwesende Miene an: bevor er in die Via del Governo Vecchio, wo er wohnte, einbog, pflegte er nämlich (und das sollte in aller Heimlichkeit geschehen) eine Konditorei zu betreten und sie bald darauf mit einem Päckchen in der Hand wieder zu verlassen.

Die beiden Schüler wußten, daß Professor Lamis für keine Menschenseele Einkäufe zu machen hatte, und konnten sich deshalb den dreimal in der Woche getätigten Kauf jenes geheimnisvollen Päckchens nicht erklären.

Von Neugier getrieben, hatte sich Ciotta sogar eines Tages in der Konditorei erkundigt, was denn der Professor kaufe.

»Mandelplätzchen, Meringen, Pralinen...«

Für wen mochten sie bestimmt sein?

Vannicoli meinte, für die Neffen. Aber Ciotta hätte die Hand ins Feuer gelegt, daß sie für ihn bestimmt waren, für den Professor selbst; denn einmal hatte er ihn auf der Straße überrascht, als er mit der Hand in die Tasche fuhr, um eine jener Meringen herauszuziehen, und gewiß hatte er schon eine andere im Munde gehabt, welche ihn daran gehindert hatte, seinen Gruß zu erwidern.

»Nun, und wenn schon, was ist dabei? Menschliche Schwächen!« hatte Vannicoli ärgerlich bemerkt, während er mit seinem schmachtenden Blick dem alten Professor folgte, welcher langsam und müde, die Füße nachziehend, davonging.

Nicht nur diese unschuldige Schlemmerei, sondern viele, viele andere Dinge konnten jenem Mann verziehen werden, dessen Schultern sich im Dienst an der Wissenschaft gekrümmt hatten, so daß es schien, als wollten sie herabrutschen und würden nur mühsam von dem langen, wie unter einem Joch gebeugten Hals obengehalten. Zwischen Hut und Nacken bildete die Glatze des Professors Lamis einen lederartigen Halbmond; auf dem Nacken zitterte ihm ein dünner, silberner Haarschopf, der sich links und rechts über die Ohren legte und nach vorne – auf den Wangen und unter dem Kinn – in einen fächerartigen Bart auslief.

Weder Ciotta noch Vannicoli hätten je vermutet, daß Bernardino Lamis in jenem Päckchen seine ganze Tagesmahlzeit nach Hause trug.

Zwei Jahre zuvor hatte ihn die Familie eines Bruders heimgesucht, der in Neapel plötzlich gestorben war: die Schwägerin, eine wahre Furie, mit sieben Kindern, das älteste kaum elfjährig. Und dabei hatte es sich Professor Lamis versagt zu heiraten, um durch nichts in seinen Studien gestört zu werden! Als er, ohne vorherige Benachrichtigung, die lärmende Schar auf dem Treppenabsatz vor der Tür auf unzähligen großen und kleinen Bündeln lagern sah, war er vor Schreck erbleicht. Da ihm auf der Treppe kein Weg blieb, hatte er einen Augenblick überlegt, ob er sich nicht durch einen Sprung aus dem Fenster retten solle. Die vier Zimmerchen seiner bescheidenen Behausung waren im Sturm erobert worden; die Entdeckung eines Gärtchens, Gegenstand der liebevollen Pflege des Onkels, hatte in den sieben untröstlichen Waisenkindern (wie die dicke Schwägerin aus Neapel sie nannte) ein frenetisches Freudengeheul ausgelöst: einen Monat später war kein Grashalm mehr darin zu finden. Professor Lamis war zum Schatten seiner selbst geworden; er lief in seinem Studierzimmer auf und ab wie einer, der nicht mehr bei Verstand ist, und hielt seinen Kopf in den Händen, fast als wolle er ihn nicht auch noch im körperlichen Sinn verlieren bei diesem Geschrei, diesem Geheul, diesem Höllenlärm, der vom Morgen bis zum Abend tobte. Ein ganzes Jahr hatte die Marter gedauert, und wer weiß, wie lange es noch so fortgegangen wäre, hätte er nicht eines Tages beobachtet, wie seine Schwägerin, nicht zufrieden mit dem Gehalt, das er ihr am 27. jedes Monats voll und ganz übergab, vom Gärtchen aus dem ältesten der Kinder half, zum Fenster seines (vorsorglich abgeschlossenen) Arbeitszimmers hineinzuklettern, um ihm seine Bücher zu stehlen:

»Schöne dicke, gelt, Gennari, schöne dicke und neue!«

Seine halbe Bibliothek war für ein paar Pfennige auf die Stände der Trödler gewandert.

Auf dem Gipfel der Wut und Empörung hatte Bernardino Lamis am gleichen Tage mit sechs Körben übriggebliebener Bücher und drei einfachen Regalen, einem großen Kruzifix aus Pappmaché, einer Kiste Wäsche, drei Stühlen, einem breiten Lederfauteuil, dem Schreibpult und einem Waschtisch das Feld geräumt und – allein – in jenen beiden Zimmerchen der Via del Governo Vecchio Wohnung genommen, nicht ohne vorher der Schwägerin verboten zu haben, sich jemals wieder bei ihm blicken zu lassen.

Pünktlich schickte er ihr jetzt allmonatlich durch

einen Pedell das Gehalt, von dem er nur das unbedingt Notwendige für sich behielt.

Er hatte nicht einmal ein Halbtagsmädchen nehmen wollen, da er fürchtete, es könne sich mit der Schwägerin verständigen. Im übrigen brauchte er auch keines. Nicht einmal sein Bett hatte er mitgenommen: ein Umschlagtuch auf den Schultern, in eine Wolldecke gewickelt, schlief er im Lehnstuhl. Er kochte sich nichts. Auf seine Art der Theorie Fletchers folgend, aß er wenig und kaute viel. Den Inhalt jenes seltsamen Päckchens schob er in die geräumigen Taschen seiner Hosen, die eine Hälfte links, die andere rechts, und während er studierte oder schrieb, stehend, wie er es gewohnt war, knabberte er ein Mandelplätzchen oder eine Meringe oder eine Praline. Für den Durst gab es Wasser. Nach dem einen Jahr in der Hölle fühlte er sich jetzt im Paradies.

Da hatte ihm v. Grobler mit seinem Schandwerk über die ›Häresie der Katharer‹ das Fest verdorben.

An diesem Tag hatte sich Bernardino Lamis, sobald er nach Hause zurückgekehrt war, fieberhaft an die Arbeit gemacht.

Er hatte zwei Tage vor sich, um die Aufzeichnungen für die Vorlesung abzuschließen, die ihm so sehr am Herzen lag. Sie sollte großartig werden, jedes Wort ein Pfeilschuß für diesen unverschämten Deutschen v. Grobler.

Er pflegte seine Vorlesungen vom ersten bis zum letzten Wort mit winzigen Schriftzeichen auf Protokollpapier niederzuschreiben. Dann las er sie auf der Universität mit langsamer und feierlicher Stimme, indem er den Kopf zurückneigte, die Stirn runzelte und die Augenlider senkte, um durch die Gläser auf der Spitze seiner Nase sehen zu können, aus deren Löchern zwei kleine Büschel von stachligen, grauen Haaren ungehindert hervorwuchsen. Seine beiden Getreuen hatten bequem Zeit, fast wie bei einem Diktat mitzuschreiben. Lamis bestieg nie das Katheder: er saß demütig an dem unterhalb desselben befindlichen Tischchen. Die Bänke im Hörsaal waren in vier Reihen im Halbrund angeordnet. Der Raum war dunkel, und Ciotta und Vannicoli saßen in der letzten Reihe, jeder am äußersten Punkt, um das Licht aus den beiden vergitterten Rundfenstern zu nutzen, die sich in der Höhe öffneten. Der Professor sah sie nie während der Stunde: er hörte nur das Kritzeln ihrer eiligen Federn.

Dort in jenem Hörsaal – da denn niemand sich zu seiner Verteidigung erhoben hatte, und die freie Presse ihm ein Plätzchen weigerte, um sich selbst zu verteidigen: und das nach dreißig Jahren Unterrichtstätigkeit an der Universität und einer langen Reihe streng wissenschaftlicher Veröffentlichungen – dort in jenem Hörsaal wollte er sich mit einer denkwürdigen Vorlesung an der Gemeinheit dieses Deutschen rächen.

Zunächst wollte er, seine beiden Bände zusammenfassend, klar und bündig den Ursprung, den Grund, das Wesen, die geschichtliche Bedeutung und die Folgen der Häresie der Katharer darlegen: dann aber gedachte er sich, unter Benutzung der kritischen Studie, die er schon über das Buch v. Groblers geschrieben hatte, in den polemischen Teil zu stürzen. Herr der Materie und die schon fertige Arbeit vor sich, würde er einer einzigen Schwierigkeit zu begegnen haben: seine Feder zu zügeln. Unter der Inspiration seines Ärgers und seiner Entrüstung hätte er in zwei Tagen zwei andere, noch mächtigere Bände über den Gegenstand geschrieben.

Statt dessen mußte er sich auf eine gemächliche Lesung von nicht viel mehr als einer Stunde Dauer beschränken: das heißt, er durfte mit seiner winzigen Handschrift nicht mehr als fünf oder sechs Seiten Protokollpapier bedecken. Zwei hatte er schon geschrieben. Die drei oder vier restlichen Seiten mußten dem polemischen Teil gewidmet werden.

Bevor er sich dazu anschickte, wollte er noch einmal die Korrekturbogen seiner kritischen Studie über das Buch v. Groblers lesen. Er holte sie aus dem Fach des Schreibtischs, blies darüber, um den Staub zu entfernen, und streckte sich, die Brille schon auf der Nasenspitze, im Lehnstuhl aus.

Je weiter er in der Lektüre fortschritt, desto mehr wuchs sein Entzücken darüber, so daß er nicht einmal mehr auf die Zahl der Meringen achtete, die er in den Mund schob, noch auf das von Fletcher empfohlene langsame Kauen. Der Vorrat mußte für zwei Tage reichen; und er hatte in weniger als einer Stunde die Hälfte davon verzehrt. Gedemütigt zog er die leere Tasche heraus, um die Brösel abzuschütteln.

In der Absicht, die Hauptpunkte dieser kritischen Studie zusammenzufassen, begann er dann sogleich zu schreiben. Allmählich aber ließ er sich von der Versuchung überwältigen, seinen Aufsatz voll und ganz in die Vorlesung aufzunehmen, da ihm schien, es sei nichts darin überflüssig, kein Punkt und kein Komma. Und in der Tat, wie sollte er auf Formulierungen von so spontaner Schlagfertigkeit, von solcher Wirksamkeit verzichten? Auf so treffende und entscheidende Argumente? Und immer neue stellten sich beim Schreiben ein, noch scharfsinnigere, noch überzeugendere, auf die es gleichfalls nicht möglich war zu verzichten.

Als der Morgen des dritten Tages gekommen war, an dem er die Vorlesung halten sollte, fand Bernardino Lamis vor sich auf dem Schreibpult an Stelle der sechs nicht weniger als fünfzehn engbeschriebene Seiten.

Er geriet in Verwirrung.

Höchst gewissenhaft in seinem Beruf, pflegte er am Anfang jedes Jahres die Inhaltsangabe des ganzen Lehrstoffs zu diktieren, den er in seinen Vorlesungen abzuhandeln gedachte, und an diese Inhaltsangabe hielt er sich mit peinlicher Strenge. Schon hatte er, angesichts jener unglückseligen Veröffentlichung des v. Groblerschen Buchs, der beleidigten Eigenliebe ein Zugeständnis gemacht, indem er in diesem Jahr, fast ohne Veranlassung, auf die Häresie der Katharer zu sprechen kam. Mehr als eine Stunde würde er also nicht darauf verwenden können. Man sollte unter keinen Umständen sagen können, Professor Lamis spreche, um seinem Ärger Luft zu machen, am falschen Platz und mehr als nötig über einen Gegenstand, der sich nur entfernt auf den Lehrplan des Jahres bezog.

So mußte er denn unter allen Umständen in den wenigen Stunden, die ihm blieben, die fünfzehn

Seiten, die er geschrieben hatte, auf acht oder neun zusammenstreichen.

Diese Kürzung kostete ihn eine so intensive geistige Anstrengung, daß er gar nicht den Hagel, die Blitze und die Donnerschläge eines heftigen Gewitters bemerkte, das sich plötzlich über Rom entladen hatte. Als er, seine lange Papierrolle unter dem Arm, auf der Schwelle der bescheidenen Haustür stand, goß es in Strömen. Was tun? Es fehlten kaum zehn Minuten bis zum festgesetzten Beginn der Vorlesung. Er stieg aufs neue die Treppe hinauf, um sich mit einem Regenschirm zu versehen, und ging unter dem herabrauschenden Wasser davon, indem er, so gut es gehen wollte, seine schmale Rolle, seine ›großartige‹ Vorlesung schützte.

In bemitleidenswertem Zustand kam er in der Universität an: durchnäßt vom Kopf bis zu den Füßen. Er ließ den Schirm in der Kabine des Portiers, schüttelte, mit den Füßen aufstampfend, ein wenig den Regen ab, trocknete sich das Gesicht und stieg den Säulengang hinauf.

Der Hörsaal – auch an heiteren Tagen dunkel – glich bei diesem Höllenwetter einer Katakombe; man sah nur mit Mühe. Nichtsdestoweniger hatte Professor Lamis, der beim Eintreten niemals den Kopf zu heben pflegte, heute den Trost, bei einem flüchtigen Blick einen ungewöhnlichen Andrang zu bemerken, und er lobte in seinem Herzen die beiden getreuen Schüler, die offensichtlich unter ihren Kollegen die Nachricht von der besonderen Hingabe verbreitet hatten, mit der ihr alter Professor diese Stunde halten würde, die ihn so viel Kummer und Mühe gekostet, und in der er einen solchen Schatz an Wissen mit höchster Anstrengung zusammengefaßt und mit so viel Scharfsinn verarbeitet hatte.

Heftig erregt legte er den Hut ab und stieg ausnahmsweise an diesem Tag auf das Katheder. Seine schwachen Hände zitterten so sehr, daß er alle Mühe hatte, die Brille auf der Nasenspitze zurechtzusetzen. Die Stille im Hörsaal war vollkommen. Professor Lamis öffnete seine Rolle und begann mit so starker und vibrierender Stimme zu lesen, daß er sich selber darüber wunderte. Welche Lautstärke würde er erreichen, wenn er sich, nach Beendigung des darlegenden Teils, für den dieser Ton nicht angemessen war, in den polemischen stürzen würde? Aber Professor Lamis war in diesem Augenblick nicht mehr Herr seiner selbst. Wie von den Vipern seines Stils gebissen, fühlte er von Zeit zu Zeit eiskalte Schauer und einen stechenden Schmerz im Rücken, erhob immer mehr die Stimme und gestikulierte, gestikulierte. Professor Bernardino Lamis, sonst so gemessen und zurückhaltend, an jenem Tag gestikulierte er! Zuviel Galle hatte sich in den vergangenen sechs Monaten angesammelt, zuviel Entrüstung hatten die Unterwürfigkeit und das Schweigen der italienischen Kritik in ihm geweckt; nun war für ihn der Augenblick der Revanche gekommen! Alle diese wackeren jungen Leute, die ihm in andächtigem Schweigen zuhörten, würden von seiner Stunde sprechen, würden erzählen, daß er an jenem Tag auf das Katheder gestiegen sei, auf daß mit größerer Feierlichkeit von der Universität Rom aus seine zornige Antwort nicht allein an v. Grobler, sondern an das gesamte Deutschland ergehe.

So las er seit etwa dreiviertel Stunden, immer feuriger und schallender, als der Student Ciotta, der auf seinem Weg zur Universität von dem starken Platzregen überrascht worden war und in einem Torweg Schutz gesucht hatte, ängstlich zur Tür des Hörsaals hereinsah. Er hatte, da er sich verspätet, gehofft, daß Professor Lamis bei diesem Hundewetter seine Vorlesung ausfallen lassen würde. Drunten in der Portierstube hatte er dann ein Billett Vannicolis gefunden, der ihn bat, ihn bei dem heißverehrten Professor zu entschuldigen; er sei am Abend zuvor auf der Treppe ausgeglitten und habe sich den Arm verstaucht, weshalb er zu seinem größten Bedauern nicht der Stunde beiwohnen könne.

Zu wem sprach also mit so viel Feuer Professor Bernardino Lamis?

Auf den Fußspitzen überschritt Ciotta die Schwelle des Hörsaals und warf einen Blick umher. Seine Augen waren von dem spärlichen Licht draußen ein wenig geblendet, und so sah auch er zu seiner Verwunderung zahlreiche Studenten im Hörsaal. War es möglich? Er schaute schärfer hin.

Etwa zwanzig Regenmäntel, die da und dort in dem düsteren und verlassenen Raum zum Austropfen aufgehängt waren, bildeten an diesem Tage die ganze Zuhörerschaft des Professors Bernardino Lamis.

Ciotta betrachtete sie erschrocken; er fühlte sein Blut erstarren, als er den Professor mit solchem Feuereifer diesen Regenmänteln seine Vorlesung halten hörte, und zog sich betreten und ängstlich zurück.

Inzwischen war die Stunde zu Ende und aus dem Hörsaal nebenan kam lärmend eine Schar Jurastudenten, denen die Mäntel wahrscheinlich gehörten.

Sofort streckte Ciotta, der sich von seiner Erregung noch nicht hatte erholen können, die Arme aus und pflanzte sich vor der Tür auf, um ihnen den Zugang zu wehren.

»Um Gottes willen, geht nicht hinein! Professor Lamis ist drinnen.«

»Was macht er denn?« fragten jene, verwundert über die verstörte Miene Ciottas.

Dieser legte einen Finger auf den Mund, dann sagte er leise, mit aufgerissenen Augen:

»Er spricht für sich allein!«

Ein schallendes, unbezähmbares Gelächter brach los.

Ciotta schloß schnell die Tür des Hörsaals, indem er die andern von neuem beschwor:

»Still, um Gottes willen still! Erspart dem armen alten Mann diese Demütigung. Er spricht über die Häresie der Katharer!«

Aber die Studenten verlangten, indem sie sich ruhig zu verhalten versprachen, daß die Eingangstür leise wieder geöffnet werde, um von der Schwelle aus das Schauspiel ihrer armen Regenmäntel zu genießen, die unbeweglich, schwarz im Dunkel triefend, die großartige Vorlesung des Professors Bernardino Lamis anhörten:

»... Aber der Manichäismus, meine Herren, der Manichäismus, was ist er denn im Grunde? Antworten Sie selbst! Wenn nun die ersten Albigenser, nach den Ausführungen unseres berühmten deutschen Historikers, des Herrn Hans v. Grobler...«

Der Examenskandidat

Schon seit geraumer Weile hörten die wenigen Gäste der *Einsiedelei*, die sich freiwillig auf diesen weltfernen Berggipfel verbannt hatten, die barbarische Stimme des Eseltreibers Natale über den steilen Abhang unterhalb des Buschwaldes näherkommen:

»Schiii... brrr! Schiii... brrr!«

Und in der drückenden Hitze, dem lähmenden Einerlei, denen das ferne und nahe Wetzen der Zikaden und Grillen einen eigentümlichen Rhythmus verlieh, schauten sie, neugierig, ob der krumme Kerl einen neuen Unglücksgefährten oder nur einen flüchtigen Besucher heranbrachte, wieder und wieder zu den Fenstern des ehemaligen Klosters hinaus, das sich seit einigen Jahren in ein Hotel verwandelt hatte.

Im Grunde genommen war das Kloster ja geblieben, wie es gewesen war: die engen Zellen waren mit einem Bett ausgestattet, so schmal, daß man sich kaum darin umdrehen konnte, ferner mit einem rohen Tisch, einem Waschbecken und ein paar strohgeflochtenen Stühlen; geblieben waren auch das Refektorium, die langen, düsteren Gänge, die grauen, abgetretenen Treppen und das verschlossene Kirchlein.

In den ersten Tagen pflegten die Gäste diesen Mangel an Komfort der seltsamen Würze klösterlichen Lebens zuliebe auf sich zu nehmen; dann begannen sie sich zu langweilen, auch wenn sie es nicht zugeben wollten. Und zu Herrn Lanzi, der den wunderlichen Einfall gehabt hatte, diesen sogenannten Hotelbetrieb aufzuziehen, und der jedes Jahr fürs künftige den Bau eines funkelnagelneuen Hotels im Schweizerstil mit Drahtseilbahn versprach, sagten sie unweigerlich:

»Ach ja, das müssen Sie tun! Sonst wär's doch wirklich schade um diese reizende Sommerfrische!«

»Aber«, antwortete jedes Mal, sich mit einem tiefen Seufzer den Kopf kratzend, Herr Lanzi, »aber wenn ich dann meinen letzten Heller drangesetzt habe und Ihnen denselben Komfort biete, den man auf dem *Generoso* oder dem *Pilatus* findet, dann werden die Herrschaften sagen, daß die Preise zu hoch sind und werden nicht mehr kommen, sondern denken: »Da können wir ja gleich in die Schweiz fahren! Auch macht das einen besseren Eindruck! Und der *Pilatus* werde alsdann ich sein mit meinem ganzen Komfort und einem ellenlangen Gesicht!«

So würde also niemals etwas aus dem Schweizerhotel hier droben werden?

Aber ja doch, das nächste Jahr ganz gewiß!

Und Herr Lanzi zeigte seinen Gästen einstweilen den genauen Punkt, auf dem sich der neue Bau erheben sollte, und beschrieb ihn bis ins kleinste Detail, er stellte ihn so lebhaft und prächtig vors Auge, als ob er schon Wirklichkeit geworden sei, er diskutierte und nahm den wohlmeinenden Rat von diesem und jenem an; dann sprach er von den schon vorliegenden Entwürfen für die Errichtung der Drahtseilbahn. Alles fertig. Bis zum nächsten Oktober.

»Bravo, Herr Lanzi, bravo!« Denn dieser Natale war doch wirklich etwas Unmögliches mit seinen lendenlahmen Eselchen!

»Schiii... brrr! Schiii... brrr!« – erklang jetzt die Stimme näher und näher unter dem Buschwald.

Herr Lanzi trat mit dem kahlköpfigen und rundlichen Ex-Deputierten Quagliola und dem rothaarigen, mageren, sommersprossigen, aufgesteiften Gymnasialprofessor Tancredi Picinelli auf den freien Platz vor dem Kloster. An den Fenstern der Zellen aber lehnten schon mit erwartungsvollen Gesichtern die übrigen vier Gäste: die blonde Signora Ardelli, deren Gatte (ein tüchtiger und strebsamer Mann) jeden Samstagabend aus der nahen Stadt heraufkam, wo er, schon mit dem Titel eines *Cavaliere* ausgezeichnet, als Beamter wirkte; der Rechtsanwalt Mesciardi, welcher eben dieser Dame den Hof machte; Quagliolino, der Sohn des Deputierten, der ihr seinerseits den Hof zu machen suchte und dabei seine Schülergesundheit zugrunde richtete; und endlich ein kleiner Geistlicher namens Don Vinè, welcher der nämlichen Anfechtung siegreich widerstand.

Zuerst erschien der Esel und fiel zu Boden: mit hängenden Ohren und geschlossenen Augen ließ er sich, atemlos schnaubend, zu Boden sinken, als wolle er sagen, daß er nun wirklich mit seiner Kraft am Ende sei. Doch einen Knüttel schwingend folgte ihm, wie ein wütender Höllengeist, Natale:

»Hoch mit dir, alte Sau!«

Denn es scheint, als sei es für einen Esel eine Beleidigung, wenn man ihn ›Sau‹ nennt. Aber der machte sich gar nichts draus. Vielleicht sah das Natale auch ein, weshalb er aus Leibeskräften auf den Esel einzuschlagen begann. Dieser ließ die Hiebe über sich ergehen, als gälten sie nicht ihm. Nur eines seiner kahlen Ohren versuchte er ein wenig aufzurichten, wie um zu hören, von welcher Seite sie kämen.

Als dritter trat, mühsam keuchend, der neue Gast, Rechtsanwalt Pompeo Lagumina auf den Plan: ein kurzsichtiger Hüne, der seine Brille verwünschte, die sich nicht mehr auf der schweißigen Nase halten wollte. Die breite Krempe des weißen Leinwandhutes hatte unter der Wirkung des Schweißes alle Form verloren und hing ihm aufs Gesicht herab. Nun stürzte *er* sich, den achselzuckenden Natale beiseite drängend, auf den Esel:

»Laß, den lade ich mir auf, diesen Schurken – wie Morgante das Klosterpferd!«

Und tatsächlich versuchte er, unter dem schallenden Gelächter der Zuschauer, den Esel auf seine Schultern zu laden.

»Ah, das ist ein Berg!« – seufzte der Eseltreiber, um sich vor dem Hotelier, seinem Auftraggeber, reinzuwaschen.

»Und hier mußte ich zu Fuß herauf!« – schäumte, sich aufrichtend, Pompeo Lagumina. »Dein Vieh hält sich kaum noch auf den Beinen! Man weiß bei Gott nicht, wer von euch zweien der größere Esel ist!«

»Mit dieser Kiste voller Blei auf dem Bast...«, grunzte Natale.

»Voller Wissenschaft, Dummkopf! Hier sind Bücher drin!« – verkündete Pompeo Lagumina, indem er Natale derb an den Schultern rüttelte.

»Kein Wunder, daß ein Esel sie nicht tragen will«, bemerkte der Ex-Deputierte Quagliola gelassen, während Lagumina dem Eseltreiber drohend zuschrie:

»Von mir bekommst du keinen Lohn! Sieh zu, wer dich bezahlt!«

»Halten Sie das, wie Sie wollen«, griff hier, mit vollendeter Höflichkeit, Herr Lanzi ein. »Aber gehen Sie bitte hinein. Sie sind zu erhitzt. Daß Sie sich nur nichts holen!«

»Danke, keine Gefahr«, antwortete Lagumina, indem er den mächtigen Brustkorb vorwölbte. »Sind Sie der Hotelier?«

»Zu Ihren Diensten, mein Herr.«

»Dann hören Sie mich bitte an: ich habe dem Esel da nichts getan. Ich habe versucht, ihn zu reiten, aber meine Füße schleiften am Boden, und dann ging er plötzlich unter mir in die Knie.«

»Das Rückgrat hat er ihm zerbrochen!« – brummte Natale von neuem.

»Ich schlag dich zu Boden!« – donnerte Pompeo Lagumina, indem er sich mit drohend erhobener Faust umwandte. »Halt gefälligst dein Maul!«

Hier konnte Frau Ardelli an ihrem Fenster das Lachen nicht mehr bezähmen. Lagumina hob wütend den Kopf; da er aber sah, daß es eine Dame war, die gelacht hatte, versuchte er, den Leinwandhut von seinem verschwitzten Kopf zu nehmen, und lächelte über sein ganzes, breites Jungengesicht.

»Treten Sie für ihn ein, meine Gnädigste? Dann kein Wort mehr!«

Aber Frau Ardelli hatte schon Reißaus genommen.

»Ich bin nämlich hierhergekommen, um zu studieren«, begann Lagumina wieder, zum Hotelier gewandt und plötzlich ernst, fast düster werdend. »Deshalb brauche ich ein abseits gelegenes Zimmer.«

»Ah, hier haben wir lauter Klosterzellen«, sagte Herr Lanzi, »wie geschaffen zum Studium und zur Meditation, mein Herr. Kommen Sie nur!«

Der Ex-Deputierte Quagliola und Professor Picinelli warfen denen, die an den Fenstern die Szene genossen hatten, einen vielsagenden Blick zu. Mesciardi rieb sich die Hände, als wolle er sagen: »Freut euch! Jetzt haben wir endlich unseren Jux!«, und Quagliolino fragte: »Blei, Natale? Ja, da hast du recht!«

»Er hat mir den Esel umgebracht, der Henker!« – wetterte dieser, während er mit Händen und Zähnen das Seil zu lösen versuchte, das die Last auf dem Tragsattel befestigte.

Picinelli versuchte indessen, den Esel mit guten Worten zum Aufstehen zu bewegen: aber das arme Tier, das nur die Sprache des Knüttels verstand, richtete bei diesen zärtlichen Ermunterungen nur kurz die Ohren auf, um sie gleich wieder zu senken, wobei es die Augen schloß und offensichtlich dachte: ›Das kann nicht mir gelten!‹

Bald darauf war die Sonne untergegangen und die Gäste der *Einsiedelei* ließen sich unter den Bäumen des Berggipfels zum Abendessen nieder.

Pompeo Lagumina hatte sich durch ausgiebige Waschungen erfrischt und nahm, ein verklärtes Lächeln auf dem gutmütigen Gesicht, zwischen Professor Picinelli und den beiden Quagliola Platz. Unter dem Arm trug er eine dicke, gebundene Scharteke.

»Ach«, seufzte er, während er die Augen schloß

und das Buch neben sich auf den Tisch legte. »Ich habe wirklich keine Minute zu verlieren.«

Jeder der Gäste hatte sein eigenes Tischchen, nur die beiden Quagliola aßen zusammen. Rechtsanwalt Mesciardi spitzte die Ohren, um die Worte des Neulings mitzubekommen. Es tat ihm leid, sich diese Abwechslung entgehen zu lassen, aber andererseits wollte er nicht den Platz an Frau Ardellis Seite verlieren. Nach langem Schwanken zog er eine Visitenkarte aus der Brieftasche, ging zu Lagumina hin und stellte sich vor.

»Da Sie in unseren Mönchsorden eingetreten sind...«

»Vollkommen richtig! Sehr verbunden!« – rief Lagumina aus, stand auf und verteilte unter vielen Verbeugungen seine eigene Karte.

»Ich bin zwar der Älteste«, sagte Quagliola, »aber in Ansehung Ihrer Statur ist es wohl das beste, ich trete Ihnen das Priorat unserer Klostergemeinschaft ab, Rechtsanwalt Lagumina!«

»Mit Freuden«, antwortete dieser, »mit Freuden würde ich annehmen, und ich wüßte schon, seien Sie dessen versichert, das gütige Einverständnis unseres Don Vinè vorausgesetzt, einen neuen Orden zu begründen, eine Gesellschaft lebenslustiger Einsiedler. Aber es geht wirklich nicht: meine Minuten sind gezählt! Ich habe ein sehr sehr schwieriges Referendarexamen zum Eintritt in den Staatsrat vor mir.«

»Donnerwetter!« – entfuhr es Mesciardi.

»Ja, leider«, seufzte Lagumina. »Was soll man machen? Für mich ist's eine lebenswichtige Angelegenheit! Wenn ich nicht bestünde... Doch nein! Ich will auch den leisesten Zweifel ausschließen. Aber ich habe nur noch einen einzigen Monat zur Verfügung. Wenn ich daran denke, fühle ich mir allen Mut sinken.«

Seinem Appetit schien das bevorstehende Examen freilich keinen Eintrag zu tun. Er aß wie ein Drescher. Und während er über seine Prüfung sprach, ließ er, ohne sich offenbar Rechenschaft davon abzulegen, eine ganze Schüssel Risotto in der Tiefe seines Magens verschwinden. Zerstreut suchte er noch eine Weile mit der Gabel im leeren Teller herum, worauf er einen Blick auf die Tischrunde, dann auf den Kellner warf und sagte:

»Wenn ich nicht irre, war euer Risotto vorzüglich. Kann ich noch eine Portion nachhaben? Ah, die Gebirgsluft! Schade, daß ich sie so wenig genießen kann. Aber der Gedanke tröstet mich, daß ich immer leidenschaftlich gern studiert habe.«

»Und wohl auch Risotto gegessen, möchte man

meinen«, bemerkte Quagliola leise zu Picinelli hin.

Und nicht nur Risotto, wie sich zeigen sollte, sondern Koteletts, Huhn, Salat, und was der guten Dinge mehr waren. Der schmächtige Don Vinè, welcher an Appetitlosigkeit litt, traute seinen Augen nicht.

Und das Buch? Nur ein wenig Geduld! Nach Tisch!

»Ach, hier ist's bezaubernd!« – rief er aus, indem er mit den andern aufstand, und sich befriedigt den gefüllten Bauch hielt. »Aber nun noch ein bißchen frische Luft, nicht wahr? Das hat man jetzt wirklich nötig.«

Dabei streckte er sich drüben zu Füßen einer Buche aus.

›Heute ist Samstag... Ich bin gerade angekommen...‹, dachte er bei sich, indem er behaglich seine Zigarre ansteckte, ›morgen ist Sonntag... Am besten, ich fange am Montag an, dann habe ich mich ein wenig eingewöhnt und die erste Neugier befriedigt.‹

Während er solches in seinem Herzen beschloß, ließ er seinen Blick über die Apenninenkette schweifen, die in der Ferne blaute.

»Starkes Rückgrat unseres Vaterlandes!«

Nun: kamen ihm nicht manchmal, mühelos und

ungerufen, prächtige Ideen, erfand er nicht kräftig-überzeugende Bilder? Keine Sorge, er würde das schreckliche Examen schon bestehen! Bei Gott, er war kein Dummkopf! ›Die Apenninen, das Rückgrat unseres Vaterlandes.‹ – Wer weiß, ob das vor ihm schon einem anderen eingefallen war?

Aber sein Kopf ruhte schlecht am harten Stamm des Baumes; er rutschte ein wenig tiefer und stützte ihn auf das Buch. Und nicht lange, so schnarchte er unter den Augen der anderen Gäste, die, von dem boshaften Quagliolino gerufen, auf Zehenspitzen herbeigeeilt waren.

»Still, er studiert...«, befahl Quagliola Vater, indem er einen Finger auf die Lippen legte. »Stören wir ihn nicht. Er sitzt schon im Staatsrat.«

Aber für diesmal ließen sie ihn nur kurze Zeit drin sitzen. Jeden Samstagabend bereitete nämlich die Kolonie der *Einsiedelei* dem aus der Stadt zurückkehrenden Cavaliere Ardelli ein lärmendes Empfangsfest. Von dem Gelächter und Stimmenschall wachte Lagumina jählings auf, und da er vom Examen geträumt und Lampenfieber gehabt hatte, holte er sogleich sein Buch unter dem Kopf hervor und begann, die Augen vom unterbrochenen Schlaf rot und verquollen, zu lesen. So überraschten ihn die Müßiggänger, Herrn Ardelli im Triumph heranführend, welcher an Gestalt mit Quagliola wetteiferte, dafür aber einen wahren Goliathschädel aufsitzen hatte.

»Hier ist unsere Überraschung!« – rief Mesciardi, indem er auf Lagumina zeigte. »Wir stellen Ihnen unseren Pater Prior vor!«

Lagumina stand lächelnd auf.

»Ich habe schon gesagt, daß ich die Ehre nicht annehmen kann. Sehen Sie nicht? Ich sitze hier und zermartere mir den Kopf. Was, schon Abend? Über meiner Lektüre habe ich das gar nicht bemerkt!«

»Sie werden sich noch Ihre Augen verderben, das sage ich Ihnen!« – prophezeite Quagliola ernst.

Sonntag.

Nun, eigentlich hatte er sich vorgenommen, auch nicht einen Tag, auch nicht eine Minute zu verlieren. Aber hatte er nicht gestern abend bei sich selbst beschlossen, am Montag anzufangen? Ja doch, er mußte sich ein wenig ans Leben auf freier Bergeshöhe gewöhnen. Auch war es für heute schon zu spät.

»Neun Uhr schon!«

Zum Teufel, das nannte man einen Bärenschlaf! Morgen, am Montag, hieß es früh um fünf auf den Beinen sein!

Er stand auf, kleidete sich an, schob sich ein neues

Buch unter den Arm und stieg auf den Vorplatz hinunter.

Was für eine Menschenmenge! Frauen und Mädchen waren auf den Eselchen der umliegenden Ortschaften zu heiterem Sonntagsausflug heraufgekommen. Nach Osten hin war zwischen zwei Bäumen eine Schaukel angebracht: hier versammelte sich die Jugend, und die Mädchen ließen sich der Reihe nach von den jungen Burschen schaukeln, bei jedem stärkeren Stoß in kleine Schreie fröhlichen Erschreckens ausbrechend und, scheinbar absichtslos, im Flug die bunten, durchbrochenen Strümpfe und die schöngerundeten Waden enthüllend.

Pompeo Lagumina wandte seine Augen ab und runzelte die Stirn. Ah, er durfte nicht mehr nach den Frauen sehen. Denn eine trug er im Herzen, und das war genug. Wenn ein gediegener Mann eine Verpflichtung eingegangen ist, dann muß er sie achten, wo er auch immer sei; fort, fort, ihr ungetreuen Gedanken! Und gerührt erinnerte er sich seiner Sandra, seiner bescheidenen Sandrina, die sich seit zwei Jahren in Liebe und in Erwartung des Hochzeitstags verzehrte, und dabei mit einer unfreundlichen Mutter zu kämpfen hatte, um nicht an einen reichen Vetter, an diesen geistlosen Mimmino Orrei, verhandelt zu werden. Aber Sandra ließ es an Spott und Grobheiten nicht fehlen. Arme Sandrina! Doch was konnte er tun? Das Herz, ja, das war weit wie das Meer! Dem Herzen nach war er ein Krösus; den Pfennigen nach... nun? Diogenes... Ja, Diogenes, der selbst den Holznapf fortgeworfen hatte, um aus der hohlen Hand zu trinken! Freilich paßte Diogenes nicht recht auf seinen Fall. Wer dagegen vollkommen entsprochen hätte... Ach was, in den Staatsrat mußte er kommen! Dann würde die Mutter schon ihre Einwilligung geben. Aber wie hätte er in der Stadt drunten studieren, sich aufs Examen vorbereiten sollen, nachdem er viele Stunden im Handelsministerium abgesessen und das närrische Verlangen niedergekämpft hatte, in die Arme seiner Verlobten zu eilen? Ein Monat Urlaub, die Trennung von seiner Braut, ein einsames Plätzchen, das war's, was ihm nottat! Aber auch dazu hatten ihm noch die Mittel gefehlt.

Es war ein Wunder, daß Pompeo Lagumina nicht dort vor allen Leuten die Tränen in die Augen sprangen beim Gedanken an das, was Sandrina ihm zuliebe fertiggebracht hatte. Sie hatte heimlich, unter wer weiß welchen Entbehrungen, tausend Lire für ihn beiseite gelegt, um ihm das Studium fern von ihr zu ermöglichen. Und jetzt hing alles von diesem Examen ab.

Unverzüglich schlug Pompeo Lagumina sein Buch auf.

»Was, hier, bei diesem Lärm?« – fragte ihn, herzutretend, Rechtsanwalt Mesciardi, der, um Frau Ardelli zu ärgern, die an diesem Tage ganz ihrem Gatten gehörte, die Mädchenbeine auf der Schaukel genoß.

»Sie haben recht!« – seufzte Lagumina. »Hier ist's unmöglich. Unser Kloster ist heute in die Hände der Dämonen gefallen!«

Er mußte über seinen eigenen Witz lachen. (Wieder so ein schöner, klassisch angehauchter Satz! Das war wirklich seine starke Seite. Und so spontan, so blitzschnell fielen sie ihm ein!) Er stand auf und beschloß, sich in den Wald zu schlagen, der ringsum den steilen Berghang bedeckte.

Ah, schön! Der Schatten! Und die Kühle!

»Au, verflucht!«

Oh, nichts. Ein kleiner Sturz. Zum Teufel, hier hieß es aufpassen, bei diesem feuchten und schlüpfrigen Teppich aus Laub. Das Steißbein schmerzte ihn ein wenig. Und das Buch? Ach, es war bis zu dem Stamm dort drunten gerollt...

Lagumina wagte kaum noch einen Schritt zu tun: er hielt einen Strauch umklammert und versuchte den Fuß auszustrecken bis... zu... dem... Baumstamm dort! Plumps auf die Nase! Es fehlte nicht viel, und er hätte sich die Brille zerbrochen. Vorsichtig, vorsichtig!... Eigentlich war es ja ganz nett, so dahinzusausen. Eins... und noch eins... Und von Stamm zu Stamm schnellend, gelangte er zuletzt bis fast an den Fuß des Berges.

»Wacker, Pompeo! Nur hinaufkommen mußt du jetzt wieder!«

Und das Buch? Er hatte es tatsächlich droben liegengelassen. Wie sollte er es unter den unzähligen Bäumen wiederfinden?

»Wenn ich's verloren habe, bin ich ruiniert! Los denn, voran...!«

Zum Glück fand er es nach etwa drei Stunden aufgeregten Suchens: dort lag es aufgeschlagen im dürren Laub zu Füßen des Stammes; und deutlich war zu sehen, daß sich ein Vögelchen darauf niedergelassen und an seiner Statt gelesen und studiert, ja, gleich an Ort und Stelle alle Kenntnisse für ihn verdaut hatte, die es im Handumdrehen erworben.

»Schmutzfink!«

Endlich war er wieder auf dem Gipfel des Berges zurück, mit feuerrotem Gesicht und zerrissenen Kleidern, schweißgebadet und hungrig wie ein Wolf.

Montag.

Zuerst die Bücher an Ort und Stelle! – Schlag fünf, die festgelegte Stunde; Pompeo Lagumina rieb sich zufrieden die Hände.

Aber ach, es stellte sich heraus, daß der Tisch zu klein war für all die dicken Bücher! Sie mußten allesamt in Blick- und Reichweite sein! Andererseits wäre in der Zelle für einen größeren Tisch kein Platz gewesen. Was tun? Ein Geistesblitz, wie nur er ihn haben konnte! So – die Kiste auf zwei Stühle neben dem Tisch! In Ordnung!

Und sorgfältig begann er, die Bücher, nach Gegenständen geordnet, auszubreiten, dann legte er das Papier für die Notizen zurecht, spitzte den schwarzen, dann den roten und den blauen Bleistift für gewisse, nur ihm eigene Zeichen (Gedächtnisstützen!), und endlich setzte er sich hin, um die große Vorbereitung in Angriff zu nehmen.

»Rechtsanwalt Lagumina! Rechtsanwalt Lagumina!«

Die Faulenzer und Müßiggänger!

Pompeo Lagumina schnaubte und schüttelte die geballten Fäuste. Sollten sie nur schreien! Das nannte man zudringlich! Sie wußten doch, daß er nicht zum Vergnügen heraufgekommen war!

»Pater Lagumina!«

»Pater Prior!«

Laßt mich zufrieden mit eurem Prior! Jedoch – wer weiß, wie lange sie da unten rufen würden, wenn er nicht antwortete; ganz abgesehen davon, daß sie glauben konnten, er schliefe noch.

Sich am Fenster zeigend:

»Meine Herren, ich bitte um Ihre Vergebung. Ich studiere hier seit fünf Uhr früh. Wie Sie ja übrigens wissen.«

»Ich weiß von nichts!« – schrie Herr Ardelli, den Esel besteigend. »Ich kehre zur Stadt zurück und will von der ganzen Gemeinschaft bis zum Ausgang des Waldes begleitet werden!«

»Ich kann nicht, ich bitte mich zu entschuldigen«, antwortete Lagumina. »Sie haben ja schon Begleitung mehr als genug. Lassen Sie mich studieren.«

»Keine Widerrede!« – versetzte Ardelli. »Auf den Prior kann ich unmöglich verzichten.«

»Aber Prior ist doch der Abgeordnete Quagliola!«

»Nun, dann bestimme ich als Prior«, sagte dieser, »daß Sie herunterkommen, um unseren Bettelbruder zu begleiten.«

»Ja! So ist's recht!« – applaudierten die anderen.

Und Mesciardi fügte hinzu:

»Kommen Sie, Lagumina, bedenken Sie doch, daß ein kleiner Spaziergang in der Morgenfrühe der

Gehirntätigkeit gut tut, daß er unsere Gedanken klärt und erfrischt.«

»Das ist auch wieder wahr«, gab Lagumina höflich zu. Na, wenn es nur ein kleiner Spaziergang war...

Hätte er geschwiegen! »Gut, dann kommen Sie herunter! Kommen Sie herunter!« – schrien im Chor die Müßiggänger. Konnte er auf seiner Weigerung bestehen? Er trat vom Fenster zurück, schnaubte abermals und ging hinab.

»Aber rasch, wenn ich bitten darf!« – bedang er sich aus.

»Ja, ja, wir begleiten nur eben Herrn Ardelli und kommen gleich wieder zurück«, antwortete man ihm.

Aber sowohl auf dem Hin- als auf dem Rückweg ließen sie sich so ausführlich von seinem ungeheuer schwierigen Examen berichten, daß es schon Mittag war, als sie wieder auf dem Gipfel eintrafen.

Pompeo Lagumina war untröstlich, er beteuerte, nicht essen zu wollen.

»Ein verlorener Vormittag!«

»Ach, lassen Sie doch«, sagte Mesciardi zu ihm. »Was ist da jetzt noch zu ändern? Studieren Sie nachher!«

»Aber morgens studiert sich's am besten – als ob

Sie das nicht wüßten«, schrie Lagumina ärgerlich. »Lassen Sie mich gehen... Halten Sie mich nicht auf!«

»Wenn Sie Ihrem Körper nichts zuführen«, bemerkte Quagliola mit seinem gewöhnlichen, phlegmatischen Ernst, »dann können Sie die große Strapaze unmöglich aushalten. Stimmt's, Frau Ardelli?«

»Aber gewiß, der Herr Rechtsanwalt wird mit uns essen«, bestimmte diese. »Er wird es uns nachsehen, wenn wir seine unterhaltsame Gesellschaft nicht entbehren wollten...«

»Was sagen Sie da, meine Gnädigste!« – rief Lagumina fast gerührt aus. »Ich wäre überglücklich... wenn ich mich nicht in dieser verzweifelten Lage befände...«

»Wir versprechen Ihnen«, fuhr Frau Ardelli fort, »Sie nicht mehr zu belästigen. Ist es recht so? Aber jetzt kommen Sie zum Essen! Tun Sie *mir* die Liebe!«

Pompeo Lagumina nahm, einzig und allein jener liebenswürdigen Dame zu Gefallen, die ihn so eindringlich darum gebeten hatte, an seinem Tische Platz. Und essend und plaudernd vergaß er bald sein Unbehagen und seinen Ärger und machte abermals seinem Appetit Ehre: so sehr, daß es ihn am

Ende nicht wenig Mühe kostete, sich von seinem Stuhl zu erheben. Jetzt aber keinen Pardon mehr: Studieren! Studieren!

»Die Herrschaften halten Mittagsschlaf? Ich kehre zu meinen Büchern zurück. Angenehme Ruhe!«

Damit stieg er in seine Zelle hinauf. Und mit jeglichem guten Willen dieser Welt ausgerüstet, machte er sich an die Arbeit. Doch siehe, der verräterische Feind, der Schlaf, näherte sich und legte sich auf seine Augenlider; Lagumina wollte ihm mit ganzer Kraft widerstehen, aber diese Anstrengung nahm seine volle Aufmerksamkeit in Anspruch: er las und las und verstand nichts, rutschte unruhig auf dem Stuhl herum, fing wieder von vorne an. Während er sich nun jedoch ganz auf sein Buch konzentrierte, bot er dem Feind die offene Flanke. So ergriff dieser langsam von ihm Besitz, und unversehens fielen ihm die Augen zu. Sein Kopf schlug auf den Tisch, er wachte auf und sah betäubt umher: unwillkürlich fiel sein Blick aufs Bett. Ach, der Kampf war aussichtslos. Ein Stündchen Schlaf mußte er sich nach diesem ausgiebigen Essen, bei dieser Hitze, schon gönnen: ein Stündchen nur.

Als er erwachte, dämmerte der Abend.

»Gott, was für ein umwölktes Gesicht!« – schrie ihm Quagliola vom Vorplatz zu, da er einen Augenblick ans Fenster getreten war. »Ich verstehe! Sie setzen wirklich Leib und Leben dran!«

»Ah, Sie haben so unrecht nicht«, knurrte Lagumina, sich mit der Hand über Stirn und Augen streichend, als habe er tatsächlich bis jetzt studiert – aber weniger, um es den andern vorzumachen, als weil er selbst ein beklemmendes Bedürfnis spürte, daran zu glauben.

»Kommen Sie herunter! Wir haben schon zu Abend gegessen.«

»Nein, vielleicht später«, antwortete Lagumina bestimmt: »Erst muß ich noch ein Briefchen schreiben.«

Und er schrieb seiner lieben Sandra, daß er mutterseelenallein hier heroben sitze, nur von einem großen Hund behütet, den die früheren Klosterbrüder nicht hätten bewegen können, die alte Einsiedelei zu verlassen. Und ach, er friere in dieser Bergeinsamkeit, er friere, so fern von ihr, bis in die Tiefe seiner Seele; und um sich zu trösten, studiere er ununterbrochen, auch während des einfachen Mahls, das ihm jeden Mittag ein junger Bursche aus dem nächsten Dörfchen heraufbringe, und das er in dem alten, verlassenen Refektorium der Mönche einnehme, während der Wind draußen die hundertjährigen Bäume auf dem Berggipfel schüttle und der Hund ihm mit großen, guten und stillen Augen aufmerksam zuschaue...

Pompeo Lagumina war den Tränen der Rührung nahe, als er seinen pathetischen Brief durchlas, der noch in seinen Lügen ganz und gar aufrichtig war, denn er hätte glühend gewünscht, daß all das wahr sei, was er geschrieben hatte. Bald darauf stieg er, düster, in einen Schal gehüllt, ein Würgen angstvoller Unruhe im Hals, zum Abendessen hinab.

Dienstag.

Nach dem gestrigen Verrat flößte Pompeo Lagumina der Anblick des Bettes einen tiefen Abscheu ein, und er beschloß, an diesem Morgen im Waldesschatten zu studieren. Da würde ihn bestimmt niemand stören.

Er wählte ein Buch, nahm das Notizheft und machte sich auf den Weg. Doch hatte er erst wenige Schritte getan, als ihn ein unterdrückter Schrei aufschrecken ließ. Quagliolino hatte sich, feuerrot im Gesicht und mit flackernden Augen, jählings herumgeworfen und schaute, auf dem Bauche liegend, lächelnd zu ihm hinauf.

Auch Lagumina mußte lächeln und fragte schonungslos: »Habe ich Sie gestört?«

»Nein, es war nichts«, antwortete der junge Mann

mit niedergeschlagenen Augen. »Haben Sie dort gesehen...?« – fügte er dann hinzu.

»Was denn? Nein, seien Sie ganz ruhig, ich habe nichts gesehen.«

»Ich frage, ob Sie das hübsche Schauspiel gesehen haben, das gewisse Herrschaften dort im Gebüsche bieten?«

»Ah, wer denn?«

»Hm, sehen Sie selbst nach... ja, dort drüben!«

Und er zeigte auf eine Stelle im Buschwald. Von lebhafter Neugierde erfaßt, ging Lagumina darauf zu. Nicht lange danach holte Quagliolino ihn ein.

»Machen Sie leise... Auf den Zehenspitzen! Ich weiß nicht, ob sie noch dort sind.«

»Aber wer ist es denn?« – fragte Lagumina von neuem.

»Wie? Haben Sie noch nicht begriffen? Herr Mesciardi mit Frau Ardelli!«

Pompeo Lagumina riß die Augen auf:

»Allen Ernstes? So weit gehen sie?«

Quagliolino seufzte, runzelte die Stirn und nickte mit dem Kopf.

»Der arme Cavaliere!« – meinte Lagumina. »Deshalb haben sie ihn gestern so stürmisch gefeiert!«

»Ha, es vergeht kein Tag, ohne daß sie ihm Hörner aufsetzen!« – versicherte Quagliolino.

»Ach, was wollen Sie!...« – rief Lagumina tief aufseufzend aus. »Der Ort ist reich an Anfechtungen! Die Untätigkeit... die Jahreszeit... Der Mensch, wissen Sie, *hic et haec*, ist ein Tier, ein feiges Tier... er gibt nach, er gibt nach... Und aller guter Wille wird zuschanden... Sehen Sie mich an! Ich war eigens hierhergekommen, um zu studieren. Aber mit Ihrer Geschichte haben Sie mich ganz durcheinandergebracht... Es ist einfach schrecklich! Aber weniger dieser Verrat, den wir zufällig hier entdeckt haben, als, ganz allgemein, die Erkenntnis des menschlichen Elends, der Schwäche unserer Natur, wie sie dem Zufall ausgesetzt ist, den Umständen, welche die Keime des Bösen in allen seinen Abstufungen entwickeln und fördern. Vom leichtesten Vergehen bis zum ungeheuerlichsten Verbrechen. Ah, das Böse ist unbesiegbar in uns, unbesiegbar!«

In diesem Ton fuhr er noch lange fort, geblendet vom Licht der eigenen Einsichten und wie berauscht vom Klang seiner Stimme, tief beglückt über die originellen und tiefen Gedanken, die sein Gehirn so mühelos hervorbrachte und mit denen er den armen Jungen betäubte, der sich solcher Belehrung von ihm gewiß nicht versehen hatte.

Als sich Quagliolino endlich von seiner Verblüffung erholt hatte, fragte er:

»Wollen wir versuchen, sie aufzustöbern?«

Pompeo Lagumina wußte nicht mehr, worum es sich handelte: er wollte an seine Worte zurückdenken und brachte es nicht fertig. Verzweiflung! Ja, nur aus solchen Blitzlichtern bestand seine Intelligenz. In gewissen Augenblicken war er imstande, einen kleinen Jungen blöd wie eine Nachteule anzustarren, in anderen, die ganze Welt in Erstaunen zu setzen.

»Gehen wir?«

»Ja, schon recht, gehen wir!«

Sie schweiften mehrere Stunden wie zwei Spürhunde durch den Wald, ab und zu innehaltend, auf das leiseste Geräusch, das ferne Rascheln eines dürren Blattes lauschend. Pompeo Lagumina fühlte sich bei dieser Suche von einem heldischen Geist getrieben, als müßte er die Menschheit vor einer großen Niedertracht beschützen.

»Der arme Cavaliere!«

Aber wie eifrig sie auch suchten, es gelang ihnen nicht, die beiden Übeltäter zu entdecken. So kam auch an jenem Vormittag die Essenszeit heran, ohne daß Pompeo Lagumina sein Buch aufgeschlagen hatte.

Mittwoch, Donnerstag, Freitag...

Während die Tage, bald aus diesem, bald aus jenem Grund so ergebnislos vorübergingen, wuchsen im Herzen Pompeo Laguminas die Niedergeschlagenheit und die Gewissensbisse, und zugleich die Angst vor dem bevorstehenden Examen; an manchen Tagen wurden sie so stark und quälend, daß er es nicht mehr allein in seiner Zelle aushielt; er mußte fortrennen, um mit jemand zu sprechen, um sich zu zerstreuen. Der Anblick all dieser Bücher, die er hätte lesen müssen, wurde ihm unerträglich; der ganze politische, juristische, administrative Wissensstoff türmte sich vor seinen Augen wie ein unübersteigbares Gebirge auf, das ihn nicht mehr atmen ließ; und so lief er verzweifelt davon, hinunter auf den Vorplatz, wo die andern, im Schatten der Bäume, dem süßen Nichtstun hingegeben, plaudernd umhersaßen.

»Ein bißchen Luft! Der Kopf raucht mir!«

Und bald nahm er feurig an der allgemeinen Unterhaltung teil, um sich abzulenken, bald hielt er sich stumm und stirnrunzelnd abseits und kehrte gleich wieder, die guten Vorsätze erneuernd, in seine Zelle zurück, schlug wieder seine Bücher auf, stürzte sich von neuem in die Lektüre. Doch schon nach einigen Seiten, bei der ersten Schwierigkeit, auf die er traf, überfiel ihn tiefer die Entmutigung; und abermals diese peinigende Unruhe, dieser angstvolle Ingrimm, die ihn zwangen, gegen sich selbst zu wüten. Er hätte sich ohrfeigen, sich das Gesicht zerkratzen mögen; er winselte vor sich hin, die Ellbogen auf den Tisch gestützt, mit den Händen in den Haaren wühlend.

»Was kann *er* dazu«, sagte inzwischen Quagliola auf dem Platz drunten zu seinen Gefährten, nachdem er sich überzeugt hatte, daß sein Sohn außer Hörweite war. »Was kann er dazu, wenn die Natur ihn mit einem so herrischen Körper ausgestattet hat, der essen und schlafen will, und der, wenn er gegessen hat, sich, fiele auch die Welt zusammen, jeglichem Wissen verschließt? Er macht die Augen zu, und gute Nacht! Kann er sie mit Gewalt offen halten? Was nicht geht, geht nicht.«

Und aus reiner Nächstenliebe ging er mit den andern unter Laguminas Fenster und rief ihn, damit er ihnen die Schuld an der verlorenen Zeit zuschieben könne und einen Vorwand habe, sich ohne Gewissensbisse seinem Martyrium zu entziehen.

»Ich muß studieren!« – erklärte der Unglückliche jedesmal, wenn er ans Fenster trat.

»Schon recht! Schon recht!« – antworteten ihm Mesciardi oder Quagliola oder Picinelli vom Platz herauf. »Aber jetzt kommen Sie erst ein bißchen herunter, zum Teufel! Gönnen Sie sich eine Atempause! Sehen Sie, wir brauchen Sie, um eine Streitfrage zu klären!«

Und sie taten so, als glaubten sie an das große Pensum, das er an jenem Tage hinter sich gebracht haben wollte, ja, sie ermunterten ihn:

»Alle Anerkennung, Herr Rechtsanwalt! Bald ist's geschafft! Aber jetzt ruhen Sie ein wenig aus!«

Pompeo Lagumina wußte nicht, wie er ihnen seine Dankbarkeit für diesen flüchtigen Trost, diese freundlichen Worte zeigen sollte: sein Herz schwoll vor Zärtlichkeit, ja, seine Augen füllten sich hinter den Brillengläsern mit Tränen. Er hätte sie küssen mögen! Jedoch wurde er ärgerlich gegen sie und haßte sie beinahe, wenn sie ihn einmal vergaßen und ihn ungestört in seiner Zelle allein ließen. Dann trat er ungerufen ans Fenster, um sich in Erinnerung zu bringen; er spitzte unwillkürlich die Ohren, um ein paar Worte ihrer Unterhaltung zu erhaschen, und brummte:

»Sie könnten auch leiser sprechen... Diese boshaften Gesellen! Diese Egoisten! Sie amüsieren sich... Na ja, dagegen ist auf einer Sommerfrische nichts einzuwenden... Aber sie könnten wenigstens weiter fort gehen, wenn sie schon schwatzen müssen... Muß das gerade hier sein, wo sie wissen, daß ein armer Teufel studieren muß?«

So kam der dritte Sonntag des Monats heran, währenddessen auf unserer Gipfelhöhe das Ringelspiel eingeweiht wurde, mit Ringen und Stäbchen, die dieser Teufel von Ardelli zum unschuldigen Zeitvertreib der armen *Einsiedler* aus der Stadt mitgebracht hatte.

Keines der Fräulein, die an diesem Tag heraufgekommen waren, zeigte sich in diesem Spiel erfahren, und auch Frau Ardelli gelang es nicht, ihnen beizubringen, wie man den Ring werfen und mit den beiden Stäbchen auffangen mußte. Pompeo Lagumina, ständig abgelenkt von dem schallenden Lachen der jungen Damen, hatte wütend zum Fenster hinausgesehen. Nicht einmal an diesem Festtage hatte er sich Ferien gönnen wollen:

»Ich will doch sehen, wer schließlich die Oberhand behält!« – hatte er sich im Lauf des Vormittags mehrfach angefeuert.

Aber zu laut ging es drunten zu. Und mehr als einmal hatte er ein Kitzeln in seinen Händen gefühlt, wenn er hinausblickte und dem neuen Spiele zusah, das er trotz seiner Kurzsichtigkeit vorzüglich beherrschte. Endlich konnte er nicht mehr an sich halten und rief den jungen Mädchen zu:

»Aber nicht so, entschuldigen Sie! Nicht so!«

Alle drehten sich um und schauten nach dem Fenster hinauf, und Frau Ardelli bat und beschwor ihn inständig, herunterzukommen und ihr Lehrmeister zu sein.

»Aber nur für fünf Minuten, wenn ich bitten darf«, bedang sich Lagumina aus.

Er mochte seit etwa einer Stunde, unter lautem Hallo und Beifallsklatschen, der fröhlichen Mädchenschar das Ringelspiel beigebracht haben, als...

Das nannte man einen Blitz aus heiterem Himmel!

Pompeo Lagumina blieb versteinert stehen, die beiden Stäbchen erhoben, während ein durch die Luft fliegender Ring sich wie eine Krone auf seinem Haupte niederließ. Alles lachte, er versuchte sich zu beherrschen, lachte mit und lief Sandrina und ihrer Mutter entgegen, die auf dem Vorplatz standen und ihn wortlos durch ihr Lorgnon beobachteten.

»Das ist aber eine schöne Überraschung!«

»Lügner!«

»Betrüger!«

»Aber nein! Was habt ihr denn?«

»Hampelmann!«

»Possenreißer!«

»Meine kleine Sandra!... Aber so hört doch...«

»Machen Sie, daß Sie fortkommen!«

»Schämen Sie sich!«

Sie ließen ihn nicht zu Wort kommen, sie wollten keine Entschuldigungen hören: kaum tat er den Mund auf, so schossen sie abwechselnd ihre Schmähungen auf ihn ab. Dann wandten sie ihm den Rücken und stiegen unverzüglich wieder den Berg hinab, ohne sich auch nur einen Augenblick auszuruhen, ohne auch nur eine kleine Erfrischung zu sich nehmen zu wollen.

Pompeo Lagumina schloß sich droben in seiner Zelle ein und warf sich aufs Bett; eine lange Weile blieb er so liegen, die Seele von einer Düsternis erfüllt, über die er schließlich selbst erschrak. In dieser schauerlichen Leere, in dieser schreckenvollen Pause des Bewußtseins hatte sich ein verzweifelter Gedanke seiner bemächtigt, dem er in seiner Mutlosigkeit und Verlorenheit keinen Widerstand zu leisten vermochte. Er bedauerte, keine Waffe bei sich zu haben. Und er erinnerte sich an eine Geschichte, die Herr Lanzi vor einigen Tagen zum besten gegeben hatte: ein armer Carabiniere hatte sich im vergangenen Winter von einem der Felsen auf der Westseite des Berges in die Tiefe gestürzt. Gräßlicher Tod!

Aber schließlich konnte er, vom Mädchenlachen draußen auf dem Platz heilsam unterstützt, den Alpdruck jenes Gedankens von sich stoßen. Er erhob sich vom Bett und beschloß, Sandrina einen langen Brief zu schreiben und ihr alles zu erklären; über seinen gewaltsamen Entschluß aber wollte er wieder nachdenken, nachdem er die Antwort der Verlobten erhalten.

Natürlich war es ihm in den nun folgenden Tagen angstvoller Erwartung unmöglich zu studieren. Wer hätte das in dieser Lage auch fertiggebracht?

Mit düster umwölktem Gesicht kam er zum Essen herab und nahm achtlos seine Mahlzeiten ein; dann warf er sich von neuem aufs Bett, und nur im Schlaf fand er ein wenig Erleichterung.

Nach zwei Tagen kam die Antwort, aber nicht von Sandrina. Ihre Mutter schrieb ihm und teilte ihm mit, daß ihrer Tochter das unziemliche Schauspiel jenes Tages genügt habe, um wieder zu Verstand zu kommen und ihr endlich die Genugtuung zu geben und ihren alten und wohlüberlegten Rat zu befolgen: die Hand ihres Vetters Mimmino Orrei anzunehmen, die sie bisher unverdienterweise ausgeschlagen hatte. Jede Beziehung zwischen ihm und Sandrina sei für immer abgebrochen.

Den Brief in der Hand stürmte Pompeo Lagumina auf den Platz hinunter. Sein Kopf war wie berauscht vor Unmut; aber sein hünenhafter Körper triumphierte ob der neugewonnenen Freiheit; ihm war, als sei eine Zentnerlast von seiner Brust gefallen.

»Lustig, meine Herrschaften!« – rief er den faulenzenden Freunden zu. »Aus ist's mit meinem Examen! Jetzt kann ich den Pater Prior spielen! Hallo, Kellner, was tischen wir der fröhlichen Schlaraffia auf? Hasen, Rebhühner, Fasanen, Kapaunen?

Zu singen jetzt bei Becherklang,
Mit fröhlichen Genossen
Selbstvergessen anzustoßen,
Ist einzig mein Begehr!«

Ein Goi

Mein Freund Daniel Catellani – ein superber Kopf: schwarzes Kraushaar und lange, rassige Nase – hat eine häßliche Angewohnheit: er läßt bei jeder Gelegenheit ein so aufreizendes Lachen aus der Tiefe seiner Kehle hören, daß man ihm manchmal am liebsten eine Ohrfeige geben möchte.

Um so mehr, als er sich unmittelbar darauf mit allem einverstanden erklärt, was ihr ihm sagt. Er nickt mit dem Kopf, er beteuert hastig: »Gewiß doch! Freilich, freilich!« – als wenn eure Worte nicht gerade erst sein boshaftes Gelächter herausgefordert hätten.

Natürlich seid ihr verdutzt und verärgert. Doch könnt ihr überzeugt sein, daß Herr Daniel Catellani später all das tun wird, was ihr ihm sagt. Niemals kommt es vor, daß er sich einem Urteil, einem Vorschlag, einer Ansicht der andern widersetzt.

Aber zuerst lacht er.

Ist es deshalb, weil er, durch eure Worte plötzlich aus seiner fernen, so ganz verschiedenen Welt aufgeschreckt, jenen unbestimmbaren Eindruck empfindet, der manchmal ein Pferd die Nüstern blähen und wiehern läßt?

Im übrigen hat Herr Catellani von seiner Nachgiebigkeit und seinem guten Willen, sich der Welt der andern anzupassen, nicht wenige Beweise abgelegt, an deren Aufrichtigkeit nur übertriebenes Mißtrauen zu zweifeln vermöchte.

Zunächst legte er, um keinen Anstoß zu erregen, seinen ursprünglichen Namen Levi ab, der allzudeutlich an seine Abstammung erinnerte, und nannte sich statt dessen Catellani.

Damit nicht genug, verschwägerte er sich mit einer stockkatholischen Familie, indem er eine sogenannte Mischehe einging, das heißt eine Ehe, bei der die Kinder (und er hatte schon deren fünfe) wie die Mutter getauft werden sollten und deshalb seinem Glauben unwiderruflich verloren waren.

Man erzählt sich übrigens, das ärgerniserregende Lachen meines Freundes Catellani habe mit dieser Mischehe angefangen.

Doch scheint dies nicht so sehr die Schuld seiner Gattin zu sein, einer untadeligen Frau, die es ihm gegenüber an nichts fehlen läßt, als vielmehr die seines Schwiegervaters, des Herrn Pietro Ambrini, der ein Neffe des verstorbenen Kardinals Ambrini und ein Mann der rigorosesten Glaubensgrundsätze ist.

Aber wie konnte sich, werdet ihr fragen, Herr Daniel Catellani dazu verleiten lassen, in eine Familie einzuheiraten, die ihm einen solchen Schwiegervater verhieß?

Nun, daraus geht eben hervor, daß er den Gedanken einer Mischehe nicht von der leichten Seite nahm. Vielleicht wollte er auch durch die Wahl einer Frau aus einem als streng katholisch bekannten Hause aller Welt beweisen, daß er seine jüdische Herkunft für einen unglücklichen und gänzlich unwesentlichen Zufall hielt.

Um dieser Heirat willen mußte er grimmige Kämpfe ausfechten. Aber es ist ja leider so, daß wir die größten Schwierigkeiten, die uns im Leben begegnen, gern und willig auf uns nehmen, wenn wir uns nur mit eigener Hand unseren Strick drehen dürfen.

Vielleicht hätte aber mein Freund Catellani es trotzdem nicht fertig gebracht sich aufzuhängen, wenn ihm nicht der junge Millino Ambrini dabei geholfen hätte; es war dies ein Bruder seiner Frau, der zwei Jahre später, aus Gründen, über die man besser schweigt, nach Amerika flüchtete.

Jedenfalls machte es der Schwiegervater, als er notgedrungen in die Heirat einwilligte, seiner Tochter zur Bedingung, daß sie keinen Schritt breit von ihrem heiligen Glauben abweiche und peinlichst alle seine Vorschriften erfülle, ohne jemals auch nur die geringste ihrer religiösen Pflichten zu vernachlässigen. Er verlangte darüber hinaus, daß ihm das heilige Recht zugestanden werde, die gewissenhafte Befolgung aller Glaubenssätze nicht nur bei der neugebackenen Frau Catellani zu überwachen, sondern ganz besonders bei ihren zukünftigen Kindern.

Noch immer, nachdem neun Jahre vergangen sind, hat Herr Pietro Ambrini, trotz aller Nachgiebigkeit des Schwiegersohns, nicht einen Deut an seiner Haltung geändert. Er, der leichenhaften Aussehens, kosmetisch hergerichtet, jahraus, jahrein denselben Anzug am Leib, einen vagen Pudergeruch um sich verbreitet wie Frauen nach dem Bade, er wagt es, die Nase zu rümpfen, wenn sein Schwiegersohn vorübergeht, als sei dieser für seine ultramontanen Nasenlöcher noch immer mit dem alten jüdischen Pestgeruch behaftet.

Ich weiß das so genau, weil wir oft zusammen den Fall erörtert haben.

Wenn nun Herr Daniel Catellani im Lauf der Zeit

jenes seltsame, kehlige Lachen angenommen hat, dann nicht so sehr deshalb, weil es ihm komisch vorkommt, daß sein Schwiegervater sich so unbeirrbar darauf versteift, einen Feind seines Glaubens in ihm zu sehen, als weil er seit einiger Zeit in seinem Innern eine merkwürdige Entwicklung beobachtet.

War es denn möglich, daß man in einer Zeit wie der unsern, in einem Land wie dem unsern, allen Ernstes einen Mann zur Zielscheibe religiöser Verfolgung machte, der sich seit seiner Kindheit von jedem positiven Glauben gelöst hatte und bereit war, den der andern anzuerkennen, welcher er auch sei: chinesisch, indisch, lutherisch, mohammedanisch?

Und doch – es ist so. Es läßt sich nicht darüber hinwegsehen: sein Schwiegervater verfolgt ihn. So lächerlich es scheinen mag, in seinem Hause wird ein regelrechter Kreuzzug gegen ihn geführt. Zwar ist der Kampf einseitig und richtet sich gegen einen wehrlosen Menschen, der niemals eine andere Absicht gehabt hatte als die sich zu ergeben; aber das kümmert den braven Schwiegervater wenig: jeden Tag erneuert er den Glaubenskrieg, koste es, was es wolle, mit unbeugsamem und unversöhnlichem Sinn.

Nun sehen wir einmal ganz davon ab, daß der Groll über dieses tägliche Trommelfeuer allmählich in meinem Freund den alten Juden wiederauferstehen läßt, ohne daß er selbst es vorläufig eingestehen will. Sehen wir ganz davon ab. Aber es kann Daniel Catellani unmöglich entgehen, daß er immer mehr in der Achtung seiner Mitmenschen sinkt wegen dieser übertriebenen Frömmigkeit seiner Familie, die sein Schwiegervater so hartnäckig zur Schau trägt, und zwar nicht aus aufrichtigem Gefühl, bewahre! – sondern mit der offenkundigen Absicht, ihn zu ärgern und grundlos zu beleidigen. Ja, noch mehr. Auch die Kinder, diese armen, unablässig vom Großvater geplagten Kleinen, beginnen dunkel zu ahnen, daß der Grund dieser Quälereien in ihm, ihrem Papa zu suchen sei. Sie wissen nicht, welches dieser Grund ist, aber in ihm muß er zu suchen sein. Der liebe Gott, der liebe Herr Jesus (ja, dieser ganz besonders!), aber auch die Heiligen, zu denen sie in der Kirche täglich mit ihrem Großpapa beten – sie müssen ganz gewiß mit ihren Gebeten versöhnt werden, weil ihr Papa ihnen irgendwann einmal ein schweres Unrecht zugefügt hat. Besonders dem lieben Herrn Jesus! Und jedesmal, wenn man sie in die Kirche zerrt, wenden sich die armen Kleinen nach ihm um und werfen ihm Blicke zu, die so angefüllt sind mit ratloser Angst und schmerzlichem Vorwurf, daß mein Freund Daniel Catellani laute Verwünschungen ausstoßen möchte, wenn er es... nun, wenn er es nicht vorzöge, den kraushaarigen und langnasigen Kopf zurückzuwerfen und in sein charakteristisches, kehliges Lachen auszubrechen.

Gewiß doch! Er müßte ja sonst allen Ernstes eingestehen, daß er eine nutzlose Feigheit beging, als er dem Glauben seiner Väter den Rücken wandte und sein auserwähltes Volk in seinen Kindern verleugnete: ein *am olam*, wie der Rabbiner sagt. Und er müßte sich allen Ernstes inmitten seiner Familie als ein Goi, ein Fremdling fühlen; und müßte endlich allen Ernstes seinen allerchristlichsten Schwiegervater, den Dummkopf, bei der Brust packen, ihm die Augen öffnen und ihm begreiflich machen, daß es nicht mehr angehe, in seinem Schwiegersohn einen Gottesmörder zu sehen, wenn sich im Namen dieses Gottes, der von den Juden vor zweitausend Jahren hingerichtet worden war, die Christen, die sich doch alle als Brüder in Christo fühlen müßten, fünf Jahre lang frischfröhlich in einem Krieg zerfleischten, der, ohne den künftigen nahetreten zu wollen, noch nicht seinesgleichen in der Geschichte hatte.

Nein, nein, genug davon! Lachen, das war die einzige Antwort! Oder sollte man heutzutage wirklich so etwas noch lang und breit erklären?

Mein Freund Daniel Catellani weiß nur zu gut, wie die Welt beschaffen ist. Jesus, jawohl meine Herren! Alle Menschen Brüder! Wenn sie sich dann auch gegenseitig niedermetzeln. Nichts natürlicher als dies. Und alles ist vollkommen logisch, denn das Recht steht ja auf beiden Seiten: so daß man, wenn man sich auf die eine Seite stellt, notgedrungen das billigen muß, was man vorher auf der andern verleugnete.

Jasagen, jasagen, immer nur jasagen.

Und allenfalls vorher, in der ersten Überraschung, einfach hinauslachen. Aber dann jasagen, immer und zu allem jasagen!

Auch zum Krieg, jawohl!

Im letzten Jahre des großen europäischen Krieges jedoch beschloß Herr Daniel Catellani seinem Herrn Schwiegervater einen Streich zu spielen – einen von denen, die man nie wieder vergißt.

Man muß nämlich wissen, daß Herr Ambrini, ungeachtet des großen Völkermordens, die Unverfrorenheit hatte, in jenem Jahr das heilige Weihnachtsfest feierlicher denn je mit den lieben Enkelchen begehen zu wollen. So hatte er eine Unmenge von Tonfigürchen anfertigen lassen: kleine Hirten, die ihre bescheidenen Gaben zum Stall von Bethlehem bringen und dem neugeborenen Jesuskind darbieten: Schüsselchen mit schneeweißem Quark, Körbchen mit Eiern und Ziegenkäse; dann auch viele kleine Herden flaumiger Schäfchen, und Eselchen, die ebenfalls mit den reichsten Gaben beladen waren, und hinter ihnen alte Bauern und Feldwächter. Und auf ihren Kamelen saßen, in wallenden Mänteln, die Krone auf dem Haupt und feierlichen Angesichts, die heiligen drei Könige, die mit ihrem Gefolge aus weiter, weiter Ferne dem Stern nachgegangen waren, der nun über dem Stall aus Kork haltgemacht hatte, darin auf einem kleinen Bündel richtigen Strohs zwischen Maria und Josef das rosigwächserne Jesusknäblein lag; und der heilige Josef hielt den blühenden Stab in der Hand, und hinter ihm standen Ochs und Esel.

Auf Wunsch des lieben Großvaters sollte die Krippe diesmal besonders groß und prächtig sein, mit Hügeln und Abgründen, Agaven und Palmen, und mit kleinen Wegen, auf denen man all jene Hirten herankommen sah (die deshalb auch verschieden groß waren), zusammen mit den Schaf- und Eselherden und den heiligen drei Königen.

Über einen Monat lang hatte er daran gearbeitet, und zwei Handwerker hatten in einem Zimmer ein eigenes Gestell für die Krippe aufgeschlagen. Diese sollte von einem Kranz blauer Lämpchen beleuchtet werden; und aus den Sabinerbergen hatte er zwei Bauernburschen bestellt, die am Weihnachtsabend den Dudelsack blasen sollten.

Die Enkel natürlich durften nichts davon wissen.

Wenn sie am Heiligen Abend, dicht eingemummelt und ganz durchfroren, von der Christmette zurückkamen, sollten sie zu Hause durch die Dudelsackklänge überrascht werden, durch den Duft des Weihrauchs und der Myrrhe und durch die Krippe, die wie ein Märchen dort im blauen Lichterglanz stehen würde. Und alle Hausbewohner sollten dann, zusammen mit den zum Festschmaus eingeladenen Verwandten und Freunden, das große Wunderwerk bestaunen, das den Großvater Pietro soviel Mühe und einen hübschen Batzen Geld gekostet hatte.

Herr Daniel hatte ihn, ganz in sein geheimnisvolles Tun vertieft, im Hause herumgehen sehen und hatte gelacht; er hatte das Gehämmer der beiden Handwerker gehört, die drüben das Gestell für die Krippe zimmerten, und hatte gelacht.

Der Teufel, der seit soviel Jahren in seiner Kehle sein Quartier aufgeschlagen hatte, wollte ihm in dieser Weihnachtszeit überhaupt keine Ruhe mehr gönnen: und er lachte und lachte den lieben langen Tag. Vergebens hob er die Hände und gebot ihm still zu sein; vergebens ermahnte er ihn, den Bogen nicht zu überspannen.

»Nur keine Angst!« – hatte ihm der Widersacher in seinem Innern geantwortet. »Wir werden ihn schon nicht überspannen. Aber wer könnte leugnen, daß diese Hirten mit den Quarkschüsselchen und den Körbchen mit Eiern und Ziegenkäse ein entzückender Scherz sind? Schau nur, wie sie alle auf den Stall von Bethlehem zumarschieren! Nun, wir werden das Spiel mitmachen, sei unbesorgt! Auch wir wollen unseren Spaß haben, und er wird nicht weniger hübsch sein! Du wirst schon sehen!«

So hatte sich Herr Daniel von seinem bösen Geist in Versuchung führen lassen; nicht zuletzt aber auch von der verfänglichen Überlegung, daß es ja nur Spiel bleiben würde.

Als der Weihnachtsabend gekommen war und Herr Pietro Ambrini sich mit Tochter und Enkeln und dem ganzen Gesinde in die Christmette begeben hatte, betrat Herr Daniel Catellani, vor einer fast närrischen Freude am ganzen Leibe zitternd, das Krippenzimmer. Er nahm in aller Eile die heiligen drei Könige und die Kamele fort, die Schäfchen und die Eselchen, die Hirten mit ihrem Ziegenkäse und ihren Eierkörbchen und ihren Quarkschüsselchen, alle Personen und Gaben für den lieben Herrn Jesus, die sein böser Geist in jener Kriegsweihnacht unpassend fand, und stellte an ihren Platz andere, geeignetere Spielsachen. Nun, was wohl? Oh, nichts weiter: Bleisoldaten, ganze Heere von Bleisoldaten jeder Nationalität, Franzosen und Deutsche, Italiener und Österreicher, Russen und Engländer, Serben und Rumänen, Bulgaren und Türken, Belgier, Amerikaner, Ungarn und Montenegriner, und alle ließ er das Gewehr auf den Stall von Bethlehem anlegen. Und dazu unzählige kleine Bleikanonen, ganze Batterien von verschiedener Form und Größe, auch sie allesamt von allen Seiten gegen den Stall von Bethlehem gerichtet. War das nicht wirklich ein ganz neues und anmutiges Schauspiel?

Dann versteckte er sich hinter der Krippe.

Und nun mögt ihr euch selbst ausmalen, wie er dort in seinem Schlupfwinkel lachte, als Großvater Pietro mit den Enkelchen und der Tochter und der ganzen Gästeschar aus der Christmette nach Hause kam, um die prächtige Bescherung zu bewundern, während schon der Weihrauch durchs Zimmer zog und die Dudelsackpfeifer ihre Instrumente ertönen ließen.

Die Reise

Seit dreizehn Jahren hatte Adriana Braggi das alte, schweigsame, klosterartige Haus nicht mehr verlassen, in das sie in ihrer Jugend als Neuvermählte eingezogen war. Hinter den Fenstern blieb sie selbst den wenigen Fußgängern verborgen, die dann und wann die steile, schlüpfrige, halbverfallene Straße emporstiegen, auf der das Unkraut in Büscheln zwischen den Pflastersteinen wucherte.

Mit zweiundzwanzig Jahren, nach kaum vierjähriger Ehe, war mit dem Tode des Gatten auch sie für die Welt so gut wie gestorben. Sie war jetzt fünfunddreißig und trug noch immer schwarze Kleider wie am ersten Tag des Unglücks. Ein schwarzes Seidentuch verbarg ihre schönen, kaum mehr gepflegten kastanienfarbigen Haare, die in zwei Strähnen zusammengefaßt und im Nacken geknotet waren. Dennoch leuchtete in ihrem blassen und zarten Gesicht eine stille, sanfte Heiterkeit.

Niemand in dem Bergstädtchen des sizilianischen Inneren wunderte sich über ihre strenge Abgeschlossenheit, denn es fehlte nicht viel, daß die Sitten dort der Frau vorschrieben, dem Mann ins Grab nachzufolgen. Bis zu ihrem Tode hatten die Witwen so in ewiger Trauer dahinzuleben.

Auch sonst waren die Frauen der wenigen Familien von Stand nur selten auf der Straße zu sehen, mochten sie noch ledig oder bereits vermählt sein; nur des Sonntags verließen sie ihre Häuser, um zur Messe zu gehen, und noch dann und wann bei den gelegentlichen Besuchen, die sie einander wechselweise abstatteten. Dann trugen sie um die Wette die reichsten Kleider letzter Mode aus den ersten Schneiderateliers von Palermo oder Catania, Edelsteine und kostbaren Goldschmuck. Ernsten und geröteten Gesichtes, mit niedergeschlagenem Blick, wandelten sie bei solchen Anlässen unsicher einher und blieben dicht an der Seite des Gatten, des Vaters oder des älteren Bruders. Dergleichen Aufwand war sozusagen vorgeschrieben, diese Besuche und die paar Schritte bis zur Kirche bedeuteten für die Frauen richtige Expeditionen, die schon am Vortag sorgfältig vorbereitet werden wollten. Das Ansehen der Familie stand dabei auf dem Spiel, und auch den Männern durfte dies nicht gleichgültig sein; sie waren die allerheikelsten, wollten sie doch zeigen, wieviel sie für ihre Frauen auszugeben bereit und in der Lage seien.

Unterwürfig und gehorsam wie immer, schmückten sich die Frauen so, wie die Männer es wünschten, um ihnen keine Schande zu bereiten; nach jenen kurzen Auftritten in der Öffentlichkeit aber kehrten sie ruhig zu ihren häuslichen Obliegenheiten zurück. Waren sie verheiratet, so brachten sie Kinder zur Welt, so viele Gott ihnen eben schickte (das war nun einmal das ihnen auferlegte Kreuz); waren sie ledig, so warteten sie, bis die Eltern ihnen eines Tages sagen würden: »Da, den heirate!« Dann heirateten sie eben; und die Männer gaben sich mit ihrer restlosen Treue ohne Liebe zufrieden.

Nur der blinde Glaube an einen Lohn jenseits dieses Lebens konnte sie dahin bringen, ohne Verzweiflung die langsame, schwere Öde ihrer Tage zu ertragen, dieser Tage, von denen jeder genauso ablief wie der vorausgegangene, in jenem schweigsamen, gleichsam ausgestorbenen Bergstädtchen unter dem intensiven, brennenden Blau des Himmels, mit den schmalen, schlecht gepflasterten Gäßchen zwischen rohen Häusern aus Stein und Mörtel, mit den Wasserrinnen aus Lehm und den offenen Blechröhren.

Wagte man sich bis dorthin vor, wo diese Gäßchen endeten, so bot sich ein trostloser Blick über das wellige, von Schwefeldämpfen verbrannte Gelände. Wasserlos der Himmel, wasserlos die Erde, von der in dem unbewegten Schweigen, eingeschläfert durch das Summen der Insekten, das Zirpen einer Grille, das ferne Krähen eines Hahnes oder das Bellen eines Hundes, im blendenden Mittagslicht der Geruch verwelkter Blumen und des Düngers in Schwaden aus den Ställen aufstieg.

In keinem der Häuser gab es Wasser, auch in den wenigen herrschaftlichen nicht; in den weiten Höfen, wie auch an den Ausgängen der Wege, standen alte Zisternen, angewiesen auf die Freigebigkeit des Himmels; aber auch im Winter regnete es selten, und wenn es regnete, so war dies ein Fest: dann stellten alle Frauen Schalen und Kufen, Krüge und Tönnchen ins Freie und standen in den Türen, die Hauskleider zwischen den Beinen gerafft, um zuzusehen, wie das Regenwasser in Sturzbächen durch die steilen Gäßchen rauschte und gurgelnd in den Mündungen der Zisternen verschwand. Da wurden die Pflastersteine gewaschen, gewaschen wurden die Mauern der Häuser, und alles schien freier zu atmen in der duftenden Frische der feuchten Erde.

Für die Männer gab es die eine oder andere Zerstreuung in den Wechselfällen der Geschäfte, im Kampf der kommunalen Parteien, im Café oder im Kasino; die Frauen aber waren gezwungen, von der Kindheit an jede Eitelkeit in sich abzutöten; ohne Liebe wurden sie verheiratet, und nachdem sie wie Dienerinnen die ewig gleichen häuslichen Pflichten geübt, verbrachten sie ihre Stunden trübsinnig, mit einem Kind auf dem Schoß oder dem Rosenkranz in der Hand, auf die Heimkehr des Mannes und Gebieters wartend.

Adriana Braggi hatte ihren Mann ganz und gar nicht geliebt.

Von sehr schwächlicher Konstitution und in ständiger Erregung infolge seiner Kränklichkeit, hatte dieser Mann sie vier Jahre lang unterdrückt und gequält; er war selbst auf seinen älteren Bruder eifersüchtig, an dem er, wie er wohl wußte, mit seiner Heirat ein schweres Unrecht, ja, geradezu einen Verrat begangen hatte. Noch galt dort der Brauch, daß von allen Söhnen einer Familie nur einer, meist der älteste, heiraten durfte, um das Vermögen des Geschlechts nicht unter zu viele Erben zu zerstreuen.

Cesare Braggi, der ältere Bruder, hatte es sich nie anmerken lassen, daß er diesen Verrat als solchen empfand; vielleicht darum, weil der Vater auf dem Totenbett, kurz vor der Hochzeit, verfügt hatte, daß Cesare das Familienoberhaupt bleibe und der Zweitgeborene ihm auch nach seiner Vermählung vollen Gehorsam schulde.

Als Adriana in das alte Haus der Braggi eintrat, hatte sie es gewissermaßen als Erniedrigung empfunden, dem Schwager unterstellt zu sein. Ihre Lage war doppelt peinlich und aufreizend geworden, als ihr eigener Mann in seiner Eifersucht ihr zu verstehen gab, Cesare habe sich mit dem Gedanken getragen, sie zu heiraten. Sie hatte nicht mehr gewußt, wie sie sich dem Schwager gegenüber betragen sollte, und ihre Unsicherheit hatte um so mehr zugenommen, je weniger der Schwager seine Autorität geltend gemacht hatte, behandelte er sie doch vom ersten Tage an mit herzlicher Offenheit, mit Sympathie und wie eine echte Schwester.

Er war ein Mann von angenehmen Umgangsformen und in seiner Art zu sprechen und sich zu kleiden wie in allen andern Zügen von vollendeter natürlicher Würde, die weder durch die Berührung mit dem derben Landvolk noch durch die Geschäfte, denen er oblag, noch durch die Gewöhnung an eine laxe Faulheit, zu der das leere, armselige Provinzleben während so vieler Monate des Jahres verführte, jemals beeinträchtigt oder auch nur im mindesten überschattet wurde.

Im übrigen verließ er jedes Jahr für einige Zeit das Städtchen mit seinen Beschäftigungen und fuhr nach Palermo, nach Neapel, nach Rom, nach Florenz, nach Mailand, um sich in das Leben zu stürzen, um – wie er sich ausdrückte – ein Bad in der Zivilisation zu nehmen. An Leib und Seele verjüngt kehrte er von solchen Reisen heim.

Jedesmal, wenn Adriana, die nie einen Schritt aus dem Heimatort getan, ihn in das große, alte Haus zurückkommen sah, wo die Zeit in Todesschweigen zu verdämmern schien, empfand sie eine heimliche, undefinierbare Verwirrung.

Der Schwager brachte die Luft einer Welt mit sich, die sie sich nicht einmal vorzustellen vermochte.

Und die Verwirrung nahm zu, wenn sie aus dem Nebenzimmer das grelle Gelächter ihres Mannes hörte, der sich von seinem Bruder dessen saftige Abenteuer erzählen ließ. Verachtung und Ekel wurde daraus, sobald der Gatte des Abends, nach jenen Erzählungen des Bruders, in einem Zustand wütender Überreiztheit ihr Schlafzimmer betrat.

Die Verachtung und der Ekel galten dem Gatten und waren umso heftiger, je mehr Respekt, ja, Verehrung der Schwager ihr entgegenbrachte.

Nach dem Tode ihres Mannes hatte Adriana eine schreckhafte Beklemmung bei dem Gedanken empfunden, mit dem Schwager allein in diesem Haus leben zu müssen. Gewiß, sie hatte zwei Kinder, die sie in diesen vier Jahren zur Welt gebracht hatte; aber auch in ihrer Würde als Mutter gelang es ihr nicht, dem Schwager gegenüber die angeborene Mädchenschüchternheit zu überwinden. Diese Schüchternheit war zuvor nie bis zur Störrigkeit gewachsen, wurde aber jetzt dazu; sie gab die Schuld daran dem Gatten, der sie in seiner Eifersucht mit mißtrauischer und hinterhältiger Wachsamkeit gequält hatte.

Feinsinnig und zuvorkommend hatte Cesare Braggi alsbald Adrianas Mutter eingeladen, mit der verwitweten Tochter zusammenzuleben; und mit der Zeit gewann Adriana, befreit von der Tyrannei des Mannes und in Gesellschaft der Mutter, wenn auch nicht vollen Frieden, so doch eine gewisse Ruhe des Geistes. Mit ganzer Hingabe widmete sie sich den Kindern und häufte auf sie alle die Liebe und Zärtlichkeit, die in einer unglücklichen Ehe keine Betätigungsmöglichkeit gefunden hatten.

Cesare reiste weiterhin jedes Jahr für einen Monat nach dem Festland und brachte stets Geschenke für Adriana, die Großmutter und die Enkel mit, deren er sich immer mit väterlicher Sorge annahm.

Ohne die schützende Gegenwart eines Mannes flößte das Haus, besonders des Nachts, den Frauen Angst ein. In der Zeit von Cesares Abwesenheit war es Adriana, als sei die Stille noch tiefer, finsterer und hielte über dem Haus ein großes, unbekanntes Unglück in der Schwebe. Mit unendlicher Bestürzung horchte sie auf, wenn der Wind den Strick der Zisterne am Ende des Gäßchens bewegte und das Zugrad zum Knirschen brachte. Aber konnte Cesare sich aus Rücksicht auf die zwei Frauen und die Kinder, die ihm im Grunde nicht angehörten, seiner einzigen Zerstreuung nach einem Jahr der Langeweile berauben? Er hätte sich ja ebensogut überhaupt nicht um sie kümmern und frei sein eigenes Leben leben können, da der Bruder ihn daran gehindert hatte, sich eine Familie zu schaffen; statt dessen – wie hätte man dies nicht anerkennen sollen? – widmete er sich, von jener kurzen Urlaubszeit abgesehen, ganz dem Hause und den verwaisten Neffen.

Mit der Zeit war alle Bitterkeit in Adrianas Herzen eingeschlummert. Die Kinder wuchsen heran, und sie freute sich, sie unter der Leitung eines solchen

Onkels groß werden zu sehen. Ihre Hingebung war nun so vollständig geworden, daß sie sich wunderte, wenn der Schwager oder die Kinder sich mancher übermäßiger Fürsorge widersetzten. Ihr war, als täte sie nie genug. Und woran hätte sie denken sollen, wenn nicht an die Ihren?

Einen großen Schmerz bedeutete für sie der Tod der Mutter. Sie verlor damit ihre einzige Gesellschaft. Seit längerem hatte sie mit ihr wie mit einer Schwester gesprochen; dennoch konnte sie sich, solange sie die Mutter zur Seite hatte, noch für jung halten, wie sie es ja auch in Wirklichkeit war. Jetzt war die Mutter nicht mehr, die beiden Söhne waren zu Jünglingen herangewachsen, der eine sechzehn, der andere vierzehn, und beide fast so groß wie der Onkel geworden; da begann sie sich als alte Frau anzusehen und zu fühlen.

In dieser Gemütsverfassung geschah es ihr, daß sie zum erstenmal ein unbestimmtes Mißbehagen verspürte, eine Müdigkeit, einen Druck, bald in einer Schulter, bald in der Brust; es war ein gewisser dumpfer Schmerz, der manchmal den ganzen linken Arm befiel und plötzlich so schneidend wurde, daß ihr der Atem stockte.

Sie ließ keinerlei Klage laut werden, und vielleicht hätte niemand etwas davon erfahren, wenn nicht einer dieser krampfartigen Anfälle sie eines Tages bei Tisch überkommen hätte.

Man rief den alten Hausarzt, der von allem Anbeginn über das Zusammentreffen der Symptome in Bestürzung geriet. Diese Bestürzung steigerte sich noch nach einer langen, aufmerksamen Untersuchung der Kranken.

Das Übel saß am Rippenfell. Aber welcher Art war es? Mit Hilfe eines Kollegen versuchte es der alte Arzt mit einer Punktur, doch diese blieb ergebnislos. Dann stellte er eine gewisse Verhärtung der Achseldrüsen fest und gab Cesare Braggi den Rat, die Schwägerin sofort nach Palermo zu bringen, wobei er deutlich durchblicken ließ, er befürchte einen vielleicht unheilbaren Tumor.

Sofort zu reisen war unmöglich. Nach einer Klausur von dreizehn Jahren besaß Adriana nicht die Garderobe, die es ihr gestattete, sich öffentlich blikken zu lassen und zu reisen. Es mußte also nach Palermo geschrieben werden, damit man ihr das Notwendigste schicke.

Auf jede Art suchte sie sich zu widersetzen und versicherte dem Schwager und den Söhnen, sie fühle sich nicht mehr so schlecht. Eine Reise? Wenn sie bloß daran dachte, überlief es sie kalt. Auch war es gerade die Zeit, zu der Cesare gewöhnlich seinen einmonatigen Urlaub nahm. Wenn sie mit ihm reiste, raubte sie ihm damit seine Freiheit, jedes Vergnügen. Nein, nein, das wollte sie unter gar keinen Umständen! Und dann – wem sollte sie die Kinder überlassen? Wem das Haus anvertrauen? Aber Schwager und Söhne lachten nur über diese Bedenken. Sie versteifte sich darauf zu erklären, die Reise werde ihr bestimmt nur schaden. O Gott, sie wußte doch gar nicht mehr, wie die Straßen aussahen! Nicht einen Schritt würde sie gehen können! Man möge sie doch nur um Himmels willen zu Hause lassen!

Es war ein Hauptspaß für die Jungen, als aus Palermo die Kleider und Hüte ankamen.

Jubelnd brachen sie mit den großen, in Wachstuch gepackten Schachteln in das Zimmer der Mutter ein und schrien, was sie nur konnten, die Mutter müsse die Sachen sofort, sofort anprobieren. Sie wollten ihre Mutter schön sehen, wie sie sie noch nie gesehen hatten. Und so lange redeten und bettelten sie, bis die Mutter nachgeben mußte.

Es waren schwarze Trauerkleider, auch diese, aber sehr reich und mit wunderbarer Meisterschaft gearbeitet. In ihrer Unkenntnis und Unerfahrenheit in Dingen der Mode wußte sie gar nicht, wie sie mit dem Ankleiden beginnen sollte. Wo und wie diese vielen Häkchen schließen, die sie da und dort fand? Dieses Krägelchen – o Gott, so hoch? Und diese Ärmel mit den vielen Falten ... Trug man das jetzt so?

Hinter der Tür tobten unterdessen die ungeduldigen Jungen:

»Bist du so weit, Mutter? Noch nicht?«

Als wäre die Mutter dort drin im Begriff gewesen, sich für ein Fest zurechtzumachen! Sie dachten nicht mehr an den Anlaß, für den diese Kleider gekommen waren; um die Wahrheit zu sagen, dachte nicht einmal sie in diesem Augenblick daran.

Als sie, ganz verwirrt und erhitzt, die Augen hob und sich im Spiegelschrank erblickte, befiel sie eine äußerst heftige Empfindung, die beinahe Scham war. Dieses Kleid, das in dreister Eleganz ihre Hüften und den Busen nachzeichnete, gab ihr die Schlankheit und die Haltung eines jungen Mädchens. Sie hatte sich bereits alt gefühlt, und jetzt sah sie sich in diesem Spiegel plötzlich jung und schön – als eine andere – wieder.

»Nein, nein! Unmöglich!« rief sie, wandte den Kopf und hob die Hand, um sich dem Anblick zu entziehen.

Die Kinder hörten diesen Ausruf und trommelten noch heftiger an die Tür, mit den Fäusten, mit den Füßen, suchten sie zu erbrechen und schrien dabei, die Mutter möge aufmachen und sich sehen lassen.

Aber wie denn? Nein! Sie schämte sich. Eine Karikatur war sie! Nein, nein!

Doch die Jungen drohten ernsthaft, die Türe aufzusprengen. So mußte sie schließlich öffnen.

Zuerst standen auch die Kinder wie erstarrt vor der plötzlichen Verwandlung. Die Mutter suchte sich ihnen zu entziehen und wiederholte: »Nein, laßt mich doch! Unmöglich! Seid ihr verrückt?« Jetzt kam der Schwager hinzu. Guter Gott! Sie wollte fliehen, sich verstecken, als hätte er sie nackt überrascht. Aber die Kinder hielten sie fest und zeigten sie dem Onkel, der über ihre Schamhaftigkeit lachte.

»Es steht dir wirklich gut!« sagte er schließlich, wobei er wieder ernst wurde. »Komm, laß dich ansehen!«

Sie versuchte, den Kopf zu heben.

»Ich komme mir vor wie auf einem Maskenball...«

»Ach wo! Warum denn? Es steht dir sogar vorzüglich! Drehe dich ein wenig... so, nach der Seite...«

Sie gehorchte und zwang sich, ruhig zu erscheinen; doch ihr von dem Kleid so deutlich gezeichneter Busen hob sich unter den raschen Atemzügen, die ihre innere Erregung verrieten, während er, der erfahrene Kenner, sie so aufmerksam und ruhig betrachtete.

»Wirklich ausgezeichnet. Und die Hüte?«

»Körbe sind das!« rief Adriana in einer Art von Entsetzen.

»Ja, freilich, man trägt jetzt ganz große.«

»Wie soll ich so etwas überhaupt aufsetzen? Ich muß mich anders frisieren.«

Cesare betrachtete sie von neuem ruhig und lächelnd.

»Du hast ja so viel Haar...«, sagte er.

»Ja, ja, Mama! Frisiere dich gleich!« pflichteten die Jungen bei. Adriana lächelte traurig.

»Seht ihr, was ihr aus mir macht?« sagte sie, auch an den Schwager gewendet.

Die Abreise wurde für den folgenden Morgen festgesetzt.

Allein mit ihm!

Sie begleitete ihn auf eine der Reisen, an die sie früher mit so viel Unruhe gedacht hatte. Und jetzt empfand sie nur die eine Angst: unruhig zu erscheinen, vor ihm, der vor ihr stand, ganz ihr gewidmet, doch ruhig wie immer.

Diese seine völlig natürliche Ruhe hätte ihre Erregtheit in ihren eigenen Augen unwürdig und beschämend erscheinen lassen, hätte sie nicht mit einer fast bewußten Fiktion, eben um sich nicht schämen zu müssen und ihr Selbstvertrauen wiederzuerlangen, ihm gegenüber einen anderen Grund dafür hervorgekehrt: die Neuheit dieser Reise, den Ansturm so vieler seltsamer Eindrücke auf ihre abgeschlossene, scheue Seele. Und sie schob die Anstrengung, mit der sie ihre Erregtheit zu bemeistern suchte, auf die Notwendigkeit, sich nicht allzu hilflos und überrascht zu geben, was er, der das alles seit vielen Jahren gewohnt war und immer völlig Herr über sich selbst blieb, wohl als lästig und ärgerlich empfunden hätte. Geradezu lächerlich hätte sie in ihrem Alter wirken mögen, so kindlich war das Staunen, das in ihren Augen brannte.

So zwang sie sich dazu, die heiter-fiebrige Gier des Auges zu bezähmen und nicht dauernd den Kopf von einem Fenster zum anderen zu wenden, wie sie sich versucht fühlte, um nur ja nichts von den vielen Dingen zu versäumen, auf die ihr Blick sekundenschnell zum ersten Male fiel. Sie bezähmte ihre Verwunderung, jene Neugier, die sie doch besser hätte wachhalten sollen, um mit ihrer Hilfe den betäubenden Schwindel zu überwinden, den das rhythmische Rollen der Räder und das flüchtende Vorüberjagen von Hecken, Bäumen und Hügeln in ihr wachrief.

Sie saß zum erstenmal in einem Eisenbahnzug. Jeden Augenblick, bei jeder Drehung der Räder, war es ihr, als dringe sie tiefer in eine unbekannte Welt ein; diese Welt erstand in ihr selber, mit Erscheinungen, die, so nahe sie ihr waren, doch zugleich äußerst fern schienen und ihr im Verein mit der Freude des Anblicks auch ein äußerst feines, undefinierbares Gefühl von Schmerz verursachten: Schmerz darüber, daß es alles das immer schon gegeben hatte, außerhalb ihrer Existenz, ja, sogar ihrer Phantasie; Schmerz darüber, zwischen diesen Dingen nur eine Fremde auf der Durchreise zu sein, und daß alles das auch ohne sie sein eigenes Dasein weiterführen würde.

Da flitzten die demütigen Häuser eines Dorfes vorüber – Dächer und Fenster und Türen und Treppen und Straßen. Die Menschen, die hier lebten, waren, so wie Adriana es so lange Jahre in ihrem Städtchen gewesen war, eingeschlossen auf diesem Fleck Erde, mit seinen Gewohnheiten und Beschäftigungen. Über das hinaus, was ihr Blick erreichte, gab es für sie nichts mehr; die Welt war ein Traum! In Mengen wurden sie da geboren und wuchsen da auf und starben, ohne etwas gesehen zu haben von alledem, was Adriana jetzt auf ihrer Reise sehen sollte; und diese ihre Reise war doch so wenig, gemessen an der ganzen großen Welt, und dennoch schien sie ihr bereits etwas Ungeheures.

Wenn sie den Blick wandte, sah sie dann und wann den lächelnden Schwager neben sich, der sie ansah und fragte:

»Wie fühlst du dich?«

Sie antwortete ihm mit einem Nicken: »Gut.«

Mehr als einmal setzte sich der Schwager neben sie, um ihr einen fernen Flecken zu zeigen und dessen Namen zu nennen, wo er gewesen war, oder diesen Berg mit dem drohenden Profil, mit einem Wort, alles das, von dem er annahm, es werde ihre Aufmerksamkeit in besonderem Maße erwecken. Er begriff nicht, daß auch die kleinsten Dinge, die für ihn ohne jede Bedeutung waren, in ihr einen Sturm neuer Empfindungen entfesselten; daß seine Erläuterungen das glühende, fließende Bild von Größe nicht verstärkten, sondern abkühlten, das sie in ihrer Verwirrung und mit jenem Gefühl undefinierbaren Schmerzes beim Anblick so viel unbekannter Welt in sich schuf.

Statt Helligkeit zu verbreiten, verursachte seine Stimme im Chaos ihrer Gefühle gleichsam ein plötzliches, gewaltsames, stechendes Stocken; dann wurde jenes Gefühl des Schmerzes in ihr noch schärfer und bewußter. Sie sah sich in ihrer kläglichen Unwissenheit und fühlte etwas wie ein dunkles und beinahe feindseliges Bedauern beim Anblick all dieser Dinge, die jetzt, zu spät für sie, mit solcher Plötzlichkeit in ihre Schau und in ihre Seele hereinbrachen.

Als sie am nächsten Tag in Palermo nach einer sehr langen Untersuchung das Haus des Primarius verließ, verstand sie die Anstrengung wohl zu deuten, mit der ihr Schwager seine tiefe Bestürzung zu verbergen suchte; sie verstand den gekünstelten Eifer, mit dem er sich noch einmal den Gebrauch der verordneten Medizin hatte erklären lassen, und die Art, in der der Arzt dies getan; sie verstand sehr wohl, daß jener ihr Todesurteil gesprochen hatte und daß das Gemisch von Giften, die sie sorgfältig in Tropfen zweimal am Tag vor den Mahlzeiten einnehmen sollte, nichts anderes war als eine fromme Täuschung, die letzte Wegzehrung auf einer langen Agonie.

Und doch – kaum trat sie, noch ein wenig benommen und angewidert von dem Äthergeruch im Hause des Arztes, aus dem Schatten des Treppenhauses in die leuchtende Sonne des Abends hinaus unter einen ganz zur Flamme gewordenen Himmel, der von der See her gleichsam eine Feuerzunge über den langen Korso warf, kaum sah sie in diesem goldenen Leuchten zwischen den Wagen das Wimmeln der lärmenden Menge, deren Gesichter und Kleider in purpurnen Reflexen schimmerten, sah sie die gleich Edelsteinen funkelnden Lichtblitze und Farbenspritzer der Verkaufsläden, der Reklameschilder, der Spiegel – da fühlte sie nichts als Leben, Leben, das durch alle ihre bewegten, aufgestachelten Sinne tumultuarisch in sie einbrach gleich göttlicher Trunkenheit. Keine Angst, nicht einmal ein flüchtiger Gedanke in ihr war dem nahen, dem unvermeidlichen Tode zugewandt, der doch bereits in ihr saß, zusammengekauert unter dem linken Schulterblatt, dort, wo das Stechen am stärksten war. Nein, nein, Leben, das Leben! Und dieser innere Aufruhr faßte sie jetzt an der Kehle, wo etwas Unbekanntes, vielleicht ein uralter, aus den Gründen ihres Seins aufgestörter Schmerz sich festsetzte und ihr mitten in ihrer Freude Tränen abnötigte.

»Es ist nichts – nichts...«, sagte sie zu dem Schwager mit einem Lächeln, das durch die Tränen in ihren Augen aufstrahlte. »Mir ist, als wäre ich... ich weiß selbst nicht, wie... Gehen wir...«

»Ins Hotel?«

»Nein…, nein…«

»Wollen wir im ›Chalet‹ am Meer zu Abend essen? Ist dir das recht?«

»Ja, wo du willst.«

»Ausgezeichnet! Fahren wir also! Dann sehen wir uns das Menschengewoge auf dem Foro an, hören die Musik…«

Sie bestiegen einen Wagen und fuhren der blendenden Feuerzunge entgegen.

Was war das für ein Abend für sie, im ›Chalet‹ am Meer, im Mondschein, vor sich das erleuchtete Foro mit seinem lärmenden Strom funkelnder Wagen, dazu der Geruch der Algen vom Meer und der Duft der Blumen aus den Gärten! Wie in einem übermenschlichen Zauber verloren, dem ganz sich hinzugeben sie durch die Angst gehindert wurde, am Ende sei alles das nicht wahr, fühlte sie sich weit, weit entfernt auch von sich selbst, ohne Erinnerung, ohne Bewußtsein, ohne Gedanken, in unendlicher Traumferne.

Noch mächtiger befiel sie dieses Gefühl des Entrücktseins am folgenden Morgen, als sie im Wagen durch die endlosen Wege des Favorita-Parks fuhr; an einem Punkt gelang es ihr, mit einem tiefen Atemzug aus dieser Ferne zu sich selber zurückzukommen und sie zu ermessen, ohne dabei den Zauber zu brechen und die Trunkenheit dieses Sonnentraumes inmitten jener gleichfalls in endlosem Traum befangenen Pflanzen zu zerstören.

Unwillkürlich wandte sie sich dem Schwager zu, sah ihn an und lächelte vor Dankbarkeit.

Gleich darauf freilich weckte dieses Lächeln in ihr eine lebhafte und tiefe Zärtlichkeit für ihre eigene Person, für sie, die jetzt zum Tode verurteilt war, in einem Augenblick, da sich ihren staunenden Augen so viel Schönheit erschloß – ein Leben, das auch für sie hätte bestimmt sein können wie für so viele andere Kreaturen, die hier lebten. Und ihr war, als sei es vielleicht doch eine Grausamkeit gewesen, daß man sie auf diese Reise geschickt hatte.

Kurz darauf hielt der Wagen am Ende eines abgelegenen Fahrweges, und sie stieg an seinem Arme aus, um den Herkulesbrunnen aus der Nähe zu besehen. Dort, vor diesem Brunnen, unter dem Kobaltblau des Himmels, das so tief war, daß es rings um die leuchtende Marmorstatue des Halbgottes auf seiner hohen, aus der weiten Schale aufragenden Säule beinahe schwarz erschien, beugte sie sich dann nach dem gläsernen Wasser herab, auf dem Blätterwerk und Algen schwammen und das ihren Schatten grünlich widerspiegelte. Bei jedem leichten

Kräuseln des Wassers ging es wie ein Nebeldampf über die unbewegten Gesichter der Sphinxe, die in die Schale blicken; dann fühlte auch Adriana auf ihrem Antlitz einen frischen, von diesem Wasser aufsteigenden Hauch; gleich darauf weitete ein großes, betroffenes Schweigen ihre Seele. Und als entzündete in dieser unermeßlichen Leere sich in ihr ein Licht von anderen Sternen, war ihr, als reichte sie hier beinahe an die Ewigkeit, als gewänne sie eine leuchtende, unbegrenzte Kenntnis von allem, ein Wissen um das Grenzenlose, das sich in den Tiefen der geheimnisvollen Seele verbirgt. Sie hatte gelebt, und das mochte genug sein, denn sie war einen Augenblick lang und in diesem Augenblick ewig gewesen.

Sie schlug dem Schwager vor, noch am selben Tage heimzureisen. Sie wollte in ihr Haus zurück, um ihn nach diesen vier Tagen, die sie seinem Urlaub entzog, nunmehr freizugeben. Noch einen Tag würde er verlieren, indem er sie zurückbegleitete; dann mochte er sich aufmachen, sein gewohntes Leben wieder beginnen, mit seinen Reisen nach ferneren Ländern, jenseits dieses grenzenlosen, türkisfarbenen Meeres. Er konnte das ohne Sorge tun, denn bestimmt würde sie nicht so schnell sterben, während der Wochen seiner Abwesenheit.

All das sagte sie nicht; sie dachte es bloß. Und sie bat ihn, sie heimzubringen.

»Aber nein, warum denn?« erwiderte er. »Jetzt sind wir nun einmal dabei; du kommst mit mir nach Neapel. Wir wollen, um ganz sicher zu gehen, noch einen anderen Arzt konsultieren.«

»Nein, nein, ich bitte dich, Cesare! Laß mich nach Hause fahren! Es hat keinen Zweck!«

»Warum? Keineswegs! Es wird besser sein. Der Sicherheit halber.«

»Genügt das nicht, was wir hier erfahren haben? Mir fehlt nichts. Ich fühle mich ganz wohl. Siehst du es nicht? Ich werde die Kur machen, das ist alles.«

Er sah sie ernst an und sagte:

»Adriana, ich wünsche es.«

Da konnte sie nicht mehr widersprechen. Sie war wieder die Frau ihres Städtchens, die niemals dem widersprechen darf, was der Mann für recht und angemessen hält; sie dachte, er wolle für sich die Befriedigung, sich nicht mit einer Konsultation begnügt zu haben, die Befriedigung, daß die Leute daheim bei ihrem Tode sagen würden: »Er hat alles getan, um sie zu retten; nach Palermo, ja, sogar nach Neapel hat er sie gebracht.« – Oder lebte vielleicht in ihm wirklich die Hoffnung, ein anderer Arzt in weiterer Ferne, ein tüchtigerer, werde ihre Krankheit für heilbar befinden, ein letztes Mittel zu ihrer Rettung entdecken? Oder vielleicht ... ja, das war es wohl: Da er wußte, daß sie verloren war, wollte er, wenn sie sich schon mit ihm auf der Reise befand, ihr diese letzte und außerordentliche Zerstreuung verschaffen, als schwache Entschädigung für die Grausamkeit ihres Loses.

Aber sie empfand Abscheu – ja, das war es – vor diesem großen Meer, über das sie fahren sollte. Wenn sie es bloß ansah, stockte ihr der Atem bei diesem Gedanken, als hätte sie es schwimmend überqueren sollen.

»Keine Angst«, beruhigte er sie lächelnd. »Du wirst davon gar nichts merken, in dieser Jahreszeit. Siehst du, wie ruhig es ist? Und dann, der Dampfer ... Du wirst überhaupt nichts spüren.«

Konnte sie ihm das dunkle Vorgefühl gestehen, das sie beim Anblick dieses Meeres bedrückte? Wenn sie abfuhr, wenn sie sich von der Küste der Insel ablöste, die ihr schon so weit von ihrer Heimat und so neu erschien, wo sie schon so seltsame Erregungen verspürt hatte – wenn sie sich noch weiter wagte, verloren mit ihm in der ungeheuren, geheimnisvollen Ferne dieses Meeres, dann würde sie, so sagte ihr das Vorgefühl, nicht wieder lebend den Weg zurück über dieses Wasser nach ihrem Hause finden.

Nicht einmal sich selber konnte sie dieses Gefühl eingestehen, und so glaubte auch sie, das Meer schrecke sie einfach darum, weil sie es früher nicht einmal von ferne gesehen hatte und sich jetzt darauf wagen sollte... Noch am selben Abend schifften sie sich nach Neapel ein.

Der Dampfer löste sich von der Reede und verließ den Hafen; die Betäubung durch den Lärm, das Durcheinander der kommenden und gehenden Menschen mit ihrem Geschrei, das Rasseln der Krane und Ketten wich allmählich von Adriana; sie sah, wie alles sich langsam entfernte und kleiner wurde, die Leute auf dem Kai, die noch immer grüßend ihre Tücher schwenkten, die Reede, die Häuser, bis zuletzt die ganze Stadt zu einem weißen, duftigen, da und dort mit matten Lichtern besetzten Streifen unter dem weiten Rund der rötlichgrauen Berge wurde. Da fühlte sie sich von neuem in einem Traum befangen, in einem wunderbaren Traum, der ihr jedoch zugleich die Augen vor Schrecken aus den Höhlen trieb; drang sie doch jetzt auf diesem Schiff, das zwar groß, aber doch wohl gebrechlich war – es bebte ja unter den rhythmischen Schlägen der Schrauben – in die zwei grenzenlosen Weiten des Meeres und des Himmels ein.

Er belächelte ihren Schrecken, forderte sie auf,

sich zu erheben und schob mit einer Vertraulichkeit, die er sich bis dahin noch nie gestattet hatte, den Arm unter den ihren, um sie zu stützen. So führte er sie dorthin, wo die blinkenden, mächtigen Kolben zu sehen waren, die die Schrauben drehten. Sie aber, schon verwirrt durch die ungewohnte Berührung, war diesem Anblick und mehr noch dem von dort unten aufsteigenden heißen Fettgeruch nicht gewachsen; ihr schwindelte. Halt suchend war sie im Begriff, den Kopf an seine Schulter zu legen, doch sie beherrschte sich sogleich wieder, bestürzt über dieses instinktive Bedürfnis nach Hingabe, dem sie beinahe nachgegeben hätte.

Noch fürsorglicher als sonst fragte er:

»Fühlst du dich schlecht?«

Sie brachte kein Wort hervor, schüttelte nur verneinend den Kopf. Arm in Arm suchten beide das Hinterschiff auf, um das lange, glühend phosphoreszierende Kielwasser anzusehen, das sich durch das bereits schwarze Meer hinzog. Der riesige Schornstein entließ dichten, heißen Rauch in den mit Sternenstaub übersäten Himmel. Schließlich, um den Zauber vollzumachen, stieg der Mond aus dem Meere auf: erst zwischen den Dünsten des Horizonts wie eine traurige Feuermaske, die sich drohend anschickte, in furchtbarem Schweigen über ihr Wasserreich hinzuspähen, dann allmählich immer heller, immer präziser umschrieben in seinem schneeigen Leuchten, das einen bebenden Silberschein ohne Ende über die See breitete. Mehr denn je fühlte Adriana jetzt angesichts dieser Herrlichkeit Beklemmung und Angst in sich wachsen, die sie hinriß und sie unwiderstehlich drängte, erschöpft das Haupt an seiner Brust zu bergen.

Es geschah in Neapel, in einem Augenblick, während sie ein Konzert-Café verließen, in dem sie gegessen und den Abend verbracht hatten. Er war es gewohnt, auf seinen jährlichen Reisen des Nachts Lokale dieser Art am Arm einer Frau zu verlassen; indem er ihr jetzt den Arm bot, fing er unvermutet unter ihrem großen schwarzen Federhut einen flammenden Blick auf, und fast ohne es zu wollen, drückte er mit seinem Arm den ihren rasch und heftig gegen seine Brust. Das war alles. Die Feuersbrunst war entfacht.

Im Dunkel des Wagens, der sie in das Hotel zurückbrachte, sagten sie einander alles in wenigen Minuten, eng umschlungen, Mund auf unersättlichem Mund, was er eben zuvor im Aufblitzen jenes Blickes erraten hatte: ihr ganzes Leben in all den Jahren schweigenden Martyriums. Sie sagte ihm, wie sie ihn immer, immer geliebt habe, ohne es zu wollen, ohne es zu wissen; und er sagte ihr, wie er sie schon als Mädchen begehrt und davon geträumt hatte, sie sein eigen zu nennen, sein, sein!

Es war ein Fieberrausch, eine Raserei, angefacht durch die Gier, in den wenigen Tagen, die ihr Todesurteil ihnen übrigließ, alle diese verlorenen Jahre unterdrückter Leidenschaft und verborgenen Fiebers wettzumachen. Sie wollten blind sein, sich verlieren, einander nicht mehr als das sehen, was sie so viele Jahre lang in der gesetzten Wohlanständigkeit ihres Städtchens gewesen waren – jenes Städtchens, dessen strenger Sitte ihre Vermählung wie ein unerhörtes Sakrileg erschienen wäre.

Vermählung? Nein! Warum sollte sie ihn zu diesem in den Augen aller beinahe frevlerischen Schritt nötigen? Warum sollte sie, die nur mehr so kurze Zeit zu leben hatte, ihn an sich binden? Nein, nein! Liebe, diese frenetische, hinreißende Liebe, auf einer Reise von wenigen Tagen! Liebesreise ohne Rückkehr! Liebesreise in den Tod!

Sie konnte nicht mehr zurückkehren und den Kindern gegenübertreten. Sie hatte es wohl gefühlt, als sie abfuhr; sie wußte, es würde zu Ende sein mit ihr, sobald sie sich übers Meer wagte. Und jetzt, vorwärts, vorwärts, weiter, weiter in die Ferne, in seinen Armen, blind bis zum Tode.

So fuhren sie nach Rom, dann nach Florenz, dann nach Mailand, fast ohne etwas zu sehen. Der Tod, in ihr eingenistet, geißelte sie mit seinen Stichen und trieb sie zu immer wilderer Glut an.

»Es ist nichts!« sagte sie ihm bei jedem Anfall der Schmerzen. »Nichts…«

Und sie reichte ihm ihren Mund, Todesblässe im Antlitz.

»Adriana, du leidest!«

»Nein, es ist nichts! Was kümmert es mich!«

Am letzten Tag in Mailand, kurz vor der Abreise nach Venedig, sah sie ihr verfallenes Gesicht im Spiegel; und als sich ihr dann nach nächtlicher Fahrt in der Stille der Dämmerung die stolze und melancholische Traumvision der aus dem Wasser aufsteigenden Stadt darbot, da wußte sie, daß sie an ihrer Bestimmung angelangt war. Hier mußte die Reise ihr Ende finden.

Ihren Tag in Venedig wollte sie noch haben. Bis zum Abend, bis zur Nacht, fuhr sie in der Gondel durch schweigende Kanäle, und sie durchwachte die ganze Nacht mit einem seltsamen Eindruck von jenem Tage: Es war ein Tag von Samt gewesen.

Der Samt der Gondel? Der samtene Schatten gewisser Kanäle? Vielleicht der Samt des Sarges.

Während er am nächsten Morgen das Hotel verließ, um einige Briefe nach Sizilien aufzugeben, trat sie in sein Zimmer. Auf dem Tisch fand sie einen aufgerissenen Umschlag, erkannte die Schrift ihres älteren Sohnes. Sie führte das Blatt an die Lippen und küßte es verzweifelt. Dann kehrte sie in ihr Zimmer zurück, entnahm der ledernen Handtasche das noch unbenützte Fläschchen mit der giftigen Medizin; erschöpft ließ sie sich auf das Bett sinken und leerte es in einem Zuge.

Wenn man das Spiel verstanden hat

Alles Glück für Memmo Viola!

Und er verdiente es wirklich, der gute Memmone, der die Fliegen auf dieselbe Weise verjagte, auf die er seine Frau anschaute, das heißt mit einer Miene, als wolle er sagen:

»Aber warum versteift ihr euch nur darauf, guter Gott, mich so plagen zu wollen? Wißt ihr denn noch immer nicht, daß es euch nie gelingen wird, mich aus der Fassung zu bringen? Drum fort mit euch, meine Lieben, fort, fort...«

Die Fliegen, seine Frau, alle großen und kleinen Verdrießlichkeiten des Lebens, die Ungerechtigkeiten des Schicksals, die Boshaftigkeit der Menschen würden nie und nimmer imstande sein, ihn in seinem müden Gleichmut zu stören, ihn aus jener dauernden philosophischen Lethargie zu reißen, die sich in seinen großen, grünlichen Augen spiegelte und mit dem Atem über seinen struppigen Schnurrbart und über die Haarbüschel strich, welche aus seinen Nasenlöchern hervorsproßten.

Denn Memmo Viola behauptete, er habe das Spiel verstanden. Und wenn einer das Spiel verstanden hat...

Unverwundbar für den Schmerz, war er jedoch auch unzugänglich für die Freude. Und das war wirklich schade, denn Memmo Viola war, was man einen Benjamin des Glücks zu nennen pflegt.

Vielleicht war aber das Spiel, das er verstanden zu haben behauptete, dieses, daß das Glück ihn begünstigte, eben weil er so war, eben weil es wußte, daß er nie hinter ihm herlaufen würde, selbst nicht, wenn es ihm um den Preis von zwei Schritten alle Schätze der Welt versprechen sollte; weil es wußte, daß er nicht die allergeringste Freude zeigen würde, auch wenn es ganz ohne sein Zutun kommen und sie ihm ins Haus bringen sollte.

Alle Schätze der Welt nicht; aber eines Tages hatte es ihm wirklich die reiche Erbschaft irgendeiner alten Tante ins Haus gebracht, einer unbekannten alten Tante, die in Deutschland gestorben war; was ihm erlaubt hatte, seine Stellung aufzugeben, die der gute Memmo als große Last empfand, obgleich er sie seit zehn Jahren wie alles übrige mit Ergebenheit auf sich nahm. Müde, sich auf solche Weise anschauen zu lassen und ihn nicht aus seiner Ruhe bringen zu können, wie schlimm auch die Streiche sein mochten, die sie ihm vor seinen Augen spielte, hatte ihm seine Frau bald darauf die Tür gewiesen, damit er frei und ledig in eine Junggesellenwohnung ziehen könne; unter der Bedingung jedoch, daß er auch sie auf die gleiche Weise frei ließe – gegen die Zusicherung einer entsprechenden monatlichen Anweisung.

Ja? Aber wann hatte es sich Memmo Viola je träumen lassen, der Freiheit seiner Frau Grenzen oder Zügel zu setzen? Sie wünschte es so? Amen. Und mit all seinen naturwissenschaftlichen, mathematischen und philosophischen Büchern und dem gesamten Küchengeschirr (das waren die beiden stärksten Leidenschaften seines Lebens) war er in drei bescheidene Zimmerchen übergesiedelt. Und wenn er seinem Geist willkommene Nahrung zugeführt, bereitete er sich mit eigener Hand auch die erwünschte Nahrung für den Körper: ein dilettierender Koch und ein dilettierender Philosoph.

Ein altes Dienstmädchen besorgte ihm jeden Morgen die Einkäufe, deckte ihm den Tisch, wusch das Geschirr, ordnete das Bett, reinigte die drei Zimmerchen und ging.

Aber kaum waren zwei Monate dieses zweiten Glücks vergangen, da kam eines Morgens zu frühester Stunde, er war noch im Bett und schlief sein goldenes Morgenschläfchen, seine Frau in seine kleine Wohnung, weckte ihn mit einem wütenden Geklingel, packte den armen Memmo, ihn wie ein Sturmwind anfallend, an der Brust, schleifte ihn, wie sie ihn angetroffen hatte, im Hemd und noch mit den Hosen in der Hand, in eine Ecke des Zimmers, hinter einen Wandschirm von rosa Musselin, hinter dem ihrer Meinung nach der Waschtisch verborgen sein mußte, und zwang ihn, indem sie ihm, um keine Zeit zu verlieren, selbst das Wasser ins Becken goß, sich zu waschen und anzuziehen, sofort, auf der Stelle, weil er ausgehen und sich eiligst auf die Suche nach zwei Freunden machen müsse.

»Aber warum denn?«

»Wasch dich, sag ich dir!«

»Nun ja, ich wasche mich schon... Aber warum denn?«

»Weil man dich gefordert hat!«

»Mich gefordert? Wer hat mich denn gefordert?«

»Gefordert... ich weiß nicht recht: entweder hat man dich gefordert oder mußt du fordern. Ich versteh nicht viel davon... Ich weiß nur, daß ich hier die Karte dieses Schurken habe. Wasch dich, zieh dich an, beeile dich, und steh nicht da wie ein betäubter Mameluck!«

Memmo Viola, der inzwischen, die Hände voll Seifenschaum, hinter dem Wandschirm hervorgekommen war, schaute wirklich seine Frau, wenn schon nicht wie ein Mameluck, so doch gewiß wie betäubt an. Es war nicht so sehr die Nachricht dieser Forderung, die ihn bestürzt machte, als die Aufgeregtheit seiner Frau, die zu dieser frühen Stunde und in so unordentlichem Aufzug aus dem Hause gerannt war.

»Aber beruhige dich doch, liebe Cristina... Und sag mir wenigstens, während ich mich wasche, was geschehen ist...«

»Was geschehen ist?« schrie die Frau, indem sie von neuem auf ihn losstürzte und ihm fast mit den Händen ins Gesicht fuhr. »Ich bin in gemeiner, in blutiger Weise in meinem Haus beleidigt worden, durch deine Schuld... weil ich allein und ohne Schutz bin, verstehst du? ... Beleidigt... geschmäht... Sie haben Hand an mich gelegt, verstehst du? Haben mich hier an die Brust gefaßt, verstehst du? Weil sie vermutet haben, ich sei...«

Sie vermochte nicht fortzufahren, bedeckte wie rasend ihr Gesicht mit den Händen und brach in ein schrilles, krampfhaftes Weinen aus.

»O Gott«, machte Memmo. »Aber wann ist es denn geschehen? Wer hat es gewagt?«

Da erzählte ihm seine Frau, zuerst unter Schluchzen und Händekrümmen, dann in immer stärkere Erregung geratend, sie habe am Abend zuvor, während sie zu Tisch gesessen, einen großen Lärm vor der Tür gehört, Geschrei, Gelächter, Geklingel, Fausthiebe und Fußtritte. Das Dienstmädchen habe nachgesehen und sei mit der Meldung gekommen, vier angetrunkene Herren suchten nach einer Spanierin, einer gewissen Pepita, seien nicht mehr fortzubringen und hätten aufs ungehörigste im Vorzimmer Platz genommen. Kaum habe sie selbst sich gezeigt, so seien sie alle vier über sie hergefallen und, während der eine sie zärtlich in die Wange gekniffen, der andere ihr die Hüfte umschlungen, ein dritter nach ihrem Busen gegriffen, hätten sie sie gebeten, beschworen, ihnen einen Besuch bei der kleinen Pepita zu gestatten. Als sie sich losgemacht, geschrien und Bisse ausgeteilt habe, hätten sie mit Gelächter und schamlosen Gesten geantwortet, bis endlich bei dem Höllenlärm Scharen von Hausbewohnern aus den oberhalb und unterhalb gelegenen Stockwerken herbeigeeilt seien. Aufklärung... Entschuldigungen... es sei ein Mißverständnis gewesen... Allgemeine Beschämung... Einer habe sich sogar auf die Knie geworfen... Aber sie habe nichts hören wollen; sie habe verlangt, daß ihr Genugtuung für die

Beleidigung werde, und solange darauf bestanden, bis schließlich einer der vier, welcher übrigens vielleicht der am wenigsten unverschämte gewesen sei, sich gezwungen gesehen habe, seine Visitenkarte zurückzulassen.

»Da ist sie! Nimm! Du bist noch in Hemdsärmeln? Worauf wartest du? Willst du dich nicht von der Stelle rühren?«

Memmo Viola hatte längst begriffen, daß dies nicht der Augenblick war, die Vernunft sprechen zu lassen, und kehrte, ohne auch nur einen flüchtigen Blick auf den Namen auf jener Visitenkarte zu werfen, zum Waschtisch hinter dem Wandschirm zurück.

»Was machst du denn noch?«

»Ich beende meine Toilette.«

»An wen denkst du dich zu wenden? Geh nicht zu Venanzi, weißt du! Gigi Venanzi nimmt nicht an; du kannst gewiß sein, daß er nicht annimmt. Du verlierst nur nutzlos deine Zeit!«

»Gestattest du?« sagte Memmo, der schon seine ganze innere Ruhe zurückgewonnen hatte. »Die Zeit, meine Liebe, läßt du mich jetzt verlieren. Erlaube, daß ich mich wasche, und laß mich jetzt in Frieden! Du hast nichts von Mißverständnissen wissen, hast keine Entschuldigung annehmen wollen. Du hast das Duell gewünscht: das heißt, daß man mich mit einem Säbelhieb zu Boden streckt. Gut, ich stehe sofort zu deinen Diensten. Aber laß mich jetzt dafür sorgen, daß ich meine Haut schütze, so gut ich kann. Du sagst, daß Gigi Venanzi nicht annehmen wird? Woher weißt du denn das?«

Die Frau, ein wenig aus der Fassung gebracht durch diese Frage, senkte die Augen.

»Ich... ich vermute es...«

»Ah«, machte Memmo, indem er sich das Gesicht abtrocknete, »du vermuuutest es... Du wirst schon sehen, daß er annimmt! Meinst du, er könne sich in meinem Fall zurückziehen, gerade in meinem Fall, wo er doch allen seine Ritterdienste leiht? Es vergeht bei Gott kein Monat, ohne daß er bei zwei oder drei Duellen beteiligt ist, dieser berufsmäßige Sekundant! Das wäre ja zum Lachen! Was würden die Leute sagen, die doch wissen, wie sehr wir befreundet sind und wie erfahren er in diesen Dingen ist, wenn ich mich an einen anderen wendete?«

Die Frau, unruhig an ihrem Handtäschchen fingernd und sich auf die Lippen beißend, sprang endlich auf.

»Und ich sage dir, daß er nicht annimmt.»

Memmo zeigte, im Begriff, ins Hemd zu schlüpfen, einen Augenblick sein lachendes Gesicht und sagte, seine Frau scharf fixierend:

»Er muß mir den Grund sagen... Und er kann es nicht! Ich sage, er kann keinen Grund haben, oder meinst du? Laß mich, laß mich, ich muß mich anziehen...«

Als er endlich fertig war, fragte er mit einem schüchternen Lächeln:

»Entschuldige, hast du zufällig im Hereinkommen gesehen, ob draußen vor der Tür die Milchflasche stand?«

Er erwartete als Antwort auf diese Frage einen neuen Wutanfall, zog den Kopf ein und erhob die Hände in abwehrender Haltung:

»Still, still... ich gehe, ich eile schon...«

Und er verließ zusammen mit seiner Frau das Haus, um sich zu Gigi Venanzi zu begeben.

Ein glücklicher Zufall wollte, daß er ihn auf der Straße traf, wenige Schritte von seiner Wohnung entfernt. Memmo Viola nahm auf dem Gesicht des Freundes den Schatten plötzlichen Ärgers wahr und begriff, daß dieser so früh ausgegangen war, weil er mit seinem Besuch gerechnet hatte. Er blieb lächelnd vor ihm stehen und sagte zu ihm:

»Cristina schickt mich zu dir. Laß uns hinaufgehen. Ein schwerer Fall!«

Gigi Venanzi musterte ihn mit einem düster-unruhigen Blick und fragte: »Was gibt's?«

»Oh, mach keine Geschichten«, rief Memmo aus. »Ich lese es dir am Gesicht ab, daß du's weißt. Erspare mir deshalb die Worte. Ich bin erledigt; ich kann mich kaum mehr auf den Beinen halten. Wie eine Furie ist sie gekommen, hat mich mitten aus dem besten Schlaf gerissen und mir nicht einmal Zeit gelassen, ein wenig Kaffee zu trinken.«

Kaum waren sie droben, wandte sich Gigi Venanzi wie ein toll gewordener Hund zu Memmo und schrie ihn an:

»Weißt du denn auch, wer Miglioriti ist?«

Memmo schaute ihm dumm ins Gesicht:

»Miglioriti? Nein... Wie kommst du auf Miglioriti? Ah... ist das vielleicht... Warte! Ich habe noch nicht einmal einen Blick darauf geworfen.«

Er fuhr mit zwei Fingern in die Westentasche und zog die ganz zerknitterte Visitenkarte hervor, die ihm seine Frau gegeben hatte.

»Aha... Miglioriti«, sagte er und las: »Aldo Miglioriti dei Marchesi di San Filippo. Der Name ist mir nicht unbekannt. ...wer ist es denn?«

»Wer es ist?« wiederholte Gigi Venanzi mit blutunterlaufenen Augen. »Der beste Fechter unter den römischen Sportfreunden!«

»Tatsächlich?« sagte Memmo Viola. »Ficht er gut? Säbel?«

»Degen und Säbel!«

»Das freut mich. Aber er ist trotz allem ein großer Halunke! Was er getan hat...«

Gigi Venanzi fiel fast mit der gleichen Wut über ihn her wie kurz zuvor seine Frau.

»Aber wenn er doch um Verzeihung gebeten hat! Wenn es ein Mißverständnis gewesen ist!«

Da schaute ihn Memmo Viola mit einem zugleich schüchternen und spitzbübischen Augenzwinkern an und fragte ganz beiläufig:

»Warst du denn dabei?«

Gigi Venanzis Gesicht verzerrte sich, als habe ihn ein plötzlicher Schwindel befallen:

»Wie? Wo?« stotterte er.

Lächelnd, als ob nichts geschehen wäre, zog Memmo Viola den Freund wieder von dem Abgrund zurück, an dessen Rand er ihn mit jener leicht hingeworfenen Frage gestoßen hatte, und fuhr fort:

»Ah, freilich... du hast davon erfahren. Er war auch betrunken, ja... Was ist zu tun? Cristina, mein Lieber, will keine Entschuldigung gelten lassen! Sie hat es so weit gebracht, daß er zuletzt, in Gegenwart vieler Zeugen, seine Visitenkarte zurückgelassen hat. Der Gatte bin ich, und ich muß den Schaden wiedergutmachen. Aber da es schon so gekommen ist, Gigi, muß auch ernst gemacht werden. Die Beleidigung war schwer, und schwer müssen die Bedingungen sein.«

Gigi Venanzi betrachtete ihn verdutzt; dann schrie er ihm in einem neuen Wutanfall zu:

»Aber du kannst ja nicht einmal einen Degen in der Hand halten!«

»Mit der Pistole«, sagte Memmo seelenruhig.

»Aber was willst du mit einer Pistole ausrichten!« fuhr Gigi Venanzi auf. »Der trifft ein Fünfpfennigstück, das du an einen Baumstamm heftest, auf zwanzig Schritt Entfernung!«

»Ah, wirklich?« wiederholte Memmo. »Na, dann zuerst mit der Pistole und dann mit dem Degen. Mich, du wirst schon sehen, mich trifft er bestimmt nicht.«

Gigi Venanzi begann im Zimmer auf und ab zu wandern; dann meinte er kurz entschlossen:

»Höre, Memmo: ich kann nicht annehmen.«

»Was?« sagte Memmo sofort, und faßte ihn am Arm. »Machen wir keine Scherze, Gigi, und verlieren wir keine Zeit! Du kannst nicht mehr zurück, so wie ich nicht mehr zurück kann. Du wirst deine Rolle spielen wie ich die meine. Denke an den zweiten Zeugen und spute dich.«

»Aber soll ich dich denn in den sicheren Tod führen?« schrie, ganz außer Fassung, Gigi Venanzi.

»Uh«, lächelte Memmo. »Keine Übertreibungen... im übrigen, mein Lieber, sind das alles Dummheiten. Es lohnt nicht, davon zu sprechen! Cristina will von der Beleidigung reingewaschen werden, und es gibt keinen anderen Weg. Ich würde meine Freiheit verlieren; statt dessen will ich sie mir bei dieser Gelegenheit endgültig verdienen. Du wirst schon sehen, daß es mir gelingt. Geh, geh; denk an alles, du verstehst dich ja darauf. Ich erwarte dich zu Hause. Ich lese gerade ein schönes Buch, weißt du? Über die Welträtsel. Du hast nie daran gedacht; aber das Problem des Jenseits zum Beispiel ist erschütternd, Gigi! Nein, entschuldige, entschuldige... denn... hör zu: das höchste Wesen, mein Lieber, bedarf, um sich seiner Abstraktion zu begeben, um zum Bewußtsein seiner selbst zu kommen, des Werdens. Und was bedeutet das ? Gib mir eine Zigarette! Es bedeutet... – ich danke dir – es bedeutet, daß, da das höchste Wesen ewig ist, auch das Werden ewig sein muß. Nun heißt aber Werden ohne Ende auch Werden ohne Zweck, verstehst du? Ein Werden also, das zu keinem Schluß führt, zu keinem Schluß führen kann, niemals zu irgendeinem Schluß führen kann. Ein schöner Trost! Gib mir ein Zündholz. Alle Schmerzen, alle Mühen, alle Kämpfe, die Unternehmungen, Entdeckungen, Erfindungen...«

»Weißt du?« sagte Gigi Venanzi, der nichts von diesem ganzen Erguß verstanden hatte. »Vielleicht Nino Spiga...«

»Aber freilich, Nino Spiga oder einen andern, nimm nur, wen du willst«, antwortete ihm Memmo. »Und wegen des Arztes, Lieber, wähle einen, zu dem du Vertrauen hast. Oh! Wenn du etwas brauchst...«

Und er tat, als wolle er nach der Brieftasche greifen. Gigi Venanzi hielt seine Hand zurück.

»Später... später...«

»Denn ich habe mir sagen lassen«, schloß Memmo, »daß man ein schönes Stück Geld braucht, um sich nach allen Regeln der Ritterlichkeit ein Loch in den Bauch schießen zu lassen. Genug, du wirst mir später die Rechnung zusammenstellen. Adieu! Du findest mich zu Hause.«

Gigi Venanzi fand den Freund an jenem Abend in der Tat zu Hause, aber dieser bot ihm ein Bild, von dem er sich nie hätte träumen lassen.

Memmo Viola stritt mit dem alten Dienstmädchen, weil drei Groschen in der Rechnung der Haushaltsausgaben fehlten. Und er sagte zu ihr:

»Meine Liebe, wenn du auf die Rechnung schreibst: gestohlen vierzig Pfennig oder fünfzig Pfennig, dann ziehe ich seelenruhig den Schlußstrich und verliere kein Wort. Aber diese drei Groschen, die bekommst du von mir so nicht. Ich möchte wissen, wie du daran Gefallen finden kannst, einen wie mich hereinlegen zu wollen, der das Spiel verstanden hat... Ist es nicht so, Gigi?«

Aufs äußerste bestürzt, außer aller Fassung, todmüde, schaute ihn Gigi Venanzi mit aufgerissenen Augen an. Die Ruhe dieses Mannes, am Abend vor einem Degenduell mit keinem Geringeren als Aldo Miglioriti, war erstaunlich. Und sein Staunen wuchs, als er ihm die sehr harten Bedingungen, die auch von seiten Migliorítis gewollt und gefordert worden waren, auseinandersetzte und sah, daß sich jene Ruhe nicht im geringsten trübte.

»Hast du verstanden?« fragte er ihn.

»Freilich«, sagte Memmo. »Warum sollte ich nicht verstanden haben? Morgen früh um sieben. In Ordnung.«

»Ich werde um Viertel nach sechs hier sein. Das genügt«, verständigte ihn Venanzi. »Mit dem Auto geht es rasch. Als Arzt habe ich Nofri genommen. Geh nicht zu spät zu Bett, und sieh zu, daß du schläfst!«

»Sei ganz beruhigt«, sagte Memmo, »ich werde schon schlafen.«

Und er hielt Wort. Um Viertel nach sechs, als

Gigi Venanzi an seine Tür klopfte, lag er noch im tiefsten Schlaf. Venanzi pochte zwei-, drei-, viermal; schließlich kam Memmo Viola im gleichen Aufzug, in dem er am Morgen zuvor seiner Frau aufgemacht hatte, im Hemd und mit den Hosen in der Hand, zur Tür, um dem Freund zu öffnen.

Venanzi erstarrte angesichts dieser Erscheinung zur Salzsäule.

»Was? Du bist noch im Hemd?«

Memmo tat höchst erstaunt.

»Warum denn nicht?« fragte er ihn.

»Aber wie denn!« brach Gigi Venanzi los. »Du sollst dich schlagen! Spiga und Nofri warten schon drunten... Was sind das für Possen?«

»Possen? Ich soll mich schlagen?« antwortete Memmo Viola mit äußerster Gelassenheit. »Die Possen treibst allenfalls du, mein Lieber! Ich habe dir gesagt, daß ich meine Rolle zu spielen habe und du die deine. Ich bin der Gatte und habe gefordert; aber mich schlagen... nimm mir's nicht übel, lieber Gigi – das kommt mir seit geraumer Zeit nicht mehr zu: das ist deine Sache... Seien wir gerecht!«

Gigi Venanzi fühlte, wie der Boden unter seinen Füßen schwankte, wie das Blut in seinen Adern erstarrte; er sah gelb, er sah rot; er packte Memmo bei der Brust, schleuderte und spie ihm die blutigsten

Schmähungen ins Gesicht; Memmo ließ ihn lachend gewähren. Nur sagte er ihm nach einer Weile:

»Höre, Gigi, wenn du um sieben auf dem Gelände sein willst, wird es Zeit für dich. Es macht einen besseren Eindruck, wenn du pünktlich bist.«

Und von der Höhe der Treppe herab rief er ihm, noch immer mit den Hosen in der Hand, nach:

»Hals- und Beinbruch, mein Lieber, Hals- und Beinbruch!«

Seine Majestät

Die Auflösung des Gemeinderats und die Ankunft des Königlichen Kommissars aus Rom hatten für die Bürger von Costanova nicht nur eine tragische, sondern auch eine komische Seite.

An jenem Tage schlug sich Melchiorino Palí mit den beiden Händchen, die sich in einem Paar alter, grauer, an den Spitzen durchlöcherter Handschuhe verloren, auf die Brust und beteuerte unaufhörlich:

»Aber wir werden sie machen, die Revolution... on. Wir!«

Seine Kollegen vom Gemeinderat (dem *schlecht gewordenen Gemeinderat*, wie der Saalwächter brummte, ein altes Männchen aus der Toskana, das nach damaliger Sitte zum sozialistischen Eisenbahnerbund gehörte), sie hatten nach langer Debatte beschlossen, den Gast, ungeachtet dessen, daß er ihr politischer Gegner war, am Bahnhof zu empfangen, und waren mit Gehrock und Zylinder erschienen. Palí hatte versucht, sie davon abzubringen, und ihnen bewiesen, daß man sich dazu auf keinen Fall herablassen dürfe. Aber es war ihm nicht gelungen, und schließlich war auch er mitgekommen. Mit seinem ärmlichen Alltagsanzug jedoch. Zum Zeichen des Protestes.

Das kleine Männchen mit dem roten Bart, der blauen Brille und einem abgetragenen, steifen Hut, der ihm, die Ohren unter dem Rand herabdrückend, fast bis auf den Nacken rutschte, gebeugt unter der Last eines schweren tabakfarbenen Überziehers, fuhr unter wütenden Gebärden fort, sich seinen Ärger von der Seele zu reden. Aber da keiner der Kollegen mehr auf ihn hörte, wandte er sich jetzt hauptsächlich an die bebilderten Plakate, die an den Wänden des Wartesaals hingen.

Der alte Saalwärter genoß inzwischen, ein hämisches Lächeln um die Lippen, das Schauspiel.

Auf einem dieser Plakate bot ein kräftiges, halsfreies Mädchen lachend ein Glas Bier mit hoher Schaumkrone an, wie wenn es den Rasenden zum Schweigen bringen wollte. Umsonst.

»Revolution! Revolution!« fuhr Melchiorino Palí fort, der, wenn er aufgeregt war, zwei- oder dreimal die letzten Silben der Wörter zu wiederholen pflegte, als mache er selbst sich das Echo: »on... on...«

Er war nicht so sehr über die Auflösung des Gemeinderats aufgebracht (es war ihm vollkommen schnuppe ...uppe ...uppe, kein Ratsherr mehr zu sein), als über das ekelerregende Schauspiel, das die Regierung der ganzen Nation gab, indem sie schamlos mit der sozialistischen Partei paktierte und sich vor der Handvoll Spitzbuben beugte, die mit der roten Nelke im Knopfloch durch Costanova stolzierten und vom Abgeordneten Mazzarini protegiert wurden, der zwar für den Wahlkreis zuständig war, aber in Costanova nicht mehr als zweiundzwanzig Stimmen ...immen erhalten hatte.

Das alles war zweifellos eine Rache Mazzarinis, der bei der Abreise nach Rom geschworen hatte, der Gemeinde, die ihm so grimmige Feindschaft bewiesen, einen Denkzettel zu geben. Aber war die Auflösung des Gemeinderats vielleicht ein Denkzettel? Albernheiten! Melchiorino Palí betrachtete die Frage von höherer Warte ...arte. Zehn, zwanzig, dreißig Lire am Tag einem Angestellten der Tram, einem Eisenbahner? Mit vier, fünf Monaten Lehrzeit, wenn überhaupt! Und ein Gymnasialprofessor, ein Richter, die zwanzig Jahre haben studieren und unerhört schwierige Prüfungen bestehen müssen, um ihr Diplom zu erhalten, die bekamen sie nicht, sie bekamen nicht dreißig Lire am Tag! Und dann noch all das Mitgefühl und all die Sorge für dieses sogenannte Proletariat ... at ... at!

An diesem Punkt, man weiß nicht, wie es kam, löste sich das Plakat mit jener halsfreien Schönen, die es anscheinend satt hatte, das Bierglas erfolglos einem hinzuhalten, der mit so wütenden Gebärden auf sie einredete, von der Wand und stürzte überraschend auf das Ledersofa, auf welchem der Ex-Bürgermeister, Cav. Decenzio Cappadona saß.

»Ah, der Nagel hat nachgegeben!« rief der alte Saalwärter grinsend und eilte herbei.

Cappadona sprang fluchend auf und gab Melchiorino Palí, der noch mit offenem Mund und den zehn Fingern in der Luft verharrte, einen so wütenden Stoß, daß dieser auf einen der Kollegen fiel.

»Aber was habe ich damit zu schaffen? Was weiß ich zum Henker, ob der Nagel sich löst!« empörte sich Palí. Dann stellte er sich vor jenen Kollegen und perorierte, ihn am Knopf seines Fracks fassend: »Scheint dir das nicht einleuchtend? Denn ich bin einverstanden, jawohl: dreißig Lire am Tag dem Angestellten der Tram, dem Eisenbahner ... ahner! Ich bin dabei! Dann aber gebt dem Richter, dem Professor hundert ... Hundert, sonst – bei Gott – werden wir sie machen, die Revolution ... on ... bei Gott! Wir!«

Der Kollege betrachtete seinen Knopf. Er trug

einen ausgedienten Zylinder, aber er trug ihn mit so viel Würde und hatte sich mit so viel Sorgfalt hergerichtet, daß er bei diesen Reden wie auf Kohlen stand und beistimmte und schnaubte und die Augen verdrehte. Schließlich hielt er es nicht mehr aus: er ließ Palí stehen und näherte sich dem Cavaliere Cappadona, um ihn zu bitten, er möchte seine Autorität geltend machen und jenen Rasenden zum Schweigen bringen. Es sei eine Ungehörigkeit, ein solches Geschrei zu machen, und überhaupt in so schäbigen Kleidern zu kommen. Nein, es sei wirklich kompromittierend!

Aber der Cavaliere Decenzio Cappadona, der schon wieder seine Fassung zurückgewonnen hatte und eine geistesabwesende und tiefsinnige Miene zur Schau trug, machte nur eine leichte Bewegung mit der Hand und fuhr fort, sich seinen königlichen Spitzbart zu streichen.

Man nannte ihn *Seine Majestät* in Costanova, weil er das genaue Ebenbild Vittorio Emanueles II. im Jagdanzug war: die gleiche Statur, der gleiche Schnurrbart, der gleiche Spitzbart, die gleiche, etwas aufwärts gerichtete Stupsnase; kurz, Vittorio Emanuele II. *purus et putus, putus et purus,* wie der Notar Colamassino, der des Lateinischen mächtig war, zu sagen pflegte.

Auch er, der Cavaliere Cappadona, war in Alltagskleidern gekommen; aber was lag daran! Es war allbekannt, daß er niemals, auch nicht bei den feierlichsten Gelegenheiten, seinen prachtvollen, samtenen Jagdanzug wechselte, und niemals die Stiefel und den breitkrempigen Hut mit der Feder auf der Seite, die haargenau denen entsprachen, die der große König auf dem berühmten Porträt trug, das dem Cavaliere Decenzio als Modell diente.

Die bösen Zungen behaupteten, es sei einzig und allein diese ungewöhnliche Ähnlichkeit, die ihm das Recht gebe, Bürgermeister von Costanova zu sein, und er habe in seinem ganzen Leben nichts anderes studiert als das Porträt des ersten italienischen Königs, dieses allerdings mit der größten Aufmerksamkeit.

Der zweite Vorwurf mochte vielleicht nicht ganz unbegründet sein: der erste war es bestimmt.

Es genügte tatsächlich nicht einmal in jenen Zeiten, daß man dem König ähnelte, um Bürgermeister einer italienischen Stadt zu werden. Sicher ist jedenfalls, daß fast in jeder Stadt irgendein Mensch Vittorio Emanuele II. glich, oder sich ihm oder Umberto I. zu gleichen bemühte, ohne daß er deshalb auch nur Gemeinderat geworden wäre.

In der Tat war noch etwas anderes vonnöten.

Und dieses andere besaß der Cavaliere Decenzio Cappadona. Als Millionär konnte er sich das Vergnügen leisten, alle moralische und materielle Aktivität, deren er fähig war, ausschließlich im *Beruf* dieser Ähnlichkeit zu entfalten.

In Costanova war er König, sein Haus ein Königspalast; auf seinen Gütern unterhielt er ein zahlreiches Gefolge von uniformierten Flurhütern, die so etwas wie sein Heer darstellten; alle Einwohner des Ortes, mit Ausnahme jenes Häufleins von Narren, die der Republikaner Leopoldo Paroni anführte, waren ihm gegenüber mehr Untergebene als Wähler; er hatte einen prachtvollen Rennstall, eine wertvolle Meute von Hunden; er liebte die Frauen, er liebte die Jagd; wer war also Vittorio Emanuele ähnlicher als er?

Nun mußte während der letzten Verwaltungsperiode einer der Assessoren irgendeine kleine Dummheit begangen haben, der Cavaliere Decenzio wußte es nicht genau: er war König, er regierte und gab sich nicht mit Verwaltungsgeschäften ab. Jedenfalls war der Gemeinderat aufgelöst worden. Alle Augenblicke mußte der Königliche Kommissar eintreffen; der Cavaliere Decenzio hatte sich zum Bahnhof bemüht; er würde ihn höflich empfangen, in der Gewißheit, daß auch dieser vorübergehend sein ergebenster Untertan werden würde; neue Wahlen würden ausgeschrieben, und er wieder zum Bürgermeister gewählt, zum König ausgerufen werden, daran konnte kein Zweifel sein.

Die elektrische Meldevorrichtung begann zu klingeln. Der Cavaliere Cappadona gähnte, stand auf, schlug sich mit der Reitpeitsche auf die Stiefel, indem er sein gewohntes: »Schön... schön...« hören ließ, und begab sich, von den andern gefolgt, unter das Schutzdach des Bahnhofs. Melchiorino Palí wiederholte noch einmal, daß wir sie machen müssen, die Revolu..., aber da erblickte er zwei Schutzleute an der Tür zum Wartesaal, und die letzten Silben des Wortes blieben ihm in der Kehle stekken: nur das unvermeidliche Echo ließ sich bald darauf, abgeschwächt, vernehmen: »On... on...«

Das Horn des Schrankenwärters tönte in der Ferne: man hörte das Pfeifen des Zuges.

»Signal!« befahl der Stationsvorsteher, der sich genähert hatte, um den Cavaliere Cappadona ehrerbietigst zu begrüßen.

Schon kommt der Zug, majestätisch stampfend. Alle stellen sich in eine Reihe, in der gespannten und erregten Erwartung, die die Einfahrt der Eisenbahn mit ihrem achtunggebietenden Geschnauf auszulösen pflegt; die Schaffner laufen herzu, öffnen die

Türen und rufen: Costanova! Costanova! Aus einem Wagen erster Klasse streckt ein langer, blasser, kurzsichtiger Kerl mit einem blonden Chinesenschnurrbart dem Träger einen Koffer heraus und sagt leise:

»Königlicher Kommissar.«

Die Wartenden betrachten ihn enttäuscht, sich heimlich mit den Ellbogen anstoßend; schon tritt der Cavaliere Decenzio Cappadona mit seiner königlichen Haltung vor, als plötzlich – ist es ein Scherz? eine Halluzination? – hinter dem langen Kurzsichtigen majestätisch ein anderer Vittorio Emanuele II. den Fuß auf den Wagentritt setzt, einer, der Vittorio Emanuele II. noch mehr ähnelt als selbst der Cavaliere Decenzio Cappadona.

Die beiden Männer, sich so einander gegenüberstehend, betrachten sich starr vor Staunen. Keiner der Ex-Gemeinderäte wagt vorzutreten; auch der Stationsvorsteher, der sich vorgenommen hatte, den Ex-Bürgermeister dem Königlichen Kommissar vorzustellen, bleibt wie angenagelt auf seinem Platz; und der andere Vittorio Emanuele II., der Commendatore Amilcare Zegretti nämlich, der erwartete Königliche Kommissar, schreitet durch die Reihe jener Fassungslosen und begibt sich unter dem scharfen Knirschen seiner Schuhe, das seine grimmige

Wut auszudrücken scheint, in den Wartesaal, gefolgt von seinem hochaufgeschossenen Privatsekretär.

»Ru… ru… ru…«

Die Stimme versagt ihm. Der andere wagt inzwischen nicht, die Augen zu erheben und ihn anzuschauen.

»Rufen Sie mir den Sta… Stationsvorsteher, bitte.«

Dieser ist unter dem Bahnhofsdach stehengeblieben und schaut nacheinander die alle noch ganz betäubten Mitglieder des aufgelösten Gemeinderats und den Cavaliere Decenzio Cappadona an, der völlig erstarrt und fast von Verstand gekommen ist. Der Privatsekretär nähert sich, schüchtern, unsicher, dem Bahnhofvorsteher:

»Entschuldigen Sie, Herr Vorsteher, auf ein Wörtchen!«

Der Stationsvorsteher eilt dienstfertig zum Wartesaal und findet dort den Commendatore Zegretti mit aufgerissenen und blitzenden Augen, die eine Hand in nachdenklicher Haltung so unter die Nase gebreitet, daß man denken könnte, er wollte seinen Schnurrbart und was darunter ist, verbergen.

»Jene… jene Herren, entschuldigen Sie…«

»Der aufgelöste Gemeinderat, jawohl, mein Herr. Eigens gekommen, um Sie zu begrüßen, Herr Commendatore.«

»Danke schön, und... ist auch, verzeihen Sie, ist auch der... wie heißt er noch?«

»Der Ex-Bürgermeister? Cavaliere Cappadona, jawohl, mein Herr. Er wäre vielmehr gerade...«

»Schon gut, schon gut. Danken Sie ihm sehr, aber sagen Sie, daß ich gekommen bin, um eine... eine kleine Untersuchung durchzuführen, das ist's. Es wäre also nicht angezeigt... Wir werden uns im Rathaus sehen. Rufen Sie mir bitte meinen Sekretär. Wo ist er denn geblieben?«

Der Sekretär wurde draußen von den Mitgliedern des aufgelösten Gemeinderates belagert. Melchiorino Palí hatte brutal die Alternative gestellt:

»Entweder rasiert sich der eine, oder es rasiert sich der andere.«

Aber wie denn! Aber nein! Rasieren mußte sich auf jeden Fall der Ankömmling; denn die Ähnlichkeit Cappadonas mit Vittorio Emanuele II. war allgemein bekannt, und würde er sich rasieren und der Königliche Kommissar an seiner Statt Costanova als Vittorio Emanuele betreten, so wäre ein Skandal unvermeidlich. Ein unerhörter Skandal, denn in Costanova stellte die Ankunft des Königlichen Kommissars eine richtige Sensation dar. Ein allgemeines Pfeifkonzert würde ertönen; der ganze Ort würde platzen vor Lachen; selbst die Häuser von Costanova würden von einem Anfall schrecklicher Heiterkeit erschüttert werden; selbst die Pflastersteine der Straßen würden herausspringen und sich wie lauter Zähne in konvulsivischem Lachen entblößen.

»Mazzarini! Mazzarini!« überschrie Melchiorino Palí alle anderen. »Er ist es gewesen, der Abgeordnete Mazzarini! Das ist die Rache, die er uns geschworen hat! Der Denkzettel! Er hat ihn in Rom ausgewählt, den Königlichen Kommissar für Costanova ...ova ...ova... Der Schurke! Beleidigung des Andenkens des Bildes unseres großen Königs! Lächerlichmachung, Attentat auf das Ansehen der Autorität!«

Man mußte es auf jeden Fall verhindern; man mußte schleunigst nach einem vertrauenswürdigen Barbier schicken und an Ort und Stelle, im Wartesaal, den Königlichen Kommissar bereden, wenigstens den Spitzbart zu opfern... ja, und auch etwas vom Schnurrbart, bevor er den Ort betrat.

Aber wer nahm es auf sich, dem Commendatore Zegretti einen solchen Vorschlag zu unterbreiten?

Der Cavaliere Decenzio Cappadona hatte sich mit düsterer Miene entfernt und ließ mit der Reitpeitsche seine Wut an den unschuldigen Rauten und Berberitzen aus, die in den Spalten des halbverfallenen Geländers wuchsen, welches als Bahnhofssperre dient.

»Marcocci!« donnerte in diesem Augenblick der Commendatore Zegretti von der Schwelle des Wartesaals her.

Der arme Sekretär, förmlich zu Boden gedrückt unter der Last des Auftrags, den ihm die ehemaligen Gemeinderäte erteilt hatten, eilte herbei wie ein Hund, der schon die bevorstehenden Prügel schnuppert.

»Einen Wagen!«

»Warten Sie... Ich bitte um Vergebung, Herr Commendatore...«, versuchte Marcocci zu sagen. »Wenn... wenn Sie so gütig wären... sagten die Herren dort... und, bevor Sie den Ort betreten... sich gleich hier... sagten die Herren dort... denn, Sie haben es ja gesehen, es ist hier einer, der... der Ex-Bürgermeister, haben Sie ihn gesehen? Nun sagten die Herren dort...«

»Machen Sie's kurz und sagen Sie, was Sie wollen!« fuhr ihn Zegretti an.

»Jawohl, mein Herr... gleich hier könnte man... wenn Sie die Güte besäßen... sagten die Herren drüben... einen... wie sagt man? rufen lassen, und Sie könnten sich ein wenig, ein ganz klein wenig... den Schnurrbart, nur den Schnurrbart, Herr Commendatore... sagten die Herren dort.«

»Was?« brüllte der Commendatore Zegretti auf und trat nahe an ihn heran, gleichsam als wolle er, angefüllt bis zum Rand von Wut und Unwillen, vor ihm explodieren. »Wissen Sie, daß ich jetzt hier die erste Autorität am Platze bin?«

»Jawohl, aber freilich, jawohl! Wie sollte ich es nicht wissen?«

»Na also! Einen Wagen! Marsch!«

Und er ging voran, mit herausgedrückter Brust, gerunzelter Stirn, selbstbewußt zur Schau gestelltem Schnurrbart und hocherhobener Nase.

Natürlich geschah in Costanova, was die Mitglieder des aufgelösten Gemeinderates leider vorausgesehen hatten.

Eine grimmigere Rache hätte der Abgeordnete Mazzarini nicht nehmen können, nicht nur an dem Cavaliere Decenzio Cappadona, seinem erbitterten Gegner, sondern auch an der bestehenden Autorität; er, der Sozialist.

Die Gemeinde Costanova war rückständig und konservativ? Dann mußten zwei Könige her! Von denen der eine das Ebenbild des andern, und der eine der erklärte Feind des andern war!

Als nun der Commendatore Zegretti im großen Saal des Rathauses, wie ein Löwe im Käfig auf und ab gehend, daran dachte, wie jener Abgeordnete in Rom für ihn eingetreten war, damit er und kein anderer als Königlicher Kommissar nach Costanova geschickt werde; als er sich der großen Befriedigung erinnerte, die er angesichts jener Verwendung empfunden hatte, zitterte und bebte er vor Wut, zerrte an seinem Schnurrbart, daß er die ganze Oberlippe hin und her zog, glättete den großen Kinnbart, grub sich die Nägel in die Handflächen, sah rot!

Wie sollte er den Königlichen Kommissar in dieser Gemeinde spielen, in der er sich nicht zeigen konnte, ohne auf der Stelle ein schallendes Gelächter auszulösen?

Wäre jener andere nicht gewesen, er hätte gewiß mit seinem Aussehen, das Ergebenheit vor der Monarchie, einen fast fanatischen Kult der Erinnerung an den großen König bezeugte, größere Ehrerbietung gefunden. Aber so... Und wenn einer nach Rom an die Zeitungen darüber berichtete, ein Abgeordneter darüber in der Kammer sprach?

Bei diesen Gedanken fühlte der Commendatore Zegretti immer mehr seine innere Unruhe wachsen; er ging auf und ab, blieb stehen, machte wieder ein paar Schritte und hielt erneut inne, indem er jedesmal schnaubte und die Fäuste in der Luft schüttelte.

Jener Rathaussaal war ein Prachtstück mit seiner

in Felder abgeteilten, erhaben gearbeiteten, goldverzierten Decke. Der Cavaliere Decenzio Cappadona hatte ihn auf eigene Kosten prunkvoll dekorieren und ausstatten lassen. An der hinteren Wand thronte ein großes Ölgemälde, ein Porträt des ersten Königs von Italien, das Cappadona selbst in Costanova von einem durchreisenden Maler hatte anfertigen lassen, und bei dem er Modell gesessen hatte.

Dummkopf, Hanswurst! Wann ist je Vittorio Emanuele II. so schwarz gewesen?

Dunkelblond und blauäugig: das war Vittorio Emanuele II., so wie er, kurz – der Commendatore Zegretti, der deshalb fast ein natürliches Recht darauf hatte, sich öffentlich zu dieser Ähnlichkeit zu bekennen. Da hätte ja jeder hergelaufene Spitzbube als Vittorio Emanuele II. auftreten können, wenn er nur eine Stupsnase und ein wenig Haarwuchs im Gesicht hatte und die Farbe der Augen und Haare nicht mehr zählen sollte!

Mehr als einer in Costanova gab dem Königlichen Kommissar recht, das heißt, er vertrat die Meinung, daß dieser wirklich mit seinen Kalbsaugen mehr als Cappadona Vittorio Emanuele II. glich; andere wieder waren gegenteiliger Ansicht, und der Streit wurde von Tag zu Tag heftiger. Kaum sah man den Kommissar vorbeigehen, so verließen alle ihre Läden und Werkstätten, traten unter die Tür und blieben stehen, um ihn zu betrachten:

»Was für ein schöner Mann! Prächtig! Schaut doch nur!«

Die allerkomischste Szene aber spielte sich ganz ohne Zuschauer im Rathaussaal ab, wo sie sich eines Morgens denn doch gegenübertreten mußten, die beiden Vittorio Emanueles. Und noch ein dritter war zugegen, lebensgroß in Öl gemalt, der von der Wand herab den Anblick der beiden genoß, die sich da drunten beschnüffelten.

Eine große Menschenmenge hatte sich an jenem Morgen auf die Meldung von der Vorladung hin, die der Königliche Kommissar an Cappadona hatte ergehen lassen, um ihn über die letzte Verwaltungsperiode zu verhören, vor dem Rathaus versammelt. Man kann sich also die Stimmung vorstellen, in der der Cavaliere Decenzio sich durch diesen Menschenauflauf zur Zusammenkunft begab; und die Stimmung des Commendatore Zegretti, zu dem vom Platz der dumpfe Lärm emporstieg.

Außer dem Hohn, der offenkundig der Neugier all jener Müßiggänger zugrunde lag, bereitete noch etwas anderes dem Cavaliere Cappadona heimlichen Verdruß.

Obwohl sehr freizügig, wachte er doch eifersüchtigst über alle Geschenke, die er der Gemeinde gemacht hatte.

Nun hatte er seit mehreren Tagen, wenn er am Rathaus vorbeiging, alle vorderen Fenster, die eben die des großen Saales waren, sperrangelweit der Sonne geöffnet gesehen. Arme Vorhänge, arme Möbel, bei diesem grellen Licht! Und wer weiß, wieviel Staub! Welche Unordnung!

Schon als er, vom Sekretär Marcocci geführt, den großen Perserteppich, der vom einen Ende zum andern den Fußboden bedeckte, in wirklich bemitleidenswertem Zustand sah, fast als wäre eine Schweineherde darüber gezogen, fühlte er sein Blut in Wallung kommen. Und als er sah, wie ihn der andere ohne die geringste Achtung empfing, krampften sich ihm die Hände zusammen. Dieser Eindringling, meine Herren! Dieser Eindringling, der sich als ein solcher Flegel erwies, so unwürdig, sich in einem so prunkvoll ausgestatteten Raum aufzuhalten – wagte bei all dem noch, das Bildnis eines Königs nachzuäffen.

Der Commendatore Zegretti saß vor einem eleganten Schreibtisch, auf dem sich die Papiere häuften, die er sich in den Saal hatte bringen lassen, und schrieb. Ohne auch nur aufzublicken, sagte er trokken: »Setzen Sie sich!«

Aber Cappadona hatte schon von selbst, ohne auf die Aufforderung zu warten, auf dem Sessel ihm gegenüber Platz genommen.

Der Königliche Kommissar begann, immer noch mit gesenkten Augen, dem Ex-Bürgermeister den Grund darzulegen, weshalb er ihn hatte zu sich rufen lassen.

Nach einer Weile sprang Cappadona, ihn grimmig anblickend, mit geballten Fäusten auf.

»Verzeihen Sie«, sagte er, »könnten Sie nicht wenigstens die Fenster ein wenig schließen lassen?«

In diesem Augenblick ertönten zwei, drei Pfiffe aus der Mitte der auf dem Platz versammelten Menge.

Der Commendatore Zegretti hob, sich den Schnurrbart mit ernster Miene streichend, den Kopf und sagte:

»Oh, ich habe keine Angst, wissen Sie!«

»Wer sagt etwas von Angst?« erwiderte Cappadona. »Ich sage das wegen der armen Vorhänge, wegen des armen Teppichs... Sie werden verstehen...«

Der Commendatore Zegretti betrachtete die Vorhänge, betrachtete den Teppich, ließ sich in den Sessel zurückfallen und seufzte, indem er seinen imponierenden Spitzbart strich:

»Hm! Ich arbeite gern bei Sonnenlicht, wissen Sie!«

»Ach«, kreischte Cappadona, »wenn dabei nur nicht die Teppiche in die Binsen gingen… Natürlich ist Ihnen das schnuppe; aber wenn Sie gestatten, darf ich Ihnen mitteilen, daß mir daran liegt, weil die Sachen mir gehören.«

»Allenfalls der Gemeinde…«

»Nein! Mir, mir, mir. Auf meine Kosten angeschafft! Mir gehört der Stuhl, auf dem Sie sitzen; mir der Schreibtisch, auf dem Sie schreiben. Alles, was Sie hier sehen, gehört mir, mir, mir, ist mit meinem Geld gekauft, daß Sie es nur wissen! Und wenn Sie sich ein wenig zum Fenster bemühen wollen, zeige ich Ihnen dort das Schulgebäude, von dem ich den Grundriß habe machen lassen, das ich auf meine Kosten habe erstellen und vollständig ausstatten lassen: ich! Und da ist noch das Technikum, das Herr Mazzarini, Abgeordneter des Wahlkreises, bei der Regierung nicht durchzusetzen vermochte, wie es seine Pflicht gewesen wäre, und das ich auf meine Kosten unterhalte: ich! Wenn Sie ein wenig aufstehen und ans Fenster kommen wollen, zeige ich Ihnen weiter draußen ein anderes Gebäude, das Krankenhaus, das ebenfalls von mir, auf meine Kosten gebaut und eingerichtet worden ist und von mir unterhalten wird… Und das ist jetzt der Lohn! Man schickt mir Sie hierher: warum eigentlich? Ich warte darauf, daß Sie es mir sagen... Erklären Sie mir doch nur, zu welchem Zweck Sie hierher gekommen sind, Sie... Aber ich sehe schon, ich sehe schon...«

Und der Cavaliere Decenzio Cappadona betrachtete, die Arme reckend, den zugrunde gerichteten Teppich.

Mit gespielt kühler Ruhe sagte der Commendatore Zegretti, indem er die Augenbrauen halbmondförmig hochzog:

»Nun, ich bin hier, um zu sehen, was Sie eigentlich getan haben.«

»Ich habe es Ihnen gesagt, was ich getan habe! Und die Beweise liegen vor Ihnen: die ganze Gemeinde kann für mich antworten! Aber wer sind Sie eigentlich? Was wollen Sie denn von mir?«

»Ich vertrete hier die Regierung!« antwortete, sich verdüsternd, der Commendatore Zegretti und stützte beide Arme auf den Schreibtisch.

Cappadona schüttelte sich dreimal mit dem ganzen Körper:

»Mitnichten, mein Herr! Was für eine Regierung! Glauben Sie nur das nicht! Ich will es Ihnen sagen, was Sie hier vertreten.«

»Nun aber genug!« schrie der Königliche Kommissar, indem auch er aufsprang. »Ich kann auf keinen Fall dulden, daß Sie sich auf diese Weise vor mir aufspielen!«

Und die beiden Vittorio Emanueles blickten sich endlich voll ins Gesicht, bleich und bebend vor Wut.

»Ich mich aufspielen?« grinste Cappadona. »Mir scheint, Sie spielen sich auf. Sie haben nicht einmal für nötig befunden, aufzustehen, als ich hereingekommen bin, wie wenn Herr Niemand eingetreten wäre, hier, wo doch schließlich und endlich alles mir gehört.«

»Davon weiß ich nichts, ich will und darf diese Dinge nicht wissen!« antwortete, immer erregter, der Commendatore Zegretti. »Hier ist der Sitz der Gemeindeverwaltung.«

»Sehr gut! Der Gemeindeverwaltung! Kein Stall also!«

»Sie beleidigen mich!«

»Wie Sie glauben!«

»Ah? Dann fordere ich Sie auf, den Raum zu verlassen! Dort ist die Tür!«

Und der Commendatore Zegretti wies mit gebieterischer Gebärde die Richtung.

Nun sah man die beiden Könige aufeinander losgehen: die Schnurrbärte zitterten, es zitterten die Spitzbärte, und die Stupsnasen bebten.

»Das mir?« donnerte der einheimische Vittorio Emanuele.

Seine Stimme wurde auf dem Platze draußen gehört, und drohend erhob sich ein Sturm von Pfiffen und verworrenem Geschrei.

»Ihnen in eigenster Person, jawohl, mein Herr! Denn ich habe keine Angst!« brauste, leichenblaß, der Commendatore Zegretti auf. »Und wenn ich hier, in diesen Papieren, irgendeine Unregelmäßigkeit finde...«

»Dann lassen Sie mich wohl einsperren?« vollendete Cappadona grinsend. »Aber versuchen Sie es doch, versuchen Sie es! Sie werden sehen, was hier geschieht... Sie vertreten hier nichts als eine Handvoll Halunken, die von diesem Erzhalunken Mazzarini, dem sozialistischen Abgeordneten, dem Feind des Vaterlandes und des Königs, aufgehetzt worden sind, haben Sie verstanden? Von einem Feind des Königs, des Königs: das sage ich Ihnen ins Gesicht, der Sie sich in so unwürdiger Weise maskiert haben!«

Der Commendatore Zegretti zuckte zusammen:

»Ich maskiert?« sagte er. »Was soll das heißen?... Und Sie? Es fehlt Ihnen nicht an Mut, bei Gott! Machen Sie, daß Sie fort kommen! Hinaus mit Ihnen! Ich maskiert? Aber wo und wann haben Sie

Vittorio Emanuele je gesehen, den Sie hier in diesem Porträt haben verleumden lassen? Vittorio Emanuele II. war keineswegs so schwarz, wissen Sie, wie Sie ihn sich vorstellen.«

»Ah? Wie war er denn? Rot? Republikaner? Sozialist wie Sie? Schutzherr der Halunken? Rasieren Sie sich! Rasieren Sie sich! Es wird Ihnen besser zu Gesicht stehen! Und profanieren Sie nicht das Bildnis des Königs! Genug, mehr habe ich nicht zu sagen. Bei den nächsten Wahlen werden wir sehen!«

Und der Cavaliere Decenzio Cappadona verließ mit flammendem Gesicht, zornschnaubend den Rathaussaal.

Drunten auf dem Platz wurde er von lärmendem Beifall empfangen. Den vertrautesten Freunden, die ihn ängstlich gespannt erwarteten, konnte er nichts antworten als:

»Das gibt ein Blutbad, mein Ehrenwort!«

Und zwischen den beiden Königen begann ein Kampf auf Leben und Tod.

Wie vorherzusehen, mußte der Commendatore Zegretti unterliegen, da Cappadona den ganzen Ort auf seiner Seite hatte.

Kaum zeigte sich Zegretti auf der Straße, so riefen ihn zwei, drei an:

»Cavaliere! Herr Bürgermeister!«

Er suchte das Weite; aber da rannte ein vierter hinter ihm her, schlug ihm freundschaftlich auf die Schulter: »Lieber Decenzio!«

Er fuhr zusammen, seine Augen sprühten Funken.

»Ah, entschuldigen Sie, Herr Commendatore! Ich glaubte, Sie seien der Cavaliere Cappadona... Sie werden verstehen! Entschuldigen Sie...«

Ja, selbst im Rathaus blieb er nicht unbehelligt. Den Korridor entlang hatte man mehrere Türen zugemauert; aber da und dort waren in den dicken Mauern kleine Vertiefungen geblieben, die wie Nischen aussahen; aus jeder sprang ein kleiner Junge hervor, wenn der Commendatore vorüberging. Ein militärischer Gruß, ein Schrei: »*Majestät!*« und auf und davon.

Der Commendatore Zegretti entließ daraufhin den Türhüter, einen armen Alten, dem man aus Barmherzigkeit die Stelle gegeben hatte und der völlig schuldlos war. Er vertraute nämlich die Überwachung des Eingangs seiner Frau an und ging den ganzen Tag umher, indem er mit lauter Stimme seine Dienste als Barbier anbot.

Der Alte klagte dem Cavaliere Cappadona sein Unglück. *Seine Majestät* versprach ihm, daß er nach den Wahlen wieder in Dienst gestellt würde, und gab inzwischen ihm und seiner Familie zu leben. Mit zufriedenem Gesicht zeigte das Männchen dem Cavaliere Cappadona sein Rasiermesser:

»Das schwöre ich Ihnen, Cavaliere, wenn ich den kriege, nehme ich ihn beim Schopf und schere ihn, ob er will oder nicht! Schnurr- und Spitzbart, Herr Cavaliere!«

Diese Drohung kam dem Commendatore Zegretti zu Ohren, der sich von da an durch zwei Schutzleute begleiten ließ, wenn er ausging. Und als Antwort von weitem Pfiffe, Schreie und anderer respektloser Lärm, der bis zum Himmel stieg.

Noch schlimmer wurde es, als sich der Sekretär Marcocci, der seit seiner Ankunft unglaublich blaß und noch kurzsichtiger geworden war, eines Abends, in einem Abstellraum nach ein paar Papieren suchend, unglücklicherweise mit der Kerze, die er in der Hand hielt, die eine Seite seines blondlichen Chinesenschnurrbarts verbrannte und deshalb gezwungen war, sich auch die andere abzurasieren.

Die ganze Stadt begleitete ihn tags darauf, als man ihn so rasiert sah, im Triumph zum Rathaus, als wenn der Arme sich rasiert hätte, um der Gemeinde Costanova eine Genugtuung und seinem Chef ein gutes Beispiel zu geben.

Der Commendatore Zegretti ließ sich nicht mehr im Ort blicken. Der Wahltag war nahegerückt. Da er den Ausbruch des allgemeinen Jubels über den unzweifelhaften Sieg Cappadonas voraussah, forderte er beim Präfekten der Kreisstadt zur Vorsicht militärische Verstärkung an.

Aber die Bevölkerung von Costanova, gut bezahlt und vom Wein aus den Kellern *Seiner Majestät* ermuntert, ließ sich von jener Verstärkung nicht einschüchtern; und am fraglichen Tag erhob sie sich zu einer wilden Demonstration. Die Wachen, die das Rathaus besetzt hatten, gingen scharf gegen die Menge vor; aber die Stöße und Püffe, durch welche die Demonstranten hierhin und dorthin geschleudert wurden, daß sie, von allen Seiten zusammengedrückt, nach Luft schnappten wie die Fische, nützten nichts; jene entfesselten Teufel holten von neuem Atem und schrien lauter als zuvor:

»Nieder mit Zegrettiiii! Nieder mit dem Spitzbart! Rasieren Sie sich! Rasieren Sie siiiich! Es lebe Cappadonaaaa! Rasier dich, Zegrettiiii!«

Ein Höllenlärm.

Aber sich rasieren, nein. Ah, sich rasieren, nein! Lieber hatte sich der Commendatore Zegretti, nicht aus Furcht, sondern um sich dem, der sich unwürdigerweise für das Ebenbild Vittorio Emanueles II. ausgab, nicht geschlagen zu geben, und um nicht in seiner Person das wahre Bild des großen Königs in die

Flucht treiben zu lassen, seit einigen Tagen die Haare auf den Wangen wachsen lassen.

Noch am Abend jenes denkwürdigen Tages verließ er, in tiefer Niedergeschlagenheit, mit einem Bart, der verwildert war wie der eines Kapuzinerpaters, den Ort, während der andere wieder vom Rathaus von Costanova Besitz ergriff, Vittorio Emanuele ähnlicher als je.

Die drei Gedanken des Buckelchens

Bis zu neun Jahren war es gut gegangen: gut zur Welt gekommen, gut gewachsen.

Mit neun Jahren hatte Clementina, wie wenn das Schicksal aus dem Schatten eine unsichtbare Tatze hervorgestreckt und sie ihr auf das Haupt gelegt hätte: – Bis hierher! –, plötzlich zu wachsen aufgehört. So einen Meter über der Erde, oder wenig mehr.

Die Ärzte, ach, die hatten mit ihrer Wissenschaft gleich begriffen, daß sie nicht mehr wachsen würde. Lymphatisch! Kachexie, Rachitis...

Kluge Leute! Aber macht es jetzt den Beinen, dem Körperchen der Clementina begreiflich, daß sie nicht mehr wachsen sollten! Rumpf und Beine, da sie nun einmal seit der Geburt damit begonnen hatten, wollten mit Gewalt weiterwachsen, ohne Vernunft anzunehmen. Und da sie das, unter der schrecklichen Gewalt dieser Tatze, die sie zu Boden drückte, nicht lange mehr konnten, hatten sie sich darauf versteift, krumm und quer zu wachsen: die Beine schief; der Rumpf mit einem Buckel vorne und hinten. Wenn sie nur wuchsen...

Aber wachsen im übrigen nicht auch gewisse Bäumchen so, ganz voller Knoten und Knorren und verkrüppelter Gelenke? Gewiß. Nur mit dem Unterschied, daß das Bäumchen immerhin keine Augen hat, um sich zu sehen, kein Herz, um zu fühlen, keinen Verstand, um zu denken, aber ein armes Buckelchen wohl; daß das verkrüppelte Bäumchen nicht, soviel man weiß, von den gerade gewachsenen verspottet wird, aus Furcht vor dem bösen Blick gemieden, von den Vögelchen geflohen, aber ein armes Buckelchen wohl, gemieden von den Menschen, und sogar von den Kindern; und daß schließlich das Bäumchen nicht zu lieben braucht, weil es im Mai, so krumm es ist, aus eigener Kraft und auf natürliche Weise blüht und im Herbst Früchte tragen wird; während ein armes Buckelchen...

Na ja, es war ein mißlungener Versuch, den man auf keinen Fall mehr gutmachen konnte. Wer einen Brief schreibt, zerreißt ihn, wenn er nicht damit zuwege kommt, und fängt von vorne an. Aber ein Leben? Man kann es nicht zerreißen und wieder von vorne anfangen, das Leben.

Und dann will auch Gott das nicht.

Fast bekäme man Lust, nicht mehr an ihn zu glauben, wenn man gewisse Dinge sieht. Aber Clementina glaubte an ihn. Und sie glaubte gerade deshalb an ihn, weil sie sich so sah. Welche andere, bessere Erklärung hätte es gegeben für all das große Leid, das sie ohne Schuld fürs ganze Leben erdulden mußte, das man nur einmal hat, und das sie ganz und gar so zubringen mußte, als sei es ein Schabernack, ein Scherz, den man eine Minute lang mitmacht, und dann genug!? Dann wieder gerade, aufrecht, schlank, flink, groß, und weg mit allem, was drückt und lastet? Ja freilich! Immer so.

Gott, ach, Gott – das war klar – hatte es so gewollt, aus einer geheimen Absicht. Man mußte so tun, als glaube man daran, aus Mitleid; denn sonst wäre Clementina verzweifelt. Wenn man's ihr dagegen so erklärte, dann konnte sie ihr ganzes großes Leid auch als ein Gut betrachten: ein höchstes und glorreiches Gut. Dort droben, versteht sich. Im Himmel. Was für ein schönes Englein wird unsere Clementina im Himmel sein!

Und wirklich lächelt sie manchmal den Leuten zu, die sie auf der Straße ansehen. Sie scheint zu sagen: »Lacht doch nicht über mich! Seht ihr denn nicht, daß ich die erste bin, die darüber lächelt? Ich bin eben so gemacht; es ist nicht meine Schuld; Gott hat es so gewollt; so seid nicht betrübt darüber, wie ich es nicht bin, denn wenn es Gott gewollt hat, so weiß ich bestimmt, daß er mich dann auch belohnen wird.«

Die Beine übrigens – unter dem Kleid sieht man sie nicht einmal so.

Gott allein weiß, welche Not Clementina hat, diese Beine vorwärts zu bewegen. Und doch lächelt sie.

Die Pein wird noch vermehrt durch die Anstrengungen, die sie macht, um nicht so sehr zu schwanken, um nicht aufzufallen. Unbeachtet durchkommen könnte sie doch nicht. Bucklig ist sie nun einmal. Aber wenn sie mit einer gewissen Behendigkeit, und bescheiden, und lächelnd dahingeht...

Doch ab und zu gibt es einen, der sich grausam zeigt: er beobachtet sie, vielleicht sogar mit mitleidigem Gesichtsausdruck, und überholt sie bald darauf von der anderen Seite, fast als wolle er sich, koste es, was es wolle, Rechenschaft davon geben, wie sie mit diesen Beinen voranzukommen vermöchte. Clementina sieht, daß sie mit ihrem üblichen Lächeln diese erbarmungslose Neugier nicht entwaffnen kann, wird rot vor Ärger, senkt den Kopf; manchmal verliert sie die Selbstbeherrschung, es fehlt nicht viel, daß sie strauchelt, zur Erde rollt; dann möchte sie voller Wut das Kleid hochziehen und diesem Grausamen zuschreien:

»Da! Siehst du es? Und jetzt laß mich in Ruhe ein Buckelchen sein.«

In diesem Viertel ist Clementina noch nicht bekannt. Sie hat seit wenigen Wochen die Wohnung gewechselt. Wo sie vorher gewohnt hatte, kannten sie alle; dort belästigte sie niemand mehr. Bald wird es auch hier so sein. Geduld braucht man! Sie ist sehr zufrieden mit dem neuen Haus, das an einem kleinen, ruhigen und reinlichen Platz steht. Sie arbeitet von morgens bis abends, mit leichter, geschickter Hand, an Schachteln und Säckchen für Hochzeiten und Geburten. Ihre Schwester (Clementina hat eine Schwester, die Lauretta heißt und fünf Jahre jünger ist: aber... gerade gewachsen, und wie! und schlank und schön, blond, blühend) arbeitet als Modistin in einem Geschäft: des Morgens um acht geht sie fort; am Abend um sieben kommt sie wieder nach Hause. Die beiden Schwestern haben sich gegenseitig bemuttert; zuerst Clementina Lauretta; jetzt dagegen sorgt, wenn sie auch jünger ist, Lauretta für Clementina. Warum nicht, wenn diese das Unglück gehabt hat, wie ein kleines Mädchen von zehn Jahren geblieben zu sein!... Lauretta dagegen hat soviel Lebenserfahrung erworben! Wenn sie nicht wäre...

Oft hört Clementina ihr offenen Mundes zu.

Jesus Maria!... Was alles vorkommt!

Und sie versteht jetzt, daß sie mit ihren armen, krummen Füßen niemals die geheimnisvolle Welt wird betreten können, in die Lauretta sie einen Blick tun läßt. Sie fühlt jedoch keinen Neid, wenn auch eine unbestimmte Furcht und eine ängstliche Rührung, Mitleid mit sich selbst. Lauretta wird sich eines Tages in jene Welt stürzen, die für sie gemacht ist; und was wird dann aus der armen Clementina werden? Aber Lauretta hat ihr versichert, hat ihr geschworen, sie nie zu verlassen, auch wenn sie sich verheiraten sollte.

Und Clementina denkt jetzt an diesen zukünftigen Mann ihrer Lauretta. Wer wird es sein? Wie werden sie sich kennenlernen? Auf der Straße vielleicht. Er wird sie ansehen, ihr folgen; eines Abends wird er sie ansprechen. Was werden sie sich sagen? Oh, wie muß es komisch sein, wenn zwei, die sich gern haben, beisammen sind.

So phantasiert Clementina am Tischchen beim Fenster vor sich hin, mit träumerischen Augen, und kann sich nicht entschließen, mit der Arbeit zu beginnen, die vor ihr bereit liegt. Sie schaut hinaus... Was sieht sie denn?

Da ist ein junger Mann, ein schöner, blonder junger Mann mit langen Haaren und Nazarenerbart; er sitzt an einem Fenster des Hauses da drüben, die Ellbogen auf das Fensterbrett gestützt, den Kopf zwischen den Händen.

Ist es die Möglichkeit? Die Augen dieses jungen Mannes sind mit einer seltsamen Eindringlichkeit auf sie gerichtet. Wie blaß er ist... Gott, wie blaß! Er muß krank sein. Clementina gewahrt ihn jetzt zum ersten Male an jenem Fenster. Aber sieh doch, er fährt fort, sie anzuschauen... Clementina gerät in Verwirrung; dann seufzt sie und faßt sich wieder. Der erste Gedanke, der ihr kommt, ist dieser:

›*Er schaut nicht mich an!*‹

Wenn Lauretta zu Hause wäre, würde sie denken, daß dieser junge Mann... Aber Lauretta ist am Tage nie zu Hause. Vielleicht steht am Fenster der Wohnung nebenan ein schönes Mädchen, mit dem der junge Mann eine Liebschaft hat. Aber man könnte wirklich meinen, daß er hierher sieht, daß er sie anschaut. Mit solchen Augen? Ach nein, unmöglich! Oder doch? Er hat ein Zeichen mit der Hand gemacht, der junge Mann: wie einen Gruß! Gilt er ihr? Nein, nicht doch! Bestimmt steht jemand am Fenster.

Und Clementina steigt auf das Schemelchen, das

eigens für sie dort steht, und schaut unauffällig zum Fenster nebenan und dann zum nächsten... sie schaut hinunter, zu den Fenstern des unteren Stocks, dann zu denen des oberen...

Niemand!

Sie wendet einen schüchternen Blick zu dem jungen Mann, und da... ein anderer Gruß, ihr, wirklich ihr... oh, dieses Mal ist kein Zweifel mehr!

Clementina läuft vom Fenster fort, läuft aus dem Zimmer, das Herz in Aufruhr. Was für ein Dummerchen! Aber es ist ein Irrtum, ganz gewiß... Der junge Mann dort muß kurzsichtig sein. Wer weiß, mit wem er sie verwechselt hat... Vielleicht mit Lauretta? Aber ja! Vielleicht ist er Lauretta auf der Straße gefolgt; er wird erfahren haben, daß sie hier wohnt, ihm gegenüber... Aber dann muß er mehr als kurzsichtig, dann muß er ja geradezu blind sein!... Und doch trägt er keine Brille. Ja, ihr Gesicht ist nicht häßlich: es gleicht allerdings ein wenig dem der Schwester; aber der Körper! Vielleicht, wer weiß! als er sie so vor ihrem Tischchen sitzen sah, mit dem Kissen drunter, mag er aus der Ferne die Illusion gehabt haben, Lauretta zu sehen.

Am selben Abend fragt sie die Schwester. Aber die fällt aus allen Wolken.

»Was für ein junger Mann?«

»Da, uns gegenüber! Hast du ihn noch nicht bemerkt?«

»Nein. Wer ist es denn?«

Clementina beschreibt ihn ihr genau; aber Lauretta erklärt, nichts von ihm zu wissen, ihn niemals getroffen, niemals gesehen zu haben, weder aus der Nähe noch aus der Ferne.

Am Tag darauf beginnt das Spiel von vorne. Da sitzt er, in der gleichen Haltung, mit den Ellbogen auf dem Fensterbrett und dem schönen blonden Kopf zwischen den Händen; und schaut sie an, schaut sie an wie am Tag zuvor, mit jener seltsamen Eindringlichkeit im Blick.

Clementina kann nicht den Verdacht haben, daß dieser junge Mann, der so tieftraurig scheint, vielleicht Gefallen daran findet, seinen Spott mit ihr zu treiben. Zu welchem Zweck? Sie ist eine arme Unglückliche, die nie und nimmer den grausamen Schabernack ernst nehmen, anbeißen, sich schmeicheln lassen könnte… Also? Oh, aber sieh doch: er wiederholt das Zeichen von gestern, grüßt sie mit der Hand, neigt mehrere Male den Kopf, als wolle er sagen: – »Dich mein' ich, dich« –, und schmerzlich verbirgt er sein Gesicht in den Händen.

Clementina vermag nicht mehr, dort am Fenster zu bleiben; sie steigt in zitternder Erregung vom

Stuhl herab, und wie ein gehetztes Tierchen späht sie hinter den heruntergelassenen Vorhängen aus dem Fenster des Nebenzimmers. Er hat sich vom Fensterbrett zurückgezogen, schaut nicht mehr hinaus, verharrt jetzt in zweifelnder und niedergeschlagener Haltung; und sieh! von Zeit zu Zeit wendet er sich gegen ihr Fenster, um zu sehen, ob sie wieder da ist. Er wartet auf sie!

Was soll Clementina davon halten? Da kommt ihr dieser andere Gedanke in den Sinn:

›*Er wird nicht sehen, wie es mit mir bestellt ist.*‹

Und um in Ruhe gelassen zu werden, armes Bukkelchen, verfällt sie plötzlich auf diesen Ausweg: sie nähert das Tischchen dem Fenster, nimmt einen Lappen, steigt mit Hilfe eines Stuhls unter vieler Mühe auf das Tischchen, und steht dort, wie um die Fensterscheibe zu putzen. So wird er sie gut sehen können!

Aber es fehlt wenig, daß Clementina nicht hinunter auf die Straße stürzt, als sie bemerkt, daß der junge Mann aufgestanden ist und wütend, erschrokken gestikuliert und ihr Zeichen macht, doch um Gottes willen herabzusteigen: er kreuzt die Arme über der Brust, nimmt den Kopf zwischen die Hände, und schreit, er schreit!

Clementina steigt, so schnell sie kann, von dem

Tischchen herunter, erschrocken, ja, ganz außer Fassung; sie schaut ihn zitternd, mit aufgerissenen Augen an; er streckt die Arme nach ihr aus, wirft ihr Küsse zu.

›*Er ist verrückt*...‹ denkt nun Clementina und preßt die Hände zusammen. ›O Gott, er ist verrückt! Er ist verrückt!‹

Und wirklich bestätigt Lauretta es ihr am Abend.

Durch die Fragen Clementinas neugierig gemacht, hat sie über den jungen Mann Erkundigungen eingezogen, und man hat ihr gesagt, daß er vor Jahresfrist durch den Tod der Verlobten, die dort wohnte, wo sie, Lauretta und Clementina jetzt wohnen, den Verstand verloren hat. Dieser Verlobten hatten sie, bevor sie starb, wegen eines Sarkoms, das sich erneuert hatte, zuerst das eine und dann das andere Bein amputieren müssen.

Ah, das war also der Grund! Clementina fühlt, während sie der Erzählung der Schwester zuhört, wie sich ihre Augen mit Tränen füllen. Um des jungen Mannes oder um ihrer selbst willen? Sie lächelt blaß und sagt dann mit zitternder Stimme zu Lauretta:

»Ich hatte mir's gedacht, weißt du! Er schaute *mich* an...«

Mahnung zur Pflicht

Paolino Lovico ließ sich wie tot auf einen Hocker vor der Apotheke Pulejo auf der Piazza Marina fallen. Er schaute hinein zum Ladentisch und fragte Saro Pulejo, indem er sich den Schweiß abwischte, der ihm von den Haaren in das gerötete Gesicht lief:

»Ist er dagewesen?«

»Gigi? Nein. Aber er muß gleich kommen. Warum?«

»Warum? Weil ich ihn brauche. Weil... Was du alles wissen willst!«

Er behielt das Taschentuch auf dem Kopf, stützte die Ellenbogen auf die Knie, das Kinn in die Hände und blickte zu Boden, düster, mit gerunzelten Brauen.

Sie kannten ihn alle, dort auf der Piazza Marina. Ein Freund ging vorüber:

»He, Paolí?«

Lovico hob die Augen, senkte sie aber gleich wieder und murmelte: »Laß mich doch in Ruhe!«

Ein anderer Freund: »Paolí, was hast du?«

Diesmal riß sich Lovico das Taschentuch vom Kopf und setzte sich anders hin, so daß sein Gesicht fast die Wand berührte.

»Paolí, ist dir nicht gut?« fragte ihn darauf Saro Pulejo hinter dem Ladentisch.

»Herrgott noch mal!« fuhr Paolino Lovico los und stürzte in die Apotheke. »Was zum Dreck kümmerst du dich um mich, kannst du mir das vielleicht sagen? Frage ich dich etwa, ob es dir schlecht geht, ob es dir gut geht, was du hast, was du nicht hast? Laßt mich gefälligst in Ruhe!«

»Herrje«, sagte Saro. »Hat dich die Tarantel gestochen? Du hast nach Gigi gefragt, und ich dachte...«

»Gibt es denn keinen andern als mich auf Erden?« schrie Lovico mit fuchtelnden Händen und funkelnden Augen. »Kann ich nicht einen kranken Hund haben, einen Truthahn mit Husten? Kümmert Euch doch um Eure eigenen Angelegenheiten, bei allen Heiligen – ich weiß nicht, bei wem noch!«

»Ah, da kommt Gigi!« sagte Saro lachend.

Gigi Pulejo trat eilig ein und ging stracks auf das Wandschränkchen zu, um nachzusehen, ob sich in seinem Brieffach Mitteilungen für ihn befänden.

»Grüß dich, Paolí!«

»Hast du's eilig?« fragte ihn Paolino Lovico stirnrunzelnd, ohne den Gruß zu erwidern.

»Ja, sehr«, seufzte Doktor Pulejo, indem er sich den Hut in den Nacken schob und sich mit dem Taschentuch die Stirn fächelte. »In diesen Tagen gibt's nichts zu spaßen, mein Lieber.«

»Hab ich's nicht gesagt?« grinste nun Paolino ärgerlich mit vorgestreckten Fäusten. »Was für eine Epidemie ist ausgebrochen? Cholera? Beulenpest? Krebs, der euch alle wegrafft? Du mußt mich anhören. Sieh mal, der eine Tote ist nicht mehr wert als der andere, ich aber lebe und bin hier. Ich habe das Vorrecht. He, Saro, hast du nichts im Mörser zu zerstoßen?«

»Nein – warum?«

»Na, dann gehen wir!« begann Lovico von neuem, packte Gigi Pulejo beim Arm und zog ihn mit sich fort. »Hier kann ich nicht reden.«

»Langer Diskurs?« fragte ihn der Doktor auf der Straße.

»Endlos!«

»Tut mir leid, mein Lieber, ich habe keine Zeit.«

»Du hast keine Zeit? Weißt du, was ich dann tue? Ich werfe mich unter die Straßenbahn, breche mir ein Bein und zwinge dich, einen halben Tag bei mir zu verbringen. Wo mußt du hin?«

»Zuerst in die Via Butera, hier in der Nähe.«

»Ich begleite dich«, sagte Lovico. »Du gehst hinauf und machst deinen Besuch; ich erwarte dich unten, und dann sprechen wir weiter.«

»Was fehlt dir denn eigentlich, zum Teufel?« fragte ihn Doktor Pulejo, indem er einen Augenblick stehenblieb, um ihn zu betrachten.

Unter den Blicken des Arztes breitete Paolino Lovico die Arme aus, bekam weiche Knie, und all seine Gereiztheit fiel in sich zusammen, als er erwiderte:

»Liebster Gigino, ich bin ein toter Mann!«

Und seine Augen füllten sich mit Tränen.

»Sprich dich aus«, drängte der Arzt, »aber gehen wir weiter. Was ist mit dir los?«

Paolino tat ein paar Schritte, dann blieb er wieder stehen. Und während er Gigi Pulejo am Ärmel zurückhielt, bereitete er ihn in geheimnisvollem Tone vor:

»Schau, ich spreche zu dir wie zu einem Bruder. Oder nein. Der Arzt ist doch wie ein Beichtvater, nicht wahr?«

»Natürlich. Auch wir haben unser Berufsgeheimnis.«

»In Ordnung. Ich spreche also zu dir unter dem Siegel der Beichte wie zu einem Priester.«

Er legte eine Hand auf den Magen und fügte mit einem Blick des Einverständnisses feierlich hinzu:

»Wie das Grab, verstanden?«

Während er nun die Augen weit aufriß und Zeigefinger und Daumen aneinanderhielt, wie um die Worte abzuwägen, die er auszusprechen im Begriffe war, sagte er mit Nachdruck auf jeder Silbe:

»Petella unterhält zwei Familien.«

»Petella?« fragte Gigi Pulejo verwundert. »Wer ist Petella?«

»Petella, der Kapitän, zum Teufel!« stieß Lovico hervor. »Petella von der Allgemeinen Schiffahrtsgesellschaft.«

»Den kenne ich nicht«, sagte Doktor Pulejo.

»Du kennst ihn nicht? Um so besser! Aber trotzdem: wie das Grab, verstanden? Zwei Familien«, wiederholte er mit der gleichen finster gewichtigen Miene. »Eine hier und eine in Neapel.«

»Na und?«

»Ach so. Das scheint dir nicht der Rede wert?« fragte Paolino Lovico, der sich ganz vom Zorn hinreißen ließ, der ihn verzehrte. »Ein verheirateter Mann, der seinen Seemannsberuf in der übelsten Weise ausnützt und anderswo ein zweites Heim gründet, das scheint dir nicht der Rede wert. Das sind krumme Touren, verflucht noch mal!«

»Höchst krumme – wer bezweifelt das? Aber was geht das dich an? Was hast du damit zu schaffen?«

»Was mich das angeht? Was ich damit zu schaffen habe?«

»Entschuldige, ist Petellas Frau eine Verwandte von dir?«

»Nein!« rief Paolino Lovico mit blutunterlaufenen Augen. »Es ist ein armes Wesen, das Höllenqualen leidet! Eine anständige Frau, verstehst du? Die in gemeiner Weise betrogen wird, verstehst du? Vom eigenen Mann! Muß da einer erst verwandt sein, um sich aufzuregen?«

»Aber entschuldige, was kann ich dabei tun?« fragte Gigi Pulejo achselzuckend.

»Wenn du mich nicht zu Ende reden läßt! Schweinerei, dreckige! Eine Schweinewelt! Ein Schweineleben!« schnaubte Lovico. »Eine Hitze zum Verrekken! – Doch nicht genug: Dieser liebe Petella, dieser Herzens-Petella betrügt nicht nur seine Frau, unterhält nicht nur eine zweite Familie in Neapel, nein, er hat von der andern dort auch drei oder vier Kinder und bloß eins von seiner Frau hier. Er will keine weiter haben! Doch die dort, verstehst du, sind unehelich! Bekommt er noch ein paar andere und sie fallen ihm lästig, dann kann er sie rausschmeißen, ohne Umstände. Aber ein eheliches Kind von seiner Frau hier, das könnte er nicht einfach im Stich lassen. Und wie zieht er sich aus der Affäre, der Widerling? (Oh, das geht schon seit zwei Jahren, weißt du, diese Geschichte!) Er zieht sich aus der Affäre, indem er an den Tagen, wenn er hier an Land geht, den geringsten Vorwand zu einem Streit mit seiner Frau benutzt, sich nachts einschließt und allein schläft. Am Tag darauf fährt er wieder ab – und weg ist er. Und das seit zwei Jahren!«

»Arme Frau!« meinte Gigi Pulejo mitleidig, ohne freilich ein Lächeln unterdrücken zu können. »Aber ich – entschuldige, ich verstehe noch nicht ganz.«

»Hör mal, liebster Gigino«, nahm Lovico das Gespräch in einem andern Ton wieder auf und faßte ihn unter dem Arm, »seit vier Monaten gebe ich dem Jungen, Petellas Sohn, der zehn Jahre alt ist und in die erste Klasse des Gymnasiums geht, Lateinstunden.«

»Ah, so!« sagte der Arzt.

»Wenn du wüßtest, was für Mitleid ich mit der unglücklichen Frau empfunden habe!« fuhr Lovico fort. »Wieviel Tränen hat die Ärmste schon vergossen, wieviel Tränen… Und wie gut sie ist! Auch hübsch ist sie, weißt du! Wenn sie häßlich wäre, würde ich es begreifen... Aber sie ist hübsch! Und sich so behandelt zu sehen, betrogen, mißachtet und in die Ecke geworfen, so wie ein nutzloser Lappen... Ich möchte sehen, wer da hätte stark bleiben können! Wer sich da nicht empört hätte! Und wer möchte den ersten Stein auf sie werfen? Sie ist eine anständige Frau, eine Frau, die unbedingt verdient, daß man sich um sie kümmert, liebster Gigino! Hast du verstanden? Sie befindet sich in einer schrecklichen Lage, gegenwärtig... Sie ist ganz verzweifelt.«

Gigi Pulejo blieb stehen und blickte Lovico streng an:

»O nein, mein Lieber!« sagte er zu ihm. »Solche Sachen mache ich nicht. Ich möchte nicht mit dem Strafgesetzbuch zu tun haben – ich nicht.«

»Blödsinn!« fuhr Paolino Lovico los. »Was stellst du dir so vor jetzt? Was stellst du dir vor, daß ich von dir will? Für wen hältst du mich eigentlich? Meinst du, ich bin ein Mensch ohne moralische Grundsätze, ein Schuft? Daß ich deine Hilfe für... nein, ich finde den bloßen Gedanken abscheulich, einfach widerwärtig!«

»Was zum Kuckuck willst du denn dann von mir? Ich verstehe dich nicht!« rief Doktor Pulejo voll Ungeduld.

»Ich will, was recht ist!« rief nun seinerseits Paolino Lovico. »Die Moral will ich! Ich will, daß Petella sich als guter Ehemann beträgt und der Frau nicht die Tür vor der Nase zuschlägt, wenn er hier an Land geht.«

Gigi Pulejo brach in ein schallendes Gelächter aus.

»Und was... und was ver... und was verlangst du... hi hi hi... ha ha ha... du ver... du verlangst, daß ich... ar... arm... armer Pet... ha ha ha... dem Esel... dem Esel etwas eingebe, damit... hi hi hi...«

»Was lachst du, was lachst du denn, du Rindvieh?« brüllte Paolino Lovico wütend und mit geballten Fäusten. »Eine Tragödie droht – und du lachst darüber? Ehre und Leben einer Frau stehen auf dem Spiel – und du lachst? Und von mir will ich gar nicht reden! Ich bin ein toter Mann, ich gehe ins Wasser, wenn du mir deinen Beistand verweigerst, ist dir das klar?«

»Aber wie kann ich dir denn helfen?« fragte Pulejo und konnte sich das Lachen noch immer nicht verkneifen.

Paolino Lovico blieb entschlossen mitten auf der Straße stehen und drückte heftig den Arm des Arztes.

»Weißt du, was passiert?« sagte er grimmig. – »Petella kommt heute abend, morgen früh fährt er weiter in die Levante, geht nach Smyrna und bleibt etwa einen Monat aus. Da ist keine Zeit zu verlieren. Sofort – oder alles ist verloren. Um Himmels willen, rette mich, Gigino, rette das arme Opfer. Du hast sicher ein Mittel, du hast eine Medizin... Lach nicht, zum Donnerwetter, oder ich dreh dir die Luft ab! Oder lach meinetwegen, lach, wenn's dir Spaß macht, über meine Verzweiflung – aber hilf mir... ein Pulver... irgendein Mittel... irgendeine Medizin...«

Gigi Pulejo war an dem Haus in der Via Butera angelangt, wo er den Besuch machen mußte. Mit Mühe verbiß er sich immer noch das Lachen und sagte:

»Du willst also, mit einem Wort, verhindern, daß der Kapitän heute abend einen Vorwand zum Streit mit seiner Frau findet?«

»Genau das.«

»Aus Gründen der Moral, nicht wahr?«

»Aus Gründen der Moral. Nimmst du die Sache noch immer nicht ernst?«

»Doch, doch, diesmal spreche ich im Ernst. Hör zu. Ich gehe hinauf; du kehrst um und erwartest mich in der Apotheke bei Saro. Ich komme gleich.«

»Was willst du tun?«

»Das überlaß nur mir«, beruhigte ihn der Arzt. »Geh zu Saro und warte auf mich.«

»Mach rasch, he!« rief ihm Lovico mit gefalteten Händen nach.

Bei Sonnenuntergang fand sich Paolino am Hafen ein, um bei der Ankunft des Kapitäns Petella auf der ›Segesta‹ zugegen zu sein. Er wollte ihn wenigstens von Ferne sehen, er wußte selbst nicht weshalb; er wollte seine Miene sehen und ihm eine Flut von Schimpfworten nachrufen.

Er hatte gehofft, daß die überreizte Gemütsverfassung, die ihn seit dem Morgen in Bann hielt, nach dem Überfall auf Doktor Pulejo und durch die Hilfe, die ihm dieser gewährt hatte, sich wenigstens ein wenig legen würde. Weit gefehlt! Nachdem er Frau Petella ein geheimnisvolles Päckchen mit Kremtörtchen (denn der Kapitän aß so gern Süßigkeiten) ausgehändigt und ihr Haus wieder verlassen hatte, war er ruhelos umhergewandert, und seine Erregung war von Sekunde zu Sekunde gestiegen.

Und nun? Jetzt war es Abend geworden. Er hatte so spät wie möglich zu Bett gehen wollen. Doch das Umherstreifen in der Stadt ermüdete ihn bald, zumal ihn eine gereizte Angst befiel, er könne womöglich mit einem seiner zahlreichen Bekannten einen Streit vom Zaune brechen, falls jemand den schlechten Einfall haben sollte, ihm nahezutreten.

Denn er besaß die unselige Eigenschaft, ›transparent‹ zu sein. Tatsache! Und diese Transparenz war ein Quell der höchsten Heiterkeit für alle Lügner und Heuchler. Es schien, als reizte der Anblick einer klaren, offenen Leidenschaft, und wäre sie noch so traurig, noch so bedrückend, jedermann zum Lachen, der niemals eine Leidenschaft erlebt hatte oder gewohnt, sich selbst zu maskieren, sie auch bei einem armen Teufel wie ihm nicht mehr zu erkennen vermochte – bei ihm, welcher die unselige Gabe besaß, seine Gefühle nicht verbergen noch beherrschen zu können.

Er verkroch sich daheim; er warf sich angekleidet aufs Bett.

Wie war sie blaß gewesen, wie blaß, die Ärmste, als er ihr das Kuchenpaket übergeben hatte! So blaß und mit ihren verängstigten Augen war sie wahrhaftig nicht schön...

»Du mußt heiter dreinschauen, Liebling!« hatte er ihr mit Tränen in der Kehle geraten. »Frisier dich bitte ja recht ordentlich! Zieh die Bluse aus Japanseide an, die dir so gut steht... Aber vor allen Dingen – ich beschwöre dich! – keine Leichenbittermiene... keine Angst, bloß keine Angst! Hast du alles nett hergerichtet? Daß er ja keinen Grund zur Klage hat! Tapfer sein, Liebling, und bis morgen!

Hoffentlich klappt alles... Vergiß um Gottes willen nicht, an der Leine da vor deinem Schlafzimmerfenster ein Taschentuch herauszuhängen, als Zeichen. Als erstes werde ich morgen früh herkommen und nachschauen... Sorg dafür, daß ich das Taschentuch vorfinde, Liebling, sorg bitte dafür!«

Und bevor er fortging, hatte er mit dem Blaustift eine Reihe von ›Sehr gut‹ und ›Vorzüglich‹ in das Übersetzungsheft dieses Oberesels von Sohn gemalt, der, wenn er Latein lernen sollte, wie vom bösen Geiste besessen war.

»Nonò, zeig Papa das Heft... Du weißt, wie sich Papa darüber freut! Mach so weiter, mein lieber Junge, immer schön weiter so, und in ein paar Jahren kannst du besser Latein als die Gänse auf dem Kapitol, Nonò, weißt du, die Gänse, welche die Gallier in die Flucht schlugen. Hoch Papirius, hoch soll er leben! Und lustig müssen wir heute abend sein, alle fein lustig, Nonò! Papa kommt! Lustig und artig! Sauber, anständig! Zeig deine Nägel her... Sind sie sauber? Brav! Paß auf, daß du sie nicht schmutzig machst! Hoch Papirius, Nonò, hoch soll er leben!«

Die Törtchen... Ob der Dummkopf von Pulejo sich etwa einen Scherz mit ihm erlaubt hatte? Nein, nein, gewiß nicht. Er hatte ihm ja den Ernst der Lage klargemacht. Es wäre eine unglaubliche

Schweinerei, wenn er ihn betrogen hätte. Jedoch... jedoch... jedoch... wenn das Mittel nun nicht so wirksam wäre, wie er ihm versichert hatte?

Die Vernachlässigung, ja, die Mißachtung der eigenen Frau durch diesen Kerl brachte sein Blut nun wieder in Wallung, gerade als gälte die Beleidigung ihm persönlich. Und in der Tat! Wie konnte es angehen, daß die Frau, mit der er, Paolino Lovico, sich nicht nur begnügte, die ihm vielmehr dafür geschaffen schien, geliebt und begehrt zu werden, daß diese Frau von dem Schuft für nichts erachtet wurde? Das sah ja gerade so aus, wie wenn er, Paolino Lovico, sich mit etwas begnügte, was ein anderer übrigließ, mit einer Frau, die einem andern nichts wert war. War die andere in Neapel vielleicht besser? Hübscher als die eigene? Er hätte sie einmal sehen mögen! Die beiden nebeneinanderstellen, sie ihm vorführen und ihm mitten ins Gesicht schreien:

»Also, die andere gefällt dir besser? Weil du ein Barbar bist, ohne Feingefühl und ohne Geschmack! Nicht etwa, weil deine Frau nicht hundertmal mehr wert wäre! Schau sie dir nur an! Schau sie dir richtig an! Wie kannst du es übers Herz bringen, sie nicht anzurühren! Du hast keinen Sinn für Feinheit... Du hast keinen Sinn für zarte Schönheit... für die reizende Anmut der Melancholie! Du bist ein Vieh, ein Unflat bist du und nicht imstande, solche Dinge zu begreifen; deswegen mißachtest du sie. Und dann – was willst du? Lieber ein gewöhnliches Weibsbild als eine wirkliche Dame, eine ehrbare Frau?«

Was für eine schreckliche Nacht für ihn! Nicht eine Minute Ruhe...

Als ihm dann endlich der Morgen zu dämmern schien, konnte er seine Ungeduld nicht länger zügeln.

Frau Petella schlief getrennt von ihrem Mann in einem anderen Zimmer. Sie hätte also auch nachts das Taschentuch an die Schnur am Fenster hängen können, um ihn sogleich von der schrecklichen Last zu befreien. Sie konnte sich ja vorstellen, daß er in der Nacht kein Auge zugetan hatte und beim ersten Morgengrauen kommen würde, um nachzuschauen.

So dachte er, als er zu Petellas Haus eilte. Von dem glühenden Wunsche beseelt, das Zeichen am Fenster vorzufinden, war er so fest von der Erfüllung seines Wunsches überzeugt, daß er wie vom Schlag gerührt stand, als er das Taschentuch nicht erblickte. Er fühlte, wie ihm die Beine versagten. Nichts, gar nichts! Die geschlossenen Fensterläden aber erweckten den Eindruck eines Sterbehauses...

Eine unmenschliche Lust überfiel ihn plötzlich:

hinauf, sich in Petellas Zimmer stürzen und ihn im Bett erwürgen!

Und wie wenn er tatsächlich hinaufgegangen wäre und das Verbrechen begangen hätte, fühlte er sich mit einem Male erschöpft, kraftlos, wie ein leerer Sack. Er versuchte sich zu trösten; er meinte, es sei vielleicht noch zu früh; er verlange vielleicht zu viel, wenn er damit rechnete, daß sie des Nachts aufstehen und das Zeichen hinaushängen werde, damit er es bei Sonnenaufgang vorfinde; auch habe sie es vielleicht nicht tun können... wer weiß!

Geduld, noch bestand kein Grund zur Verzweiflung... Er würde warten. Aber nicht hier... Hier würde jede Minute zur Ewigkeit... Doch die Beine... er spürte sie nicht mehr, seine Beine.

Zum Glück war in der ersten Seitengasse, in die er einbog, schon ein elendes Café geöffnet, ein kleines Café für die Arbeiter, die sich frühzeitig zur nahen Werft begaben. Er trat ein; er ließ sich auf die Holzbank fallen.

Niemand war da; nicht einmal der Wirt ließ sich blicken. Man hörte jedoch, wie sich jemand drüben zu schaffen machte und vor sich hinsprach, da in dem dunklen Nebenraum, wo wohl gerade der Herd in Gang gebracht wurde.

Als dann bald darauf ein großer Kerl in Hemdsärmeln erschien und nach seinen Wünschen fragte, warf ihm Paolino Lovico einen bestürzten, finsteren Blick zu und sagte dann:

»Ein Taschen... ich wollte sagen... eine Tasse Kaffee! Stark, recht stark! Verstanden?«

Er wurde umgehend serviert. Natürlich: Halb goß er ihn über die Hosen, halb prustete er ihn aus dem Munde. Er sprang auf. Verdammt noch mal! Der war kochendheiß.

»Was haben Sie denn gemacht, junger Mann?«

»Ooooh«, hauchte Lovico mit weit geöffneten Augen und offenem Mund.

»Etwas Wasser, ein wenig Wasser...« redete ihm der Wirt zu. »Hier, trinken Sie ein wenig Wasser!«

»Und die Hosen?« seufzte Paolino, während er sich betrachtete.

Er zog ein Taschentuch heraus, tauchte einen Zipfel ins Glas und begann, den Fleck kräftig zu reiben. Wie angenehm frisch jetzt am Schenkel!

Er breitete das nasse Taschentuch aus, schaute es an, wurde blaß, warf ein Viersoldistück auf das Tablett und machte sich rasch davon. Doch kaum um die Straßenecke, bums – stieß er auf den Kapitän Petella.

»Nanu! Sie hier?«

»Jawohl... ich... ich...« stotterte Paolino Lovico,

dem das Blut in den Adern gerann. »Ich... ich bin zeitig aufgestanden... und...«

»Einen kleinen Spaziergang in frischer Luft?« vollendete Petella den Satz. »Sie Glücklicher! Keinen Ärger... keine Scherereien... Ungebunden! Junggeselle!«

Lovico durchbohrte ihn mit den Blicken, um herauszufinden, ob... Doch allein die Tatsache, daß das Untier zu dieser Stunde draußen war, dazu die aufgewühlte, Unheil kündende Miene... Der Schuft! Auch gestern abend hatte er sich bestimmt wieder mit seiner Frau gestritten! (Ich bringe ihn um! dachte Lovico, Ehrenwort, ich bringe ihn um!) Und mit einem zaghaften Lächeln:

»Aber auch Sie, sehe ich...«

»Ich?« grunzte Petella. »Was?«

»Ich meine... zu dieser Stunde...«

»Ach so, weil Sie mich zu dieser Stunde draußen antreffen? Eine schlimme Nacht, lieber Professor! Die Hitze vielleicht... ich weiß nicht!«

»Sie... Sie haben... Sie haben nicht gut geschlafen?«

»Ich habe überhaupt nicht geschlafen«, sagte Petella gereizt. »Und wissen Sie, wenn ich nicht schlafe... wenn ich keinen Schlaf finden kann... dann werde ich wütend.«

»Und was… verzeihen Sie… was können…« stammelte Lovico, am ganzen Leibe zitternd und dennoch freundlich lächelnd, »was können die andern dafür? Verzeihen Sie…«

»Die andern?« fragte Petella verblüfft. »Was haben andere damit zu tun?«

»Aber… wenn Sie sagen, daß Sie wütend werden? Auf wen werden Sie denn wütend? Mit wem sind Sie böse, wenn es heiß ist?«

»Ich bin mit mir selber böse, ich bin mit dem Wetter böse, ich bin mit allen böse!« fuhr Petella los. »Ich will Luft… Ich bin das Meer gewohnt… und das Land, lieber Professor, besonders im Sommer, das Land, das kann ich einfach nicht vertragen… das Haus… die Wände… die Scherereien… die Frauen.«

(Ich bringe ihn um! Ehrenwort, ich bringe ihn um! dachte Lovico wütend.) Und mit demselben zaghaften Lächeln:

»Auch die Frauen?«

»Ach, wissen Sie, bei mir – die Frauen… nein, nein… Man reist, man ist so lange unterwegs… Ich meine nicht jetzt, wo ich alt bin… Aber wenn man jung ist… Die Frauen! Ich habe allerdings immer das eine Gute an mir gehabt, wissen Sie, wenn ich will, will ich… und wenn ich nicht will, dann will ich nicht. Kommandiert habe ich noch immer!«

»Immer?« (Ich bringe ihn um).

»Immer – wenn ich gewollt habe, versteht sich! Sie nicht, was? Sie lassen sich leicht rumkriegen? Da lacht eine... flirtet ein bißchen... tut zaghaft, ein bißchen verschämt... Sagen Sie mal, hm? Seien Sie mal ehrlich...«

Lovico blieb stehen und schaute ihn an.

»Wollen Sie die Wahrheit hören? Ich, wenn ich eine Frau hätte...«

Petella brach in Lachen aus.

»Aber wir sprechen doch jetzt nicht von verheirateten Frauen! Was haben denn die damit zu tun? Die Frauen meine ich! Die Frauen!«

»Sind denn die verheirateten Frauen keine Frauen? Was sind sie denn dann?«

»Vielleicht sind sie auch Frauen... manchmal«, meinte Petella. »Sie haben freilich keine, lieber Professor, und zu Ihrem eigenen Besten wünsche ich Ihnen, daß Sie nie eine haben möchten. Denn die Ehefrauen, wissen Sie...«

Bei diesen Worten faßte er ihn unter dem Arm und fuhr fort zu schwätzen und zu schwätzen. Lovico tobte. Er sah ihm ins Gesicht, betrachtete seine geschwollenen, umränderten Augen – aber vielleicht... ach, vielleicht sahen sie so aus, weil er nicht hatte schlafen können. Und glaubte er einmal, aus einem Satz schließen zu können, die Ärmste sei gerettet, so stürzte ihn der nächste Satz wieder in Ungewißheit und Verzweiflung. Und diese Qual dauerte eine Ewigkeit, denn es hatte einen Drang zu laufen, zu laufen, das Untier, und schleppte ihn mit am Strand entlang. Schließlich machte er kehrt, um heimzugehen.

(Er kommt mir nicht davon, dachte Lovico bei sich. Ich steige mit ihm hinauf, und wenn er seine Pflicht nicht getan hat, ist heute der letzte Tag für alle drei.)

Er hatte sich derart in seine düstere Vorstellung hineingelebt, hatte seine ganze nervöse Willenskraft mit solch bebendem Zorn darauf konzentriert, daß er nun zu fühlen meinte, wie sich ihm die Glieder einzeln lösten und stückweise herabfielen, als er – kaum in der Straße angelangt und die Augen zum Fenster an Petellas Hause erhoben – an der Schnur – o du lieber Gott! – ein... zwei... drei... vier... fünf Taschentücher baumeln sah!

Er rümpfte die Nase, öffnete den Mund, der Kopf schwindelte ihm – er konnte nur in einem gepreßten ›Ach‹ der Freude Ausdruck verleihen, die ihn zu ersticken drohte.

»Was haben Sie?« fragte Petella und hielt ihn aufrecht.

Und Lovico:

»Lieber Kapitän, o lieber Kapitän, danke, herzlichen Dank! O... es war ein besonderes Vergnügen für mich... dieser... dieser herrliche Spaziergang... Aber nun bin ich müde... todmüde... ich sinke um, ich sinke einfach um... Danke, von ganzem Herzen danke, lieber Kapitän! Auf Wiedersehen! Und gute Reise, ja? Auf Wiedersehen! Danke, danke...«

Und kaum war Petella hinter der Tür verschwunden, da rannte er die Straße entlang, frohlockend, jauchzend, aus vollem Halse lachend, mit glänzenden Augen, aus denen die helle Freude blitzte, und streckte einem jeden, dem er begegnete, die fünf Finger seiner Hand entgegen.

Das Licht vom andern Haus

Es war an einem Sonntagabend gewesen, bei der Rückkehr von einem langen Spaziergang. Tullio Buti hatte das Zimmer seit ungefähr zwei Monaten gemietet. Die Hauswirtin, Frau Nini, eine gute Alte mit dem Lebensstil der alten Zeit, und ihre unverheiratete, nun verwelkte Tochter bekamen ihn nie zu Gesicht. Er ging jeden Morgen frühzeitig weg und kehrte erst spät am Abend zurück. Sie wußten nur, daß er an einem Ministerium angestellt und zugleich Advokat war.

In dem ziemlich engen, bescheiden möblierten Zimmerchen ließ nichts auf seinen Bewohner schließen. Er schien es als ein Hotelzimmer zu betrachten, in dem er vorsätzlich ein Fremder bleiben wollte. Zwar hatte er die Wäsche in der Kommode aufgeschichtet und ein paar Anzüge in den Schrank gehängt, aber an den Wänden und auf den Möbeln nichts: kein Buch, kein Bild; niemals lag auf dem

Tisch ein zerrissener Briefumschlag; niemals blieb auf einem Stuhl ein Wäschestück liegen, ein Kragen, eine Krawatte, um anzuzeigen, daß er sich dort zu Hause fühlte.

Mutter und Tochter Nini fürchteten, er werde nicht bleiben. Es hatte ihnen solche Mühe gekostet, das Zimmerchen zu vermieten! Manch einer war gekommen, um es in Augenschein zu nehmen; niemand hatte es haben wollen. Freilich war es weder sehr bequem noch sehr heiter, mit seinem einzigen Fenster, das auf ein enges privates Gäßchen hinausging, von dem es nie Licht und Luft empfing, da das Haus gegenüber es erdrückte.

Die beiden Frauen hatten den so lange erwarteten Mieter durch besondere Pflege und Aufmerksamkeit entschädigen wollen; sie hatten sich, bevor er kam, soviel überlegt und ausgedacht: – ›Wir werden ihm das tun, ihm jenes sagen‹; besonders Clotildina, die Tochter, hatte soviel liebe Feinheiten, soviel liebe ›Artigkeiten‹, wie die Mutter sich ausdrückte, vorbereitet – oh, aber ganz ohne Hintergedanken! Doch wie sollte sie sie jetzt anbringen, wenn er sich niemals sehen ließ?

Vielleicht hätten sie, wenn sie ihn öfter gesehen hätten, gleich begriffen, daß ihre Befürchtung unbegründet war. Das traurige, dunkle, vom gegenüberliegenden Haus erdrückte Zimmerchen war in Einklang mit der Seelenstimmung des Mieters.

Immer ging Tullio Buti allein auf der Straße dahin; selbst die beiden Begleiter der scheuesten Einsiedler, die Zigarre und den Spazierstock, verschmähte er. Die Hände in den Taschen des Mantels vergraben, den Kopf zwischen den Schultern, den Hut bis über die Ohren gezogen, schien er den düstersten Groll gegen das Leben zu hegen.

Niemals wechselte er im Büro ein Wort mit irgendeinem seiner Kollegen, die sich noch nicht entschieden hatten, ob sie ihn Nachteule oder Bär nennen sollten.

Niemand hatte ihn jemals am Abend ein Café betreten sehen; viele dagegen hatten beobachtet, wie er die belebteren Straßen mied, um in den Schatten der schnurgeraden und einsamen Alleen der oberen Stadtviertel einzutauchen, wie er sich jedesmal von der Mauer entfernte und einen Bogen um den Lichtkreis machte, den die Straßenlampen auf das Trottoir werfen.

Weder eine unfreiwillige Gebärde noch die geringste Veränderung der Gesichtszüge noch ein Zeichen der Augen oder der Lippen verrieten je die Gedanken, in die er versunken schien, die düstere Trauer, in die er sich völlig eingeschlossen hatte.

Doch die Verheerung, die diese Gedanken, diese Trauer in seiner Seele angerichtet haben mußten, zeigte sich aufs deutlichste in der krankhaften Starre der hellen und scharfen Augen, in der Blässe des leidenden Gesichts, in dem frühzeitig ergrauten, ungepflegten Bart.

Er schrieb nie und empfing nie Briefe; er las keine Zeitungen; er blieb niemals stehen und wandte sich, was auch auf der Straße geschah und die Neugier der anderen anlockte, niemals um; und wenn ihn manchmal der Regen überraschte, ging er gleichmäßigen Schrittes weiter, als wenn nichts geschehen wäre.

Warum er so lebte, wußte man nicht. Vielleicht wußte er es selbst nicht einmal. Er lebte... Vielleicht vermutete er nicht einmal, daß man anders leben könne, oder daß man, wenn man anders lebte, weniger die Last der Langeweile und des Trübsinns fühlte.

Er hatte keine Kindheit gehabt, war niemals jung gewesen. Die wilden Szenen, deren Zeuge er vom zartesten Alter an im väterlichen Hause gewesen war, die Brutalität und grausame Tyrannei des Vaters hatten jeden Lebenskeim in ihm vernichtet.

Als die Mutter, noch jung, ein Opfer der unmenschlichen Mißhandlungen ihres Gatten, gestorben war, hatte sich die Familie aufgelöst: eine Schwester war ins Kloster gegangen, ein Bruder nach Amerika. Auch er war von daheim geflohen, war umhergeirrt und hatte sich unter unendlichen Mühen hinaufgearbeitet, bis er sich jene Stellung geschaffen hatte.

Jetzt litt er nicht mehr, es schien nur so; denn auch das Gefühl des Schmerzes war in ihm abgestumpft. Es schien, als sei er immer in Gedanken versunken; aber nein – er dachte nicht einmal mehr. Sein Geist war wie in einer mit Erstaunen gemischten Düsternis befangen, die ihn einen bitteren Geschmack im Halse spüren ließ, mehr nicht. Wenn er am Abend über die einsamen Straßen ging, zählte er die Laternen, sah seinem Schatten zu, oder lauschte dem Widerhall seiner Schritte, oder blieb manchmal vor den Gärten der Villen stehen, um die Zypressen zu betrachten, die verschlossen und düster waren wie er, dunkler als die Nacht.

An jenem Sonntag hatte er, müde vom langen Spaziergang auf der Alten Appischen Straße, den ungewöhnlichen Entschluß gefaßt, nach Hause zurückzukehren. Zum Abendessen war es noch zu früh; er wollte in seinem Kämmerchen warten, bis der Tag zur Neige ging.

Für Mutter und Tochter Nini war es eine höchst angenehme Überraschung. Clotildina klatschte vor lauter Zufriedenheit sogar in die Hände. Mit welcher der zahlreichen Aufmerksamkeiten, die sie sich ausgedacht, mit welcher der vielen feinen und besonderen ›Artigkeiten‹ sollte sie's zuerst versuchen? Mutter und Tochter hielten Rat. Auf einmal stampfte Clotildina mit dem Fuß auf, schlug sich vor die Stirn. O Gott, das Licht! Man mußte ihm vor allem eine Lampe bringen, die gute, eigens beiseite gestellte aus Porzellan, mit dem glänzenden, mit Mohnblumen bemalten Schirm. Sie zündete sie an und klopfte behutsam an der Tür des Mieters. Dabei zitterte sie so sehr vor Erregung, daß der Schirm schwankte und gegen das Rohr schlug, so daß der Rauch es zu schwärzen drohte.

»Ist es gestattet? Das Licht.«

»Nein, danke«, antwortete Buti von drinnen. »Ich bin im Begriff auszugehen.«

Die Jungfer, das Gesicht verziehend und die Augen niederschlagend, als könnte der Mieter sie sehen, wiederholte dringend:

»Ich hab es schon da. Damit Sie nicht im Dunkeln sitzen!«

Aber Buti entgegnete schroff:

»Danke, nein.«

Er hatte sich auf das kleine Kanapee hinter dem Tisch gesetzt und starrte mit träumerischen Augen ins Dunkel, das langsam dichter wurde, während am Fenster der letzte Schein der Dämmerung erstarb.

Wie lange blieb er so sitzen, reglos, mit aufgerissenen Augen, ohne zu denken, ohne die Finsternis wahrzunehmen, die ihn schon umhüllt hatte?

Plötzlich sah er.

Verdutzt wandte er die Augen umher. Ja. Es war auf einmal hell im Zimmerchen geworden, ein sanftes, gedämpftes Licht, wie von einer geheimnisvollen Hand entzündet.

Was war das? Wie war es zugegangen?

Ach so! Das Licht vom andern Haus. Ein Licht, das man soeben im gegenüberliegenden Haus angezündet hatte: der Hauch eines fremden Lebens, der hereinkam, um das Dunkel, die Leere, die Öde seines Daseins zu erhellen.

Er betrachtete eine Weile diesen Schimmer wie ein Wunder. Eine tiefe Angst schnürte ihm die Kehle zu, als er bemerkte, mit welch sanfter Zärtlichkeit sich das Licht auf sein Bett, auf die Wand, und hier auf seine bleichen Hände legte, die auf dem Tisch ruhten. In dieser Angst stieg ihm die Erinnerung an seine bedrückte Kindheit auf, an seine Mutter. Und es schien ihm, als entzünde sich in der Nacht seines

Geistes der Glanz einer fernen Morgenröte.

Er erhob sich, ging zum Fenster und sah heimlich hinter dem Vorhang hinüber zu jenem Fenster, von dem das Licht kam.

Er sah eine kleine Familie um den Tisch versammelt: drei Kinder und der Vater saßen schon, die Mutter teilte das Essen aus, indem sie – wie er aus ihren Bewegungen schließen konnte – die Ungeduld der beiden Ältesten zu zügeln suchte, die den Löffel schwangen und auf ihren Stühlen rückten. Das Jüngste reckte den Hals, drehte das blonde Köpfchen hin und her: offenbar hatte man ihm die Serviette zu eng gebunden; aber wenn nur das Mütterchen sich beeilte, ihm die Suppe zu geben, würde das Unbehagen der allzu engen Fessel bald vergessen sein. Und siehe, in der Tat: mit welcher Gier es die Bissen hinunterschlang! Den ganzen Löffel ließ es im Mund verschwinden. Und der Vater lächelte inmitten des Dampfes, der von seinem Teller aufstieg. Jetzt nahm auch die Mutter Platz, gerade gegenüber. Tullio Buti wollte sich instinktiv zurückziehen, als er sah, daß sie die Augen auf das Fenster gerichtet hatte; aber dann dachte er, man könne ihn ja nicht sehen, da er im Dunkeln stand, und blieb dort, um dem Abendessen der Familie da drüben zuzuschauen, wobei er ganz sein eigenes vergaß.

Von diesem Tag an schlug er jeden Abend, wenn er aus dem Amt kam, anstatt wie sonst seine einsamen Spaziergänge zu machen, den Weg nach Hause ein; er wartete, bis sich das Dunkel in seinem Zimmerchen durch das Licht vom andern Haus sanft erhellte, und stand dann wie ein Bettler hinter den Fensterscheiben, um mit unbeschreiblichem Herzweh diese süße und liebe Traulichkeit, dieses Familienglück auszukosten, dessen sich die andern erfreuten, und das auch er als Kind an den seltenen Abenden der Ruhe hatte genießen dürfen, als noch seine Mutter... seine Mutter... wie dort die andere...

Er weinte.

Ja, dieses Wunder vollbrachte das Licht vom andern Haus! Die schreckhafte Düsternis, in der sein Geist so viele Jahre gefangen war, löste sich in dieser sanften Helle.

Inzwischen dachte Tullio Buti nicht an all die seltsamen Vermutungen, die seine Vorliebe für das Dunkel bei seiner Wirtin und ihrer Tochter aufkommen lassen mußte.

Noch zweimal hatte Clotildina die Lampe angeboten – umsonst. Hätte er wenigstens eine Kerze angezündet! Aber nicht einmal das. Sollte er sich unwohl fühlen? Clotildina hatte ihn danach zu fragen gewagt, als sie das zweite Mal mit der Lampe vor der Tür stand. Doch er hatte geantwortet:

»Nein; es ist mir so am liebsten.«

Endlich – guter Gott, war es nicht entschuldbar – hatte Clotildina durch das Schlüsselloch gespäht und zu ihrer Verwunderung ebenfalls den hellen Schein bemerkt, den das Licht vom andern Haus im Zimmer des Mieters verbreitete: vom Haus der Masci nämlich; und sie hatte gesehen, wie er am Fenster stand und dort zum Haus der Masci hinüberschaute.

Clotildina war ganz aufgeregt zur Mutter gelaufen, um ihr die große Entdeckung zu verkünden:

»Verliebt in Margherita ist er! In Margherita Masci! Verliebt!«

Ein paar Abende später, während Tullio Buti wieder an seinem Beobachtungsplatz stand, sah er zu seiner Überraschung, wie im Zimmer gegenüber, wo wie gewöhnlich die kleine Familie – doch ohne den Vater diesmal – beim Abendessen saß, seine Wirtin und ihre Tochter eintraten und wie alte Freundinnen empfangen wurden.

Auf einmal sprang Tullio Buti verwirrt, atemlos zurück.

Die Mutter und die drei Kleinen hatten ihre Augen zu seinem Fenster erhoben. Ohne Zweifel hatten jene beiden über ihn gesprochen.

Und jetzt? Jetzt war vielleicht alles vorbei! Am

nächsten Abend würde die Mutter oder ihr Mann, nun, da sie wußten, daß er dort drüben so geheimnisvoll im Dunkeln stand, die Fensterläden schließen; und so würde ihm von nun an nicht mehr jenes Licht scheinen, von dem er lebte, das Licht, das seine unschuldige Freude und sein einziger Trost war.

Aber es kam anders.

Am selben Abend, als das Licht drüben erloschen war und er, in Finsternis gehüllt, noch eine Weile gewartet hatte, bis die Familie zu Bett gegangen sein mochte, sah er, vorsichtig das Fenster öffnend, um die Luft zu erneuern, daß auch das Fenster drüben offenstand; er sah bald darauf (und schrak im Dunkeln zusammen), er sah, wie die Frau ans Fenster kam, vielleicht neugierig gemacht durch die Erzählungen von Mutter und Tochter Nini.

Die beiden hohen Gebäude, die aus so großer Nähe die Augen ihrer Fenster zueinander öffneten, ließen weder droben den hellen Streifen des Himmels noch drunten den dunklen Streifen Erde sehen, zu dem der Zugang durch ein Gittertor verschlossen war; niemals drang ein Sonnen- oder Mondesstrahl herein.

Sie konnte also nur seinetwegen gekommen sein, und das gewiß, weil sie bemerkt hatte, daß auch er an sein dunkles Fenster gekommen war.

Im Finstern konnten sie sich nur mühsam erkennen. Aber er wußte seit langem, daß sie schön war; er kannte die ganze Anmut ihrer Bewegungen, das Blitzen der schwarzen Augen, das Lächeln der roten Lippen.

Zutiefst aber empfand er jenes erste Mal, da die Überraschung ihn ganz verwirrte und ein fast unerträgliches Zittern der Unruhe ihm den Atem verschlug, eine unbestimmte Pein: er mußte sich Gewalt antun, um sich nicht zurückzuziehen, um zu warten, bis sie sich zuerst entfernte.

Jener Traum von Frieden, Liebe, süßer und treuer Traulichkeit, den diese Familie in seiner Vorstellung genoß und auch er im Abglanz genossen hatte – er mußte zusammenbrechen, wenn diese Frau, um eines Fremden willen, heimlich ans Fenster kam. Dieser Fremde, ja, das war er.

Und doch, bevor sie sich zurückzog, bevor sie das Fenster wieder schloß, lispelte sie ihm zu:

»Gute Nacht!«

Was für phantastische Dinge hatten die beiden Frauen, bei denen er wohnte, von ihm erzählt, um auf solche Weise die Neugier jener Frau zu erregen und zu entzünden? Was für eine seltsame, mächtige Anziehungskraft hatte das Geheimnis seines zurückgezogenen Lebens auf sie ausgeübt, wenn sie schon beim ersten Male ihre Kleinen verlassen hatte und zu ihm gekommen war, um ihm ein wenig Gesellschaft zu leisten?

Beide, obwohl sie es vermieden hatten, sich anzublicken, und vor sich selbst fast so getan hatten, als stünden sie ohne jede Absicht am Fenster, beide – dessen war er gewiß – hatten das gleiche Beben vor einer unbestimmten Erwartung empfunden, waren erschrocken über den Zauber, der sie im Dunkel vereinte.

Als er zu vorgeschrittener Stunde das Fenster schloß, wußte er, daß sie am nächsten Abend wieder das Licht löschen und zu ihm ans Fenster kommen würde. Und so war es auch.

Von diesem Tag an wartete Tullio Buti nicht mehr in seinem Zimmerchen auf das Licht vom andern Haus; statt dessen wartete er ungeduldig, daß dieses Licht verlösche.

Gierig, schrecklich flammte die nie empfundene Liebesleidenschaft im Herzen jenes Mannes auf, der so viele Jahre außerhalb des Lebens gestanden hatte, und fiel die Frau wie ein Wirbelsturm an, riß sie aus ihrem Leben los, stürzte sie um.

Am selben Tag, als Buti aus dem Zimmerchen der Nini auszog, schlug wie eine Bombe die Nachricht ein, daß die Frau aus dem dritten Stock des

Nebenhauses, Frau Masci, ihren Gatten und die drei Kinder verlassen habe.

Das Zimmerchen, das über vier Monate Buti beherbergt hatte, stand leer, und ein paar Wochen blieb das gegenüberliegende Zimmer, wo die Familie sich allabendlich zur Mahlzeit zu versammeln pflegte, dunkel.

Dann wurde das Licht wieder über dem traurigen Tisch entzündet, an dem ein vom Unglück geschlagener Vater die erschrockenen Gesichtchen der drei Kinder anstarrte, die nicht die Blicke zur Tür zu lenken wagten, durch die am Abend die Mutter mit der dampfenden Suppenschüssel hereinzukommen pflegte.

Und das über dem traurigen Tisch entzündete Licht erhellte wieder, aber geisterhaft, das leere Kämmerchen auf der anderen Seite.

Erinnerten sich Tullio Buti und seine Geliebte nach ein paar Monaten ihrer grausamen Tollheit daran?

Eines Abends sahen die Nini zu ihrem Schrecken ihren seltsamen Mieter, verstört, in zuckender Erregung, wieder vor ihrer Türe stehen. Was wollte er denn? Das Zimmerchen, das Zimmerchen, wenn es noch nicht wieder vermietet war! Nein, nicht für sich, nicht um darin zu wohnen! Nur um eine einzige Stunde, einen einzigen Augenblick am Abend heimlich zu kommen! Oh, aus Mitleid, aus Mitleid mit jener armen Mutter, die aus der Ferne, ohne selbst gesehen zu werden, ihre Kinderchen wiedersehen wollte! Sie würden alle Vorsichtsmaßregeln anwenden; sich nötigenfalls sogar verkleiden; sie würde jeden Abend den Augenblick benützen, da niemand auf der Treppe wäre; er wolle den doppelten, den dreifachen Mietpreis zahlen, für diesen einzigen Augenblick.

Nein, die Nini wollten nichts davon wissen. Nur solange das Zimmerchen unvermietet blieb, seien sie ausnahmsweise damit einverstanden... – oh, um Gottes willen, aber nur unter der Bedingung, daß niemand sie entdecke! Ausnahmsweise...

Am folgenden Abend kamen sie wie zwei Diebe. Keuchend betraten sie im Dunkeln das Zimmerchen und warteten, warteten, daß es sich wieder vom Licht aus dem andern Haus erhelle.

Von jenem Licht mußten sie nun, so aus der Ferne, leben.

Da war es!

Aber Tullio Buti konnte es zuerst nicht ertragen. Sie dagegen trank es, während ihr das Schluchzen in die Kehle stieg, wie eine Verdurstete, stürzte zur

Fensterscheibe, sich das Taschentuch auf den Mund pressend. Ihre Kleinen... ihre Kleinen... ihre Kleinen... dort, o sieh... bei Tisch...

Er eilte herbei, sie zu stützen, und so verharrten sie beide, engumschlungen, wie in den Boden gewurzelt, und starrten hinüber.

Formalitäten

I

Im geräumigen Kontor der Bank Orsani war der alte Buchhalter Carlo Bertone mit einer schwierigen Rechnung beschäftigt; die Hausmütze auf dem Kopf, die Brille auf der Nasenspitze, als wolle er jene zwei Büschelchen grauer Haare aus den Nasenlöchern pressen, stand er vor einem hohen Schreibpult, auf dem ein dickes Hauptbuch aufgeschlagen lag. Hinter ihm stehend, folgte Gabriel Orsani, sehr bleich und mit tiefliegenden Augen, der Bilanz, indem er von Zeit zu Zeit mit lauter Stimme seinen alten Gehilfen anspornte, dem, je größer die Summe wurde, desto mehr der Mut zu fehlen schien, zu einem Abschluß zu kommen.

»Diese verfluchte Brille!« rief Bertone nach einer Weile, ungeduldig auffahrend, aus und schleuderte sie mit einer Fingerbewegung von der Nasenspitze auf das Register.

Gabriel Orsani lachte auf.

»Was zeigt sie dir denn? Ach, armer Alter! Null mal null ist null...«

Bertone nahm ärgerlich das schwere Buch vom Pult:

»Wollen Sie mich hinübergehen lassen? Hier mit Ihnen ist es wohl nicht möglich... Ruhe muß man haben!«

»Recht hast du, Carlo, ja«, stimmte Orsani ironisch bei. »Ruhe, Ruhe... Und inzwischen«, fügte er hinzu und zeigte auf das Register, »trägst du dieses sturmzerwühlte Meer mit dir herum.«

Er ließ sich in einen Lehnstuhl beim Fenster fallen und zündete sich eine Zigarette an.

Der dunkelblaue Vorhang, der das Zimmer in einem angenehmen Halbdunkel hielt, blähte sich ab und zu unter einem Windstoß, der vom Meere kam. Und mit dem plötzlichen Licht drang stärker das Rauschen der Wellen herein, die sich am Strande brachen.

Bevor er jedoch ging, fragte Bertone den Prinzipal, ob er einem ›merkwürdigen‹ Herrn Gehör schenken wolle, der draußen auf ihn warte: in der Zwischenzeit könne er sich in Ruhe jener komplizierten Berechnung widmen.

»*Merkwürdig?*« fragte Gabriel. »Wer ist es denn?«

»Ich weiß nicht. Er wartet seit einer halben Stunde. Doktor Sarti schickt ihn.«

»Dann laß ihn eintreten.«

Herein kam bald darauf ein schmächtiger Mann um die Fünfzig, mit grauen, in der Mitte gescheitelten Haaren, die ihm um den Kopf flatterten. Er schien eine Gliederpuppe, an der von draußen jemand zog, um sie diese Verbeugungen machen, diese höchst komischen Gesten ausführen zu lassen.

Hände hatte er noch zwei, Augen nur eines; doch glaubte er vielleicht allen Ernstes, den Leuten vorzumachen, daß er noch alle beide habe, indem er das Glasauge hinter einem Monokel verbarg, das eine schreckliche Mühe zu haben schien, den kleinen Sehfehler zu korrigieren.

Er präsentierte Orsani seine Visitenkarte.

LAPO VANNETTI
Inspektor der
London Life Assurance Society Limited
(Kapit. d. Ges. L. 4.500.000
Inv. Kapit. L. 2.559.400)

»Hochgesätzter Herr!« begann er – und fand kein Ende mehr.

Außer dem Sehfehler hatte er einen Aussprachefehler; und wie er versuchte, jenen hinter dem Monokel zu verbergen, so suchte er diesen zu verheimlichen, indem er jedes S, das er an Stelle des Sch aussprach, mit einem kleinen Gelächter überdeckte.

Vergeblich versuchte Orsani mehrere Male, ihn zu unterbrechen.

»Ich bin gerade auf der Durchreise durch diese hochzusätzende Provinz«, erklärte der Kleine unerschrocken mit schwindelerregender Redegabe, »allwo ich für unsere Gesellsaft, die älteste, die angesehenste von allen, die in der gleichen Art existieren, ausgezeichnete, vorzügliche Verträge abgeslossen habe, jawohl, mein Herr, in all den höchstbesonderen Kombinationen, die sie ihren Mitgliedern bietet, ganz zu sweigen von den ungewöhnlichen Vorteilen, die ich Ihnen in aller Kürze für jede, ganz zu Ihrer gesätzten Auswahl stehenden Verbindung darlegen will.«

Gabriel Orsani war ganz eingeschüchtert; aber Herr Vannetti sprang sogleich helfend ein: er fing an, alles selbst zu bestreiten, Fragen und Antworten, sich Zweifel vorzulegen und sie zu klären:

»Oh, ich weiß! Hier könnten Sie mir, hochgesätzter Herr, entgegnen: Nun ja, lieber Vannetti, einverstanden, ich habe volles Vertrauen zu Eurer Gesellsaft; aber was soll ich machen? Für mich ist, nehmen wir an, dieser Tarif zu hoch; soviel wirft meine Bilanz nicht ab, also... Jeder kennt den Gesäftsgang seines Hauses, und Sie haben ganz recht, wenn Sie sagen: über diesen Punkt, lieber Vannetti, diskutiere ich nicht. Nun, ich erlaube mir jedoch, hochgesätzter Herr, Ihnen die ungewöhnlichen Vorteile zu bedenken zu geben, die unsere Gesellsaft bietet. Ach, ich weiß son, sagen Sie; alle Gesellsaften bieten sie mehr oder weniger. Oh, nicht doch – verzeihen Sie, mein Herr, wenn ich Ihre Behauptung in Zweifel zu ziehen wage. Die Vorteile...«

Hier streckte Orsani, der ihn ein Bündel gedruckter Prospekte aus der Ledertasche ziehen sah, wie in Selbstverteidigung die Hände vor:

»Entschuldigen Sie«, schrie er. »Ich habe in einer Zeitung gelesen, daß eine Gesellschaft die Hand eines berühmten Geigers, ich weiß nicht wie hoch, versichert hat: stimmt das?«

Herr Lapo Vannetti stutzte einen Augenblick, dann lächelte er und sagte:

»So was macht man in Amerika! Jawohl, mein Herr, in Amerika! Aber wir...«

»Ich frage Sie«, hob Gabriel, ohne Zeit zu verlieren, wieder an, »weil auch ich früher, wissen Sie...?«

Und er machte die Bewegung des Violinspielens.

Vannetti, immer noch etwas fassungslos, hielt es für angebracht, seine Glückwünsche auszusprechen:

»Ah, sehr gut! Vorzüglich! Aber wir, entsuldigen Sie, machen eigentlich solche Gesäfte nicht.«

»Es wäre aber sehr nützlich!« seufzte Orsani und stand auf. »All das versichern zu können, was man auf dem Weg des Lebens hinter sich läßt oder verliert: die Haare! Die Zähne, zum Beispiel! Und den Kopf? Den Kopf, den man so leicht verliert... Sehen Sie: ein Geiger seine Hand; ein Stutzer die Haare; ein Schlemmer die Zähne; ein Geschäftsmann den Kopf... Denken Sie! Das ist ein Einfall!«

Er ging und drückte auf den Knopf einer elektrischen Klingel beim Schreibpult, indem er hinzufügte:

»Gestatten Sie einen Augenblick, lieber Herr.«

Gedemütigt machte Vannetti eine Verbeugung. Er glaubte, Orsani habe, um ihn loszuwerden, eine weiß Gott sehr unhöfliche Anspielung auf sein Glasauge machen wollen.

Bertone kam, noch bestürzter, ins Büro zurück.

»Im Fach deines Schreibpults, unter dem Buchstaben S!« – sagte Gabriel zu ihm.

»Die Rechnungen der Schwefelgrube?« fragte Bertone.

»Ja, die letzten, nach Errichtung der schiefen Ebene...«

Carlo Bertone neigte ein paarmal den Kopf:

»Ich habe alles aufgeschrieben.«

Orsani forschte in den Augen seines alten Buchhalters; sein Gesicht blieb finster, geistesabwesend; dann fragte er:

»Nun?«

Bertone warf einen verlegenen Blick auf Vannetti.

Dieser begriff endlich, daß er lästig war; und, zu seiner zeremoniellen Art zurückkehrend, verabschiedete er sich:

»Mehr braucht es nicht bei mir. Ich verstehe unverzüglich. Ich gehe schon. Dann esse ich eben hier in der Nähe eine Kleinigkeit und komme wieder, wenn Sie nichts dagegen haben. Machen Sie keine Umstände, behalten Sie Platz, ich bitte Sie! Ich weiß den Weg. Auf Wiedersehn!«

Noch eine Verbeugung, und fort war er.

II

»Nun?« wandte sich Gabriel Orsani wieder an den alten Buchhalter, sobald Vannetti gegangen war.

»Gerade... gerade jetzt diese Anlage!« antwortete, fast stotternd, Bertone.

Gabriel wurde wütend.

»Wie oft hast du mir das schon gesagt? Was hätte

ich denn tun sollen? Den Vertrag annullieren, nicht wahr? Wenn aber für alle Gläubiger diese Schwefelgrube die einzige Hoffnung auf meine Zahlungsfähigkeit darstellt?... Ich weiß, ich weiß! Es waren in diesem Augenblick ergebnislos hinausgeworfene hundertdreißigtausend Lire... Ich weiß es besser als du... Bringe mich nicht in Harnisch!«

Bertone strich sich mehrere Male mit den Händen über die müden Augen; dann sagte er, indem er über seinen Ärmel wischte, auf dem nicht einmal der Schatten eines Staubkörnchens mehr war, leise, wie zu sich selbst:

»Könnte man wenigstens Geld auftreiben, um jetzt all diese Maschinen in Gang zu bringen, die... die nicht einmal ganz bezahlt sind! Aber da sind auch die fälligen Wechsel bei der Bank...«

Gabriel Orsani, der jetzt, die Hände in den Taschen, mit düsterer Miene im Büro auf und ab ging, blieb stehen:

»Wieviel?«

»Ach...«, seufzte Bertone.

»Ach...«, äffte ihn Gabriel nach; dann, auffahrend: »Oh, so mach es kurz und sag mir alles! Sprich offen: ist es zu Ende? Ist's der Purzelbaum? Gelobt und gepriesen sei das verehrungswürdige Andenken meines Vaters! Er wollte mich mit Gewalt hier hereinbringen; ich habe gemacht, was ich machen mußte: tabula rasa! Sprechen wir nicht mehr davon!«

»Aber, lassen Sie doch nicht so schnell den Mut sinken...«, sagte Bertone bewegt. »Gewiß, der Stand der Dinge... Lassen Sie mich ausreden!«

Gabriel Orsani legte die Hände auf die Schultern des Alten:

»Aber was willst du mir denn sagen, du Guter, was willst du mir denn sagen? Du zitterst ja am ganzen Leibe. Nicht so, nicht so: du hättest dich mit der Autorität deiner weißen Haare mir und meinen Plänen früher widersetzen, mir damals raten müssen, da du meine geschäftliche Unfähigkeit kanntest. Möchtest du mich jetzt so betrügen? Du tust mir leid!«

»Was hätte ich tun sollen?...« stöhnte Bertone mit Tränen in den Augen.

»Nichts!« rief Orsani aus. »Genauso wenig wie ich. Ich muß jetzt nur irgend jemand zur Rechenschaft ziehen, hör nicht drauf! Aber ist es denn möglich, daß ich hier den Geschäftsmann spiele? Wenn ich noch nicht einmal sehe, welches im Grunde meine Fehler gewesen sind... Sprechen wir nicht von diesem Bau der schiefen Ebene, zu dem ich mich gezwungen gesehen habe, da mir das Wasser am

Halse stand... Welches sind meine Fehler gewesen?«

Bertone zuckte die Achseln, schloß die Augen und öffnete die Hände, als wolle er sagen: was nützt das jetzt?

»Denken wir lieber an die Möglichkeiten zur Rettung...«, schlug er mit tonloser, tränenerstickter Stimme vor.

Gabriel Orsani lachte von neuem auf.

»Die Rettung weiß ich! Meine alte Geige wieder zur Hand nehmen, die mir mein Vater entriß, um mich zu dieser schönen Unterhaltung hier zu verdammen, wie ein Blinder von Tür zu Tür gehen und spielen, um für meine Kinder ein Stück Brot zu verdienen. Was hältst du davon?«

»Lassen Sie mich reden«, wiederholte Bertone und schloß ein wenig die Augen. »Alles in allem: wenn wir über diese nächsten Termine hinauskommen, und natürlich alle, alle Ausgaben (auch die... entschuldigen Sie, für den Haushalt) einschränken, dann glaube ich, daß wir... wenigstens für die kommenden vier, fünf Monate unsere Verpflichtunger einhalten können. In der Zwischenzeit...«

Gabriel Orsani schüttelte lächelnd den Kopf; dann sagte er mit einem langen Seufzer:

»Die Zeit, mein Alter, ist eine mitleidsvolle Person, die mir Illusionen schaffen will!«

Aber Bertone bestand auf seinen Prophezeiungen und verließ das Büro, um das Bild der Rechnungslage zu vervollständigen.

»Ich will es Ihnen zeigen. Gestatten Sie nur einen Augenblick.«

Gabriel ließ sich von neuem in den Lehnstuhl beim Fenster fallen und begann, die Hände hinter dem Nacken verschränkt, zu grübeln.

Niemand hatte bisher Verdacht geschöpft; aber für ihn gab es keinen Zweifel mehr: noch ein paar Monate verzweifelter Behelfslösungen, und dann der Zusammenbruch, der Ruin.

Seit etwa zwanzig Tagen schon verließ er nicht mehr das Büro, als erwarte er dort, aus den Fächern des Schreibpults, aus den dicken Kassenbüchern, irgendeinen Rat. Die heftige, nutzlose Anspannung seines Geistes aber ließ allmählich, trotz aller Anstrengung, nach, der Wille wurde schlaff; doch er bemerkte es nur, wenn er schließlich betäubt, aus fremden, von seiner Qual und Unruhe weit entfernten Gedanken wieder zu sich fand.

Dann begann er, wie so oft, mit wachsender Erbitterung seinen blinden, widerspruchslosen Gehorsam dem väterlichen Willen gegenüber zu beklagen, der ihn dem geliebten Studium der Mathematik, seiner Leidenschaft für die Musik entrissen und hier in dieses wirre, heimtückische Meer des Geschäftslebens geworfen hatte. Als wäre es heute gewesen, fühlte er nach so viel Jahren noch den Schmerz von damals, als er Rom hatte verlassen müssen. Mit dem Doktorat in Physik und Mathematik, einer Geige und einer Nachtigall war er nach Sizilien gekommen. Glückliche Unbekümmertheit! Er hatte gehofft, in den freien Stunden, die ihm die verwickelten Geschäfte des Vaters lassen würden, sich noch mit seiner geliebten Wissenschaft, seinem geliebten Instrument beschäftigen zu können. Glückliche Unbekümmertheit! Ein einziges Mal, ungefähr drei Monate nach seiner Ankunft, hatte er die Violine aus dem Kasten geholt, aber nur, um darin seiner toten, ausgestopften Nachtigall ein würdiges Grab zu bereiten.

Und noch heute fragte er sich, wie denn der Vater, der so erfahren in seinen Geschäften war, nicht die völlige Unfähigkeit seines Sohnes habe bemerken können. Vielleicht hatte ihn die Leidenschaft getäuscht, mit der er selbst im Geschäftsleben aufging, der Wunsch, die alte Firma Orsani möchte nicht erlöschen, vielleicht hatte er sich geschmeichelt, der Sohn würde sich nach einiger Handelserfahrung, unter dem Anreiz der großen Gewinne, allmählich einleben und an diesem Dasein Gefallen finden...

Aber warum sich über den Vater beklagen, wenn er selbst sich seinem Willen unterworfen hatte, ohne den geringsten Widerstand entgegenzusetzen, ohne die schüchternste Bemerkung zu wagen, als handle es sich um ein seit seiner Geburt festgelegtes und nicht mehr diskutables Abkommen? Wenn er sich doch selbst, um sich den Versuchungen zu entziehen, in die ihn sein bisheriges, so ganz anderes Lebensideal führen konnte, entschlossen hatte, zu heiraten, die zur Frau zu nehmen, welche ihm seit langem bestimmt war: seine verwaiste Cousine Flavia!

Wie alle Frauen dieses verhaßten Landes, in dem die Männer, inmitten der Sorgen und Nöte gewagter Geschäfte, niemals Zeit zur Liebe fanden, so hatte sich auch Flavia, welche die einzige Rose unter all den Dornen für ihn hätte sein können, sofort, ohne Bedauern, als verstünde es sich von selbst, in ihre bescheidene Rolle gefunden: auf den Gang des Hauses zu achten, damit ihrem Gatten keine der materiellen Bequemlichkeiten fehle, wenn er müde und erschöpft von den Schwefelgruben oder der Bank oder den Schwefellagern längs des Strandes zurückkehrte, wo er unter der glühenden Sonne den ganzen Tag die Verladung des Minerals überwacht hatte.

Nach dem plötzlichen Tod seines Vaters hatte er von heute auf morgen dem ganzen Geschäftsunternehmen vorstehen müssen, in dem es ihm noch nicht gelungen war, klar zu sehen. Allein und ohne Führung, hatte er einen Augenblick gehofft, alles liquidieren und sich aus dem Handelsleben zurückziehen zu können. Ein frommer Wunsch, denn fast das ganze Kapital war in den Schwefelgruben investiert! So hatte er sich damit abfinden müssen, auf dem eingeschlagenen Weg weiterzugehen; und als Ratgeber hatte er jenen guten Bertone gewählt, den alten Buchhalter der Bank, zu dem der Vater immer das größte Vertrauen gehabt hatte.

Welche Bestürzung und Ratlosigkeit unter dem Gewicht der Verantwortung, die plötzlich auf ihn gefallen war und noch schwerer wurde durch die Reue darüber, daß er drei Kinder ins Leben gesetzt hatte, die jetzt durch seine Unfähigkeit in ihrem Wohlergehen, in ihrem Dasein bedroht waren! Ah, er hatte bisher kaum daran gedacht: mit verbundenen Augen, wie ein Tier an der Stange einer Ölpresse, war er im Kreise gelaufen. Seine Liebe zu seiner Frau, zu den Kindern, den lebendigen Zeugen seines Verzichts auf ein anderes Leben, war immer schmerzlich gewesen; aber jetzt vergiftete sie ihm das Herz mit bitterem Mitleid. Er konnte seine Kinder nicht mehr weinen hören, ertrug es nicht mehr, daß sie über die geringste Kleinigkeit klagten; gleich sagte er zu sich selbst: »Siehst du, das ist deine Schuld!« – und eine tiefe Bitterkeit blieb in seiner Brust zurück, für die es keinen Abfluß gab. Flavia hatte nie auch nur den Versuch gemacht, den Weg zu seinem Herzen zu finden; vielleicht hatte sie, wenn sie ihn traurig, in Gedanken versunken und schweigsam sah, nicht einmal vermutet, er könne einen Gedanken, der nichts mit seinen Geschäften zu tun hatte, in seinem Innern bergen. Auch sie klagte vielleicht im stillen, daß er sie so allein ließ; aber sie wollte ihm wohl keinen Vorwurf machen, da sie annahm, er sei von seinen verwickelten Angelegenheiten, von den Sorgen und Mühen seines Geschäfts dazu gezwungen.

An manchen Abenden beobachtete er seine Frau, wie sie sich auf das Geländer des Balkons über dem Meere stützte.

Versunken schaute sie in die Nacht, die von Sternen funkelte, die erfüllt war von der dumpfen, ewigen Klage jener unendlichen Wasserfläche, an deren Rand die Menschen mit mutigem Selbstvertrauen ihre kleinen Häuser gebaut, ihr Leben fast der Gnade anderer, ferner Menschen und Völker ausgeliefert hatten. Vom Hafen kam dann und wann das heisere, tiefe, melancholische Geheul eines Dampfers, der in See stechen wollte. Was dachte sie in ihrer Versunkenheit? Vielleicht erzählte auch ihr das Meer mit der Klage seiner unruhigen Wasser von künftigem Unheil?

Er rief sie nicht zurück: er wußte, er wußte nur zu gut, daß es für sie keinen Zutritt in seine Welt geben konnte, da sie beide gewaltsam dazu getrieben worden waren, ihr eigenes Leben hinter sich zu lassen. Er fühlte, wie sich seine Augen mit stummen Tränen füllten. Sollte es immer so weitergehen bis zum Tod, ohne irgendeine Veränderung? In der tiefen Gemütsbewegung jener düsteren Abende fühlte er, daß ihm die Unveränderlichkeit der Grundlagen seines Daseins unerträglich wurde, ihm plötzliche seltsame Gedanken eingab, wie Wahnsinnsblitze. Wie war es möglich, daß ein Mensch, obwohl er doch wußte, daß man nur ein einziges Mal lebt, sich damit abfinden konnte, sein ganzes Leben lang auf einem ihm verhaßten Weg zu beharren? Und er dachte an die vielen anderen Unglücklichen, die das Schicksal zu noch härteren und feindlicheren Berufen zwang. Manchmal rief ihn ein bekanntes Weinen, das Weinen eines seiner Kinder, plötzlich zu sich selbst zurück. Auch Flavia fuhr aus ihrer Träumerei auf; aber er beeilte sich zu sagen: »Ich gehe schon!«, nahm das Kind aus dem Bettchen und begann im Zimmer auf und ab zu gehen, indem er es auf den Armen wiegte, um es wieder einzuschläfern, und mit ihm seine Pein. Wenn dann das kleine Geschöpf wieder eingeschlummert war, wurde auch für ihn die Nacht ruhiger; er legte das Kind in sein Bettchen zurück und blieb noch einen Augenblick stehen, um durch die Fensterscheiben am Himmel den Stern zu betrachten, der am hellsten strahlte.

So waren neun Jahre vergangen. Im Anfang dieses Jahres, gerade in dem Augenblick, da die finanzielle Lage trübe zu werden begann, hatte Flavia angefangen, die Ausgaben für ihren Aufwand ein wenig zu übertreiben; sie hatte auch für sich eine Karosse verlangt, und er hatte sich nicht zu widersetzen gewußt.

Jetzt riet ihm Bertone, alle Ausgaben einzuschränken, auch, ja besonders, die für den Haushalt.

Gewiß hatte Doktor Sarti, seit ihrer Kindheit sein vertrauter Freund, Flavia geraten, ihre Lebensgewohnheiten zu verändern, sich ein wenig Zerstreuung zu gönnen, um die nervöse Depression zu überwinden, die ihr die vielen Jahre abgeschlossenen, eintönigen Daseins verursacht hatten. Bei diesem Gedanken fuhr Gabriel auf, erhob sich aus dem Lehnsessel und begann im Büro auf und ab zu wandern, indem er, mit einem Gefühl von Neid und Groll, an seinen Freund Lucio Sarti dachte.

Sie hatten zusammen in Rom studiert.

Damals hatten beide nicht einen einzigen Tag verbringen können, ohne sich gesehen zu haben; und bis vor kurzem hatte sich dieses alte Band brüderlicher Freundschaft nicht im geringsten gelockert. Er verbot sich entschieden, den Grund dieser Veränderung in einem Eindruck zu suchen, den er während der letzten Krankheit eines seiner Kinder gehabt hatte: daß Sarti seiner Frau gegenüber von übertriebener Aufmerksamkeit gewesen sei; ein Eindruck und nicht mehr, denn er hatte ja viele Beweise von der über jeden Zweifel erhabenen Ehrenhaftigkeit des Freundes und der Gattin.

Und doch war es wahr und unleugbar, daß Flavia in allem und jedem mit der Denkweise des Doktors übereinstimmte: bei den in letzter Zeit sehr häufigen Diskussionen gab sie stets mit einem Nicken des Kopfes dem Freunde recht, sie, die sonst niemals eine Meinung äußerte. Er war ärgerlich darüber geworden. Wenn jene Ideen die ihren waren, warum hatte sie sie früher nie ausgesprochen? Warum hatte sie nicht mit ihm zum Beispiel über die Erziehung der Kinder gesprochen, wenn sie, anstatt mit seinen Grundsätzen, mit denen des Doktors übereinstimmte? Einmal war er sogar so weit gegangen, seine Frau geringer Zärtlichkeit für ihre Kinder zu beschuldigen. Mußte er nicht so sprechen, wenn sie, obwohl ihr Gewissen ihr sagte, daß er die Kinder schlecht erziehe, geschwiegen und gewartet hatte, bis ein anderer davon zu reden anfing?

Andererseits hätte sich Sarti nicht einmischen dürfen. Seit einer Weile schien es Gabriel, als vergäße der Freund allzu viele Dinge: als vergäße er zum Beispiel, daß er alles, oder fast alles, ihm schuldete.

Wer anders als er hatte ihn in der Tat dem Elend entrissen, in das ihn die Schuld der Eltern gestürzt hatte? Sein Vater war wegen Diebstahls ins Zuchthaus gekommen und dort gestorben; von seiner Mutter, die ihn mit sich in die nächste Stadt genommen, war er geflohen, sobald er verständig genug war, um ahnen zu können, zu welch traurigen Mitteln sie Zuflucht genommen hatte, um ihr Leben zu fristen. Nun, Gabriel hatte ihn aus einem armseligen Café geholt, in dem er eine Stellung hatte annehmen müssen, und ihm einen kleinen Posten in der väterlichen Bank verschafft; er hatte ihm seine Bücher geliehen, seine Aufzeichnungen aus der Schule; kurz, er hatte ihm den Weg geöffnet, die Zukunft erschlossen.

Und nun: Sarti hatte sich mit seiner Arbeit, mit seinem natürlichen Talent eine ruhige und sichere

Existenz geschaffen, ohne auf irgend etwas verzichten zu müssen: er war ein Mann; während er selbst... am Rand des Abgrunds stand!

Zwei Schläge an die Glastür, die in die Wohnung führte, schreckten Gabriel aus seinen bitteren Gedanken auf.

»Herein«, sagte er.

Und Flavia trat ins Zimmer.

III

Sie trug ein dunkelblaues Kleid, das auf ihre biegsame und üppige Person gemalt schien und deren blonde Schönheit wundervoll hervortreten ließ. Auf dem Kopf trug sie einen sehr eleganten und doch einfachen, dunklen Hut; sie war noch dabei, sich die Handschuhe zuzuknöpfen.

»Ich wollte dich fragen«, sagte sie, »ob du deinen Wagen brauchst, weil man den Braunen heute nicht anspannen kann.«

Gabriel warf ihr einen Blick zu, als käme sie, so elegant und beschwingt, aus einer luftigen Traumwelt, in der man eine Sprache redete, die für ihn ganz und gar unverständlich geworden war.

»Wie?« sagte er. »Warum?«

»Was weiß ich, es scheint, daß sie es vernagelt haben, das arme Tier. Es hinkt auf einem Fuß.«

»Wer?«

»Der Braune, hörst du denn nicht?«

»Ah«, seufzte Gabriel, indem er sich schüttelte. »Was für ein Unglück, bei Gott!«

»Ich verlange nicht, daß du dich darüber betrübst«, sagte Flavia gereizt. »Ich habe dich um den Wagen gebeten. Aber ich werde zu Fuß gehen.«

Und sie wandte sich nach der Tür.

»Du kannst ihn nehmen, ich brauche ihn nicht«, beeilte sich nun Gabriel zu versichern. »Fährst du allein aus?«

»Mit Carluccio. Aldo und Titti sind bestraft worden und müssen zu Hause bleiben.«

»Die armen Kleinen!« seufzte Gabriel fast ungewollt.

Flavia schien es, als liege in diesen mitleidigen Worten ein Vorwurf an sie, und sie bat den Gatten, die Erziehung der Kinder ihr zu überlassen.

»Aber ja, freilich, wenn sie unartig gewesen sind«, sagte er gleich. »Ich dachte nur daran, daß sie vielleicht in ein paar Monaten unverschuldet eine viel härtere Strafe über sich ergehen lassen müssen.«

Flavia wandte sich um und schaute ihn an.

»Was soll das heißen?«

»Nichts, meine Liebe. Etwas ganz, ganz Leichtes, wie der Schleier oder eine Feder an diesem Hut. Zum Beispiel der Ruin unseres Hauses. Genügt dir das?«

»Der Ruin?«

»Das Elend, ja. Und für mich vielleicht Schlimmeres.«

»Was sagst du da?«

»Freilich, vielleicht auch... Ich setze dich wohl in Erstaunen?«

Flavia trat verwirrt, die Augen auf ihren Mann geheftet, wie im Zweifel, ob er im Ernst spräche, näher.

Gabriel, ein nervöses Lächeln auf den Lippen, antwortete langsam und ruhig auf ihre ängstlichen Fragen, als handle es sich gar nicht um seinen eigenen Ruin; dann rief er, als er die Fassungslosigkeit seiner Frau sah, aus:

»Ach, meine Liebe! Wenn du dich ein wenig um mich bekümmert hättest, wenn du in all den Jahren zu verstehen versucht hättest, welche Freude mir diese reizende Arbeit machte, dann würdest du jetzt nicht so erstaunt sein. Nicht alle Opfer sind menschenmöglich. Und wenn ein armer Teufel gezwungen ist, eines zu bringen, das über seine Kräfte geht...«

»Gezwungen? Wer hat dich denn gezwungen?« unterbrach ihn Flavia.

Gabriel schaute seine Frau an, als habe ihn ihre Unterbrechung und die herausfordernde Haltung, mit der sie, ihre innere Aufregung bezwingend, ihm nun entgegentrat, aus dem Konzept gebracht. Er fühlte, wie der Zorn hochkam und der Mund trokken wurde. Gleichwohl die Lippen zu dem nervösen, jetzt nur noch trüberen Lächeln von vorher öffnend, fragte er:

»Dann ist es wohl spontan geschehen?«

»*Ich* habe dich nicht gezwungen!« entgegnete Flavia, ihm in die Augen schauend, mit Nachdruck. »Meinetwegen hättest du dir dieses Opfer sparen können. Ich hätte das schlimmste Elend tausendmal vorgezogen...«

»Schweig still!« schrie er ärgerlich. »Gebrauche nicht solche Worte, solange du nicht weißt, was sie bedeuten!«

»Das Elend? Aber was habe ich denn vom Leben gehabt?«

»Ah, du! Und ich?«

Sie blieben eine Weile, zornglühend und bebend, voreinander stehen, fast erschrocken über ihren gegenseitigen Haß, den sie all die Jahre im stillen genährt hatten, und der jetzt plötzlich ungewollt hervorbrach.

»Warum beklagst du dich also über mich?« nahm

Flavia mit Heftigkeit das Gespräch wieder auf. »Wenn ich mich nie um dich bekümmert habe, wann hättest du dich je um mich gekümmert? Du wirfst mir jetzt dein Opfer vor, als wäre nicht auch ich geopfert worden, dazu verurteilt, hier für dich den Verzicht auf das Leben darzustellen, das du dir erträumt hattest! Und das sollte für mich das ganze Leben sein? Durfte ich von nichts anderem träumen? Du dachtest, keinerlei Verpflichtung zu haben, mich zu lieben. Ich war die Kette, die dich hier an deine Zwangsarbeit fesselte. Kann man seine Kette lieben? Und ich mußte zufrieden sein, nicht wahr, daß du arbeitetest, durfte nichts weiter von dir verlangen? Ich habe nie etwas gesagt. Aber jetzt forderst du mich heraus.«

Gabriel hatte sein Gesicht in den Händen verborgen und flüsterte von Zeit zu Zeit: »Auch das noch!... Auch das noch...« Endlich brach es aus ihm hervor:

»Auch meine Kinder werden wohl gleich zu mir kommen, um mir mein Opfer wie einen nutzlosen Lappen ins Gesicht zu schleudern?«

»Du verdrehst meine Worte«, antwortete sie achselzuckend.

»Aber nein!« fuhr Gabriel mit beißender Heftigkeit fort. »Ich verdiene keinen anderen Dank. Rufe sie! Rufe sie! Ich habe sie ins Verderben gestürzt; sie werden es mir mit Recht vorwerfen!«

»Nein!« beeilte sich Flavia zu sagen, die bei dem Gedanken an die Kinder weicher wurde. »Die armen Kleinen, sie werden dich nicht ihres Elends beschuldigen... nein!«

Sie blinzelte mit den Augen, faltete ihre Hände und bewegte sie vor der Brust.

»Wie werden sie sich zurechtfinden?« rief sie aus. »So wie sie aufgewachsen sind...«

»Wie?« fuhr er auf. »Ohne Führung, nicht wahr? Auch das werden sie mir vorwerfen? Geh, geh, und rede es ihnen ein! Auch die Vorwürfe Lucio Sartis, muß ich die bei all dem noch hören?«

»Wie kommst du auf Lucio Sarti?« sagte Flavia, durch jene unvermittelte Frage aus der Fassung gebracht.

»Du wiederholst seine Worte«, setzte Gabriel sehr bleich und erregt fort. »Das einzige, was dir noch zu tun bleibt, ist, dir seine Brille auf die Nase zu setzen.«

Flavia stieß einen langen Seufzer aus und sagte, die Augen mit kalter Verachtung schließend:

»Wer auch immer, und sei es für kurze Zeit, unser häusliches Leben geteilt hat, konnte feststellen...«

»Nein, er steckt dahinter!« unterbrach sie Gabriel

mit gesteigerter Heftigkeit. »Er ganz allein! Er, der wie der Sklavenwärter seiner selbst aufgewachsen ist, da sein Vater...«

Er bereute, was er sagen wollte, hielt inne und begann von neuem:

»Ich mache ihm keinen Vorwurf daraus; ich will nur sagen, daß er recht hatte, zu leben, wie er gelebt hat, ängstlich und streng die kleinste seiner Handlungen überwachend: er mußte sich in den Augen der Menschen aus dem Elend und der Schande erheben, in die ihn seine Eltern gestürzt hatten. Aber warum sollten meine Kinder das tun? Warum hätte ich der Tyrann meiner Kinder sein sollen?«

»Wer sagt etwas von einem Tyrannen?« versuchte Flavia einzuwenden.

»Nein, frei, frei sollten meine Kinder sein«, rief er aus. »Gerade weil ich von meinem Vater zu dieser Marter verurteilt worden war, sollten sie frei aufwachsen! Und als Lohn, als einzigen Lohn versprach ich mir, wenigstens ihre Freiheit mitzugenießen, die ich ihnen durch mein Opfer, durch mein zerstörtes Dasein... durch mein nutzlos zerstörtes Dasein verschafft hatte.«

Hier brach er, wie wenn der immer stärker gewordene Orgasmus sich plötzlich in seinem Innern gelöst hätte, in ein unaufhaltsames Schluchzen aus;

auf einmal hob er, von diesem seltsamen, konvulsivischen, fast wütenden Weinen geschüttelt, nach Luft ringend, die Arme und fiel bewußtlos zu Boden.

Zu Tode erschrocken rief Flavia um Hilfe. Aus den Bankräumen eilten Bertone und ein anderer Buchhalter herbei. Man hob Gabriel auf und bettete ihn auf das Sofa, während Flavia beim Anblick seines in Leichenblässe erstarrten und vom Schweiß des Todes bedeckten Gesichts wie eine Verzweifelte schrie:

»Was hat er denn? Was hat er denn? O Gott, seht doch… Hilfe!… Ah, durch meine Schuld!«

Der Angestellte eilte fort, um Doktor Sarti zu rufen, der gleich in der Nähe wohnte.

»Durch meine Schuld!… Durch meine Schuld! …«, wiederholte Flavia.

»Nein, gnädige Frau«, sagte Bertone zu ihr, den Kopf Gabriels liebevoll in seinem Arm haltend. »Seit heute morgen… Oder besser schon seit einer Weile, hier… Der arme Junge!… Wenn Sie wüßten…«

»Ich weiß! Ich weiß!«

»Nun, was wollen Sie dann? Es mußte so kommen!«

Inzwischen tat eiligste Hilfe not. Was tun? Ihm die Schläfen benetzen! Ja… aber vielleicht war ein wenig Äther besser. Flavia klingelte; ein Diener eilte herbei:

»Den Äther! Das Ätherfläschchen, schnell!«

»Was für ein Schlag... was für ein Schlag für den armen Jungen!« klagte Bertone leise und betrachtete unter Tränen das Gesicht des Herrn.

»Kommt der Ruin... denn wirklich?« fragte ihn Flavia erschauernd.

»Wenn er auf mich gehört hätte!« seufzte der alte Buchhalter. »Aber er war nicht dazu geboren, sein Leben hier zuzubringen, der Ärmste...«

Der Diener kehrte hastig mit dem Ätherfläschchen zurück.

»Auf dem Taschentuch?«

»Nein: besser im Fläschchen selbst! Hier... hier ...«, riet Bertone. »Legen Sie den Finger darauf, so... damit er langsam einatmen kann...«

Bald darauf kam Lucio Sarti atemlos herein, gefolgt von dem Bankangestellten.

Großgewachsen, von strenger Haltung, die der feinen Schönheit der fast weiblichen Gesichtszüge jede Anmut nahm, trug Sarti eine auffallend kleine Brille dicht vor den durchdringenden Augen. Fast ohne die Anwesenheit Flavias zu bemerken, schob er alle beiseite und neigte sich forschend über Gabriel; dann sagte er, zu Flavia gewandt, die ihn mit tausend ängstlichen Fragen und Ausrufen bedrängte, nicht ohne Härte:

»Beruhigt Euch in Gottes Namen, und laßt mich hören.«

Er entblößte die Brust des Ohnmächtigen und legte sein Ohr auf die Gegend des Herzens. Nachdem er eine Weile gehorcht hatte, richtete er sich betroffen auf und betastete seine Brust, als suche er etwas in seinen Westentaschen.

»Nun?« fragte Flavia noch einmal.

Er brachte das Hörrohr zum Vorschein und fragte:

»Ist Koffein im Haus?«

»Nein... ich weiß nicht«, antwortete Flavia eilig. »Ich hatte nach dem Äther geschickt.«

»Der nützt nichts.«

Er trat an das Pult, schrieb ein Rezept und überreichte es dem Buchhalter.

»Hier. Rasch!«

Gleich darauf wurde auch Bertone zur Apotheke geschickt, um eine Spritze zu holen, die Sarti nicht bei sich hatte.

»Doktor...«, flehte Flavia.

Aber Sarti näherte sich, ohne auf sie zu hören, von neuem dem Sofa. Bevor er sich wieder über den Ohnmächtigen beugte, sagte er, ohne sich umzuwenden:

»Gebt Anweisung, daß er hinaufgetragen werden kann.«

»Geh, geh!« befahl Flavia dem Diener; kaum war dieser draußen, faßte sie Sarti am Arm und fragte, ihm in die Augen schauend: »Was hat er? Ist es etwas Schweres? Ich will es wissen!«

»Bis jetzt weiß nicht einmal ich es genau«, antwortete Sarti mit erzwungener Ruhe.

Er stützte das Hörrohr auf die Brust des Kranken und legte das Ohr an. Lange, lange ließ er es liegen, indem er von Zeit zu Zeit die Augen zusammenpreßte und das Gesicht verzog, als wolle er sich selbst hindern, die Gedanken und Gefühle zu präzisieren, die ihn während dieser Untersuchung bewegten. Sein Bewußtsein, von dem, was er im Herzen des Freundes wahrnahm, verwirrt und aufgewühlt, war in diesem Augenblick unfähig, jene Gedanken und jene Gefühle in sich widerzuspiegeln, noch wollte es, daß sie sich darin widerspiegelten, als hätte es Angst davor.

Einem Fieberkranken gleich, der, in einem dunklen Zimmer alleingelassen, plötzlich hört, wie der Wind die Läden aufreißt und mit schrecklichem Gepolter die Scheiben zerbricht, und der in irrer Bestürzung mit den Blitzen und der Wut des nächtlichen Sturmes kämpft, um mit seinen schwachen

Armen die Läden wieder zu schließen, versuchte er Widerstand zu leisten, damit nicht ein ungestümer Gedanke an die Zukunft in ihm aufzuckte, das fahle Licht einer gräßlichen Hoffnung, die er einst viele, viele Jahre früher, nachdem er sich von dem schrecklichen Alpdruck seiner Mutter befreit, in jugendlicher Unbekümmertheit zu einem leuchtenden Ziel gemacht hatte, nach dem zu streben er ein gewisses Recht zu haben glaubte mit all dem, was er ohne eigene Schuld hatte erdulden müssen. Damals wußte er nicht, daß Flavia Orsani, die Cousine seines Freundes und Wohltäters, reich war, und daß ihr Vater auf dem Sterbebett das Vermögen der Tochter dem Bruder anvertraut hatte: er glaubte, sie sei eine Waise, die der Onkel aus Mitleid in sein Haus aufgenommen habe. Wenn es ihm nun gelungen war, das Schandmal auszulöschen, das ihm Vater und Mutter auf die Stirne gebrannt, wenn er als Doktor der Medizin in die Heimat zurückgekehrt war und sich eine ehrbare Position geschaffen hatte – konnte er da nicht die Orsanis, als Beweis der Zuneigung, die sie ihm immer entgegengebracht hatten, um die Hand jener Waise bitten, der er, wie er sich schmeichelte, schon nicht mehr gleichgültig war. Aber Flavia war, wenige Monate nach seiner Rückkehr vom Studium, die Frau Gabriels geworden, dem er freilich niemals Grund gegeben hatte, seine Liebe zur Cousine zu vermuten. Ja! Aber hatte er sie ihm nicht trotzdem weggenommen, ohne sich selbst glücklich zu machen? Ah, nicht allein um seinetwillen war diese Hochzeit ein Verbrechen gewesen, sondern an und für sich: seit jener Zeit datierte das Unglück von allen dreien. Viele Jahre hindurch hatte er, als wenn nichts geschehen wäre, in seiner Eigenschaft als Arzt bei jeder Gelegenheit der neuen Familie des Freundes beigestanden, hatte unter der starren Maske der Unbewegtheit die Qual verborgen, die ihm die traurige Intimität jenes liebeleeren Hauses verursachte, der Anblick jener sich selbst überlassenen Frau, deren Augen doch zu verstehen gaben, welchen Schatz von Zärtlichkeit sie in ihrem Herzen verschlossen hielt, die ihr Mann nicht verlangte und vielleicht nicht einmal ahnte; der Anblick jener Kinder, die ohne väterliche Führung aufwuchsen. Und er hatte es sich sogar versagt, in den Augen Flavias zu forschen, oder in einem Wort von ihr ein flüchtiges Anzeichen, einen auch nur leichten Beweis erhaschen zu wollen, daß sie als Mädchen die Neigung bemerkt hatte, die sie ihm eingeflößt. Aber dieser Beweis hatte sich, nicht gesucht, nicht gewollt, bei einer jener Gelegenheiten von selbst angeboten, in denen die menschliche Natur jeden Zwang abschüttelt, jede gesellschaftliche Fessel zerbricht und in ihrer Eigentlichkeit hervortritt, wie ein Vulkan, der es viele Winter hindurch geduldet hat, daß ihn dichte und immer dichtere Schneemassen bedeckten, bis er plötzlich jenen eisigen Mantel abwirft und vor dem Licht des Tages sein feuriges Innere entblößt. Und diese Gelegenheit war eben die Krankheit des Kindes gewesen. Ganz von seinen Geschäften in Anspruch genommen, hatte Gabriel die Schwere der Krankheit nicht einmal geahnt und seine Frau mit der Sorge um das Leben des Kindes allein gelassen; da hatte Flavia, in einem Augenblick äußerster Angst, fast wie in Fieberphantasien, geredet, hatte ihm ihr Herz ausgeschüttet, hatte ihn ahnen lassen, daß sie von allem Anfang an alles, alles begriffen hatte.

Und jetzt?

»Sagt mir, Doktor, um des Himmels willen!« drängte Flavia außer sich, als sie ihn so aufgewühlt und schweigsam sah. »Steht es sehr schlimm?«

»Ja«, antwortete er barsch und düster.

»Das Herz? Was ist es denn für eine Krankheit? So unvermittelt? Sagt es mir?«

»Was kann es Euch nützen? Was würdet Ihr von einer ärztlichen Diagnose verstehen?«

Aber sie wollte Klarheit haben.

»Unheilbar?« fragte sie dann.

Er nahm die Brille ab, blinzelte und rief aus:

»Ah, nicht so habe ich es gewollt... glaubt mir! Ich möchte ihm mein Leben geben können.«

Flavia wurde totenblaß; sie blickte auf ihren Mann, und sagte dann mehr mit einer Gebärde als mit der Stimme: »Schweigt!«

»Ihr sollt es wissen«, fuhr er fort. »Aber Ihr versteht mich schon, nicht wahr? Alles, alles was in meinen Kräften stehen wird... Ohne an mich oder an Euch zu denken...«

»Schweigt!« wiederholte sie entsetzt.

Aber er redete fort:

»Habt Vertrauen zu mir. Wir haben uns nichts vorzuwerfen. Von dem Leid, das er mir zugefügt, weiß er nicht, und wird nie davon wissen. Er soll all die Pflege haben, die der hingebendste Freund ihm gewähren kann.«

Flavia, am ganzen Körper bebend, verwandte kein Auge von ihrem Mann.

»Er bewegt sich!« rief sie plötzlich.

Sarti wandte sich nach ihm um.

»Nein...«

»Doch, er hat sich bewegt«, wiederholte sie leise.

Eine Weile lauschten sie in ängstlichem Schweigen. Dann trat er an das Sofa, beugte sich über den

Liegenden, faßte seinen Puls und rief: »Gabriel... Gabriel...«

IV

Bleich, noch ein wenig außer Atem von den eiligen und tiefen Zügen, mit denen er Luft geholt hatte, als er aus seiner Ohnmacht erwacht war, bat Gabriel seine Frau, ihn allein zu lassen.

»Ich fühle mich gar nicht mehr unwohl. Nimm, nimm nur den Wagen und fahre spazieren«, sagte er, um sie zu beruhigen. »Ich will mit Lucio sprechen. Geh nur!«

Um ihn nicht die Schwere der Krankheit ahnen zu lassen, tat Flavia so, als folge sie der Aufforderung; doch empfahl sie ihm, sich nicht zu sehr zu erregen, grüßte den Doktor und ging ins Haus zurück.

Gabriel blieb eine Weile in sich versunken, mit dem Blick auf die Türöffnung, durch die sie gegangen war; dann führte er eine Hand zur Brust, auf das Herz, und flüsterte, immer noch vor sich hinstarrend:

»Hier, nicht? Du hast mich untersucht... Ich... Wie komisch! Es schien mir, als hielte mich jener Herr... wie heißt er?... Lapo, ja, als hielte mich jener kleine Herr mit dem Glasauge hier fest; und ich konnte mich nicht von ihm befreien; du lachtest und sagtest: *Ungenügende Tätigkeit*... nicht wahr? ...*ungenügende Tätigkeit der Herzklappen*...«

Als Lucio Sarti diese Worte hörte, die er zu Flavia gesagt hatte, entfärbte er sich. Gabriel schüttelte sich, schaute ihn an und lächelte:

»Ich habe dich gehört, weißt du?«

»Was... was hast du gehört?« stotterte Sarti, sich mühsam beherrschend, ein blasses Lächeln auf den Lippen.

»Was du zu meiner Frau gesagt hast«, erwiderte Gabriel ruhig, indem er von neuem blicklos vor sich hinstarrte. »Ich sah... Es schien mir, als sähe ich, wie wenn ich die Augen offen gehabt hätte... ja! Sag mir bitte«, fügte er, sich einen Ruck gebend, hinzu, »sag mir ohne Umschweife und ohne mitleidige Lügen: wie lange kann ich noch leben? Je weniger, desto besser.«

Sarti beobachtete ihn, beklommen, erstaunt und bestürzt, verwirrt besonders von Gabriels Ruhe. Sich mit äußerster Anstrengung gegen die Angst wehrend, die ihn gepackt hatte, fuhr er auf:

»Aber was fällt dir ein?«

»Eine Eingebung!« rief auf einmal Gabriel mit einem Aufblitzen seiner Augen. »Ah, bei Gott!«

Und er stand auf, ging und öffnete die Tür, die in das Bankzimmer führte, um Bertone zu rufen.

»Höre, Carlo: wenn der kleine Herr von heute morgen zurückkommen sollte, laß ihn warten. Oder vielmehr, laß ihn gleich holen, oder noch besser: geh selbst! Sofort, nicht?«

Er schloß wieder die Tür und schaute, sich fröhlich die Hände reibend, Sarti an:

»Du warst es, der ihn mir geschickt hat. Ah, ich packe ihn bei seinen flatternden Haaren und pflanze ihn hier, zwischen mir und dir, auf. Sag mir, erkläre mir auf der Stelle, was man machen muß. Ich will mich versichern lassen. Du bist der Arzt der Gesellschaft, nicht wahr?«

Lucio Sarti, von der schrecklichen Ungewißheit geängstigt, Orsani könne alles gehört haben, was er zu Flavia gesagt, wußte nicht, was er von diesem plötzlichen Entschluß denken sollte; er schien ihm unsinnig, zusammenhanglos und er rief, für einen Augenblick von einer Zentnerlast befreit, aus:

»Aber das ist doch eine Narrheit!«

»Nein, warum denn?« entgegnete Gabriel sofort. »Ich kann für vier oder fünf Monate zahlen, und länger werde ich nicht leben, das weiß ich!«

»Das weißt du?« fragte Sarti, indem er sich zwang, zu lachen. »Wer hat dir denn das Datum so unfehlbar vorhergesagt? Das ist doch dummes Zeug!«

Erleichtert glaubte er, es sei eine List, um aus ihm herauszulocken, was er über seine Krankheit dachte. Aber Gabriel begann, eine ernste Miene annehmend, zu ihm von seinem bevorstehenden, unvermeidlichen Bankrott zu sprechen. Sarti fühlte sein Blut erstarren. Jetzt sah er den Zusammenhang und den Grund jenes plötzlichen Entschlusses und fühlte sich in der Schlinge gefangen, auf einen schrecklichen Hinterhalt hereingefallen, den er selbst sich, ohne etwas zu ahnen, am Morgen gelegt hatte, als er den Inspektor der Versicherungsgesellschaft, deren Arzt er war, zu Orsani geschickt hatte. Wie sollte er ihm nun sagen, daß er ihm nicht nach Wissen und Gewissen seine Hilfe leihen könne, ohne zugleich die verzweifelte Schwere der Krankheit zuzugeben, die sich ihm so unversehens enthüllt hatte?

»Aber du kannst mit deinem Leiden noch herrlich lange leben, mein Lieber«, sagte er, »wenn du dich nur ein wenig schonst...«

»Schonen? Wie soll ich mich schonen«, schrie Gabriel. »Ich bin bankrott, sage ich dir! Aber wenn du glaubst, daß ich noch lange leben kann, wirst du ja keine Schwierigkeiten haben...«

»Aber wie steht es dann mit deinen Berechnungen?« bemerkte Sarti mit befriedigtem Lächeln, und fügte, fast um des Vergnügens willen, sich selbst den glücklichen Ausweg zu verdeutlichen, der ihm plötzlich eingefallen war, hinzu: »Wenn du sagst, daß du nur für drei oder vier Monate deine Verpflichtungen einhalten kannst…«

Gabriel blieb eine Weile nachdenklich.

»Hör zu, Lucio: betrüge mich nicht, lege mir nicht diese Schwierigkeiten in den Weg, um mich zu demütigen, um mich nicht eine Handlung tun zu lassen, die du mißbilligst, nicht wahr? – und an der du nicht teilnehmen möchtest, sei es auch mit wenig oder gar keiner Verantwortung deinerseits…«

»Du täuschst dich!« entschlüpfte es Sarti.

Da lächelte Gabriel bitter.

»So ist es also wahr«, sagte er, »so weißt du also, daß ich binnen kurzem sterben muß, vielleicht noch vor der Zeit, die ich mir ausgerechnet habe. Freilich, ich hab dich ja gehört. Genug! Es geht jetzt darum, meine Kinder zu retten. Und ich werde sie retten! Sollte ich mich täuschen, so zweifle nicht: ich wüßte mir schon rechtzeitig den Tod zu geben.«

Lucio Sarti stand auf, zuckte die Achseln und suchte mit den Augen nach seinem Hut.

»Ich sehe, daß man mit dir nicht vernünftig reden kann, mein Lieber. Du wirst nichts dagegen haben, wenn ich gehe.«

»Ich rede nicht vernünftig?« sagte, ihn an einem Arm festhaltend, Gabriel. »Bleib da! Ich sage dir, daß es darum geht, meine Kinder zu retten! Hast du verstanden?«

»Aber wie willst du sie retten? Willst du sie allen Ernstes so retten?«

»Mit meinem Tod.«

»Verrückt! Aber – entschuldige mal, glaubst du, ich halte mich hier auf, um diese Reden anzuhören?«

»Ja«, sagte Gabriel heftig, ohne seinen Arm loszulassen. »Weil du mir helfen mußt.«

»Dich umzubringen?« fragte Sarti spöttisch.

»Nein: daran werde ich allenfalls allein denken...«

»Also... zu betrügen? Zu... stehlen, entschuldige?«

»Stehlen? Wen bestehle ich? Stehle ich für mich? Es handelt sich um eine Gesellschaft, die der Natur der Sache nach mit derartigen Verlusten rechnet... Laß mich ausreden! Was sie bei mir verliert, wird sie bei hundert anderen gewinnen. Aber nenn es nur Diebstahl... Laß mich nur! Ich werde schon vor Gott Rechenschaft ablegen. Du hast nichts damit zu schaffen.«

»Du täuschst dich!« wiederholte Sarti mit noch stärkerer Stimme.

»Gewinnst du vielleicht dieses Geld?« fragte darauf Gabriel, ihm Aug' in Auge gegenübertretend.

»Es wird meiner Frau und jenen drei armen unschuldigen Seelchen gehören. Wo wäre da deine Verantwortung?«

Unter dem scharfen Blick Orsanis begriff Lucio Sarti auf einmal alles: er begriff, daß Gabriel nichts von seinem Gespräch mit Flavia entgangen war, und daß er sich noch im Zaum hielt, weil er zuerst sein Ziel erreichen wollte: zwischen ihn und seine Frau ein unüberwindliches Hindernis zu legen, indem er ihn bei diesem Betrug zu seinem Komplicen machte. Und in der Tat würde er, wenn er jetzt als Arzt der Gesellschaft Gabriel für gesund erklärte, nicht mehr Flavia zu der seinen machen können, die als Witwe die Versicherungsprämie erhalten würde, die Frucht seines Betrugs. Die Gesellschaft würde zweifellos gegen ihn vorgehen. Aber warum ein so großer und grimmiger Haß noch über den Tod hinaus? Wenn er schon zugehört hatte, so mußte er doch auch wissen, daß er weder ihm noch seiner Frau die geringste Kleinigkeit vorzuwerfen hatte. Warum also?

Den Blick Orsanis aushaltend, entschlossen, sich bis zum letzten zu wehren, fragte er mit unsicherer Stimme:

»Meine Verantwortung, sagst du, der Versicherungsgesellschaft gegenüber?«

»Warte!« hob Gabriel wieder an, wie geblendet von der zwingenden Folgerichtigkeit seiner Überlegungen. »Du mußt bedenken, daß ich dein Freund war, noch lange, bevor du Arzt dieser Gesellschaft wurdest. Stimmt das?«

»Es stimmt... aber...«, stammelte Lucio.

»Nicht verlegen werden! Ich will dir keinen Vorwurf machen; ich will dir nur zu bedenken geben, daß du in diesem Augenblick, in dieser Lage, nicht an mich denkst, wie du solltest, sondern an die Gesellschaft...«

»An meinen Betrug!« versetzte Sarti düster.

»So viele Ärzte täuschen sich!« erwiderte Gabriel sofort. »Wer kann dich anschuldigen? Wer kann behaupten, daß ich in diesem Augenblick nicht gesund bin? Ich kann mit meiner Gesundheit handeln gehn! – und fünf oder sechs Monate später sterben. Der Arzt kann das nicht voraussehen. Du siehst es nicht voraus. Andererseits ist mein Betrug für dich, für dein Gewissen, Freundesliebe.«

Vernichtet beugte Sarti den Kopf, nahm seine Brille ab und rieb sich die Augen; dann versuchte er, kurzsichtig blinzelnd, mit zitternder Stimme, die äußerste Verteidigung.

»Ich würde es vorziehen«, sagte er, »dir, was du Freundesliebe nennst, auf andere Art zu beweisen.«

»Und wie?«

»Erinnerst du dich, wo mein Vater starb, und warum?«

Gabriel schaute ihn verwirrt an; er flüsterte wie zu sich selbst:

»Was hast *du* damit zu tun?«

»Du steckst nicht in meiner Haut«, erwiderte Sarti entschlossen, in hartem Ton, indem er wieder seine Brille aufsetzte. »Du kannst das nicht beurteilen. Erinnere dich daran, wie ich aufgewachsen bin. Ich bitte dich, laß mich korrekt handeln, und ohne Gewissensbisse haben zu müssen.«

»Ich verstehe nicht«, antwortete Gabriel kalt, »welche Art von Gewissensbissen du haben könntest, wenn du meinen Kindern eine Wohltat erweist...«

»Zum Schaden anderer?«

»Ich habe ihn nicht gesucht.«

»Du weißt, daß du ihn zufügst!«

»Ich weiß etwas anderes, das mir mehr am Herzen liegt, und das auch dir am Herzen liegen müßte. Es gibt keine andere Rettung! Um eines Gewissenszweifels willen, der jetzt nicht mehr der meine sein kann, soll ich dieses Mittel zurückweisen, das sich mir ungewollt anbietet, diesen Anker, den du, du selbst mir zugeworfen hast?«

Er ging zur Tür, um zu lauschen, indem er Sarti ein Zeichen gab, nicht zu antworten.

»Da ist er!«

»Nein, das ist ja alles Unsinn, Gabriel!« schrie Sarti entschlossen. »Zwinge mich nicht!«

Orsani packte ihn am Arm:

»Lucio, bedenke, daß das meine letzte Rettung ist.«

»Nicht diese! Nicht diese!« protestierte Sarti. »Höre, Gabriel: diese Stunde sei uns heilig. Ich verspreche dir, daß deine Kinder...«

Aber Gabriel ließ ihn nicht ausreden:

»Almosen?« fragte er grinsend.

»Nein!« entgegnete Lucio sofort. »Ich würde ihnen das zurückgeben, was ich von dir erhalten habe!«

»In welcher Eigenschaft? Wie wolltest du für meine Kinder sorgen? Du? Sie haben eine Mutter! Unter welchem Vorwand? Doch nicht in Form bloßer Dankbarkeit, nicht wahr? Du lügst! Aus anderen Gründen weigerst du dich, die du nicht gestehen kannst.«

Bei diesen Worten faßte er ihn an den Schultern und fragte ihn, indem er ihm befahl, leise zu sprechen, wie weit er in seinem Betruge ihm gegenüber gegangen sei. Sarti versuchte sich zu befreien, sich und Flavia gegen die schreckliche Anschuldigung zu verteidigen und sich jener Vergewaltigung noch zu widersetzen.

»Ich will sehen, was du tust!« zischte auf einmal Orsani zwischen den Zähnen hervor.

Mit einem Sprung machte er die Tür auf und rief Vannetti, indem er sogleich seine äußerste Erregung unter einer lärmenden Fröhlichkeit verbarg:

»Eine Prämie, eine Prämie«, schrie er auf das höfliche und zeremonielle Männchen ein, »eine dicke Prämie, Herr Inspektor, unserem Freund, unserm Doktor, der nicht nur der Arzt der Gesellschaft ist, sondern auch ihr beredtester Anwalt. Ich hatte es fast bereut, wollte nichts davon wissen... Nun, er, er hat mich überzeugt, er hat mich besiegt... Geben Sie ihm, geben Sie ihm gleich das ärztliche Gutachten zum Unterschreiben: ich habe Eile, ich muß gehen. Dann werden wir das Wie und das Wieviel festlegen...«

Überglücklich zog Vannetti, mit einem Schwall von bewundernden Ausrufen und Glückwünschen, ein gedrucktes Formular aus der Aktentasche und mit den Worten: »*Formalitäten... Formalitäten...*« überreichte er es Gabriel.

»Da, schreib!« sagte dieser, und schob das Formular zu Sarti hinüber, der wie träumend dastand und auf einmal in jenem armseligen, marionettenhaften, über die Maßen lächerlichen Männchen die Verkörperung seines elenden Schicksals sah.

Die Leibrente

I

Mit gespreizten Beinen, die Arme auf den Knien, die erdigen Hände wie leblos herabhängend, saß der alte Maràbito auf dem verfallenen Mäuerchen bei der Tür seines kleinen Hauses.

Nur für wenige Stunden sollte er noch die Luft des altersschwachen, rußgeschwärzten Lehmgehöftes atmen, den Hauch von Wohnhaus und Stall, die unter dem gleichen Dache lagen, den warmen Dunst des Mists und den trockenen, beißenden Geruch des Rauchs: Düfte, die bislang sein ganzes Leben begleitet hatten. Sinnend ließ er seinen Blick über das Gut schweifen, indem er unaufhörlich mit den glasigen, tiefliegenden Äuglein blinzelte, wobei er jedoch nur die Lider bewegte: die Augäpfel selbst starrten unbeweglich und hart geradeaus.

Reglos ragten die Bäume in den trüben Himmel,

als litten sie unter demselben Gram wie ihr scheidender Herr. Nur ein paar Elstern, die in den Kronen verborgen saßen, krächzten dann und wann wie zum Hohn, während die Lerchen auf den ausgedörrten Stoppelfeldern lustig um die Wette zwitscherten.

Sie warteten auf den ersten Regen; danach würde die Arbeit auf den Feldern beginnen: das Ausputzen der Bäume, das Pflügen, die Aussaat.

Maràbito schüttelte dreimal den Kopf; er wußte: das waren keine Arbeiten mehr für ihn. Darum hatte er auch im vergangenen März bei sich selbst beschlossen: »Das soll mein letztes Erntejahr sein!«

Er hatte noch die Gerste geschnitten und die Mandeln abgeklopft, das Einsammeln der Oliven und die Weinlese jedoch schon dem neuen Besitzer überlassen, der an diesem Tage kommen sollte, um das Gut zu übernehmen; er würde ihm alles übergeben, und dann – leb wohl!

»Der Tod wird, wann es dem Herrgott gefällt, dort droben an meine Türe klopfen!«

Dabei hob er die Augen und schaute nach Girgenti hinüber, das mit seinen alten, von der Sonne vergoldeten Häusern kulissenhaft auf dem Hügel thronte; und er suchte im Gewirr der Dächer den bescheidenen Turm seiner Pfarrkirche Santa Croce in der Vorstadt Ràbato; dort besaß er ein altes Häuschen, in dem er seine Augen zur ewigen Ruhe schließen würde.

»Ach, wär's doch bald so weit!« seufzte er. »Ciuzzo Pace möcht' ich's nachtun!«

Ciuzzo Pace hatte nämlich vor ihm das angrenzende Gütchen gegen eine Leibrente von einer Lira am Tag an den Kaufmann Scinè, den ›Malteser‹, abgetreten und war schon ein halbes Jahr später gestorben.

Die schwüle Stille, in der es dumpf und leise von unzähligen Fliegen summte, war voll von einer heimlichen Todesahnung. Aber der Alte empfand nicht Schrecken darüber, sondern eher so etwas wie eine ängstliche Erwartung.

Er stand ganz allein auf der Welt, denn von Frauen oder Freunden hatte er nie etwas wissen wollen; aber um sein Gut tat es ihm leid, da er es jetzt nach so langer Zeit verlassen sollte. Er kannte jeden einzelnen Baum, hatte sie alle selbst gepflanzt, selbst beschnitten, selbst gepfropft, hatte sie geliebt und gehegt, als seien sie Geschöpfe seines eigenen Fleisches und Blutes. Auch im Weingarten war ihm jede Rebe vertraut. Ja, es tat ihm leid um das Gut, nicht zuletzt auch um die Tiere, die ihm all die Jahre hindurch Freunde und Helfer gewesen waren: die beiden kräftigen Maultiere, die ihm den lieben langen Tag den Pflug gezogen hatten; das treue Eselchen, das noch unentbehrlicher gewesen war als diese; und Riro, das goldbraune Öchslein, das er abgerichtet gehabt hatte, ganz allein das Wasser aus dem Brunnen hochzuziehen. Das Schöpfwerk ließ, jedesmal, wenn das Tier eine Umdrehung gemacht hatte, ein klägliches Pfeifen hören: er wußte, wie viele Umdrehungen nötig waren, um die Wasserbecken zu füllen, und konnte so aus der Ferne das Ganze beaufsichtigen und regeln. Doch nun ade, Riro! Auch das Pfeifen der Eimermühle würde er von nun an nicht mehr hören.

Die Maultiere und das Eselchen waren auf der Tenne angebunden, wo sie sich nach Herzenslust am Stroh sattfressen konnten. Auch ihnen schenkte der alte Maràbito einen wehmütigen Blick. Wie würde ihr neuer Herr sie behandeln? An die Arbeit waren die armen Tiere gewöhnt, aber auch, außer ans Stroh, an ihre tägliche Ration Gerste und Kleie...

Was hatten denn die Lerchen heute? Lebhafter als sonst zwitscherten sie auf den Feldern, fast als wollten sie dem scheidenden Alten ein Lebewohl zurufen.

Da hörte man plötzlich von der Straße fröhliches Schellengeläute. Über das Gesicht des Mannes glitt ein Schatten.

»Der Wagen ist da!« sagte er, schlüpfte in die lose umgehängte Jacke und ging dem neuen Besitzer entgegen.

II

»Immer den Kopf hoch, Gevatter Marà!« begrüßte ihn Grìgoli, der Knecht (der auch Ciuzzo Paces ehemaliges Gütchen für Don Michelangelo Scinè verwaltete), von seinem Kutschbock herab.

Ach ja, den Kopf mochte allenfalls Grìgoli hochtragen, der sich hinfort an zwei Futterkrippen zugleich mästen konnte, wenn man erst das Trennungsmäuerchen zwischen den beiden Gütern beseitigt hatte. Glück muß der Mensch haben! Der Himmel weiß, womit er sich ins Vertrauen des ›Maltesers‹ geschmeichelt hatte. Ein kräftiger, untersetzter Bursche mit runden, lachenden Augen und einer kleinen Stupsnase, die neugierig aus einem arglos-gutmütigen Gesicht in die Welt ragte! Und dabei hatte er's faustdick hinter den Ohren sitzen! Man brauchte sich seine Nase nur einmal aus der Nähe zu besehen.

Inzwischen war es Don Michelangelo gelungen, mit Hilfe des Kutschers vom Wagen zu klettern: einem jener wackligen, dreispännigen Landauer, die, meilenweit nach Stall riechend, über Land rasseln. Unter den gleichen Anstrengungen stieg auch Frau Nela, seine Gattin aus, raffte mit zwei Fingern ihr Kleid hoch und begann sogleich unruhig umherzutrippeln; zuletzt folgten die Töchter, zwei blühende, wohlgenährte Zwillingsmädchen. Ein großes Faß, ein mittelgroßes Faß, zwei Fäßchen – das war das Bild der Familie. Der zurückfedernde Wagen schien einen tiefen Atemzug zu tun: nicht so die armen Pferdchen, denen der Schaum aus dem Maul und der Schweiß vom Rücken troff.

»Ergebenster Diener!« grüßte Maràbito kurz.

Die langjährige, schwere Arbeit hatte ihn wortkarg gemacht, und außerdem schämte er sich jetzt bei dem Gedanken, daß er von seinem Gut noch leben sollte, auch nachdem er es abgetreten hatte – also nicht mehr unmittelbar, nicht mehr durch seiner Hände Arbeit.

»Oh, diese Hitze bringt einen um!« schnaufte Scinè, indem er sich mit dem Taschentuch über das rote Vollmondgesicht wischte. »Vier Meilen Weg! Von der Stadt oben sieht's gar nicht so weit aus!«

Das war ein erster Seitenhieb des reichgewordenen Krämers, der offenbar in der Absicht gekommen war, alles herunterzusetzen.

Nicht umsonst erinnerten sich die Leute im Dorf

mit Schadenfreude daran, wie er früher zerlumpt, staubbedeckt und schwitzend die steilen Gäßchen im Stadtteil San Michele hinauf- und herabgeklettert war, einen Warenballen auf den Schultern und einen Knotenstock in der Hand, während er die andere vor den Mund hielt und ›Pariser Waaare!‹ rief.

Seine Wuchergeschäfte hatten ihn binnen kurzem zum reichen Mann gemacht, und so thronte er jetzt, unter einem beleuchteten Muttergottesbild, hinter dem langen Ladentisch seines Tuchgeschäfts, dem größten in der ganzen Hauptstraße.

Frau Nela – mit ihrem Kürbiskopf über dem respektablen Busen – tat nie den Mund auf, bevor sie nicht mit einem verstohlenen Blick ihren Mann um Rat gefragt hatte. Doch eine der beiden Töchter hatte eines Tages beim Anblick der beiden antiken Tempel, die auf dem nahen Abhang ragen, mit stürmisch-inbrünstiger Bewunderung ausgerufen:

»Ach, wie niedlich, Papa!«

Der ›Malteser‹ hatte sie nur mit einem vernichtenden Blicke angefunkelt.

Er kannte genau den Wert des Gutes und wußte, daß Maràbito schon über fünfundsiebzig war. Indem er sich nun über den Zustand des Gutes unzufrieden und über den des Alten erfreut zeigte, hoffte er von der ausbedungenen Leibrente von täglich zwei Lire noch etwas herunterzuhandeln. Denn der Boden ist nun einmal den Zufälligkeiten des Wetters unterworfen, während zwei Lire immer zwei Lire bleiben!

Aber es kam nicht dazu. Die genaue Besichtigung des Gutes ergab, daß nirgends etwas auszusetzen war, und dieser Dummkopf von einem Grìgoli rief wie mit Absicht ein über das andere Mal:

»Aber da schaut her!«

Und dabei bog er die Blätter eines Weinstocks beiseite und ließ Trauben sehen, die schwerer wogen als Frau Nelas Brüste.

»Hier! Da schaut her!«

Und er zeigte im Agrumenhain auf Zitronen und Apfelsinen, bei deren bloßem Anblick einem schon das Herz im Leibe lachte.

»Dieser Garten, Exzellenz, trägt Früchte das ganze Jahr!«

Michelangelo Scinè nickte mürrisch mit dem Kopf. Und da er sonst nichts einzuwenden hatte und ihm überdies jenes ›Exzellenz‹ schmeichelte, mit dem Grìgoli freigebig um sich warf, stöhnte er über die Hitze.

»Nicht zum Aushalten! Nicht zum Aushalten!«

Der einzige, der nichts sagte, war Maràbito. Er ärgerte sich vielmehr über Grìgolis unaufhörliches

Geschwätz, denn es war ihm nicht entgangen, daß Scinè vor Wut sichtlich zusammenschrumpfte. Tatsächlich war er schon verschiedene Male, als habe er die ständigen Aus- und Anrufe seines Faktotums nicht gehört, einfach weitergegangen, oder er war mit halbgeschlossenen Augen und dem Zeigefinger auf der Nasenspitze stehengeblieben, als sei er in irgendeine verwickelte Rechnung vertieft. Grìgoli aber hatte sich nur um so unbekümmerter an Frau Nela und die beiden Mädchen gewandt:

»Schauen Sie sich das einmal an!«

So daß es Maràbito am Ende für geraten hielt, den allzu eifrigen Lobredner zurechtzuweisen:

»Nun laß es schon gut sein, Grigoletto! Die Herrschaften haben doch selbst Augen im Kopf!«

Aber damit machte er es nur noch schlimmer. Unbeirrt fuhr Grìgoli fort:

»Ja, Ihr habt recht! Ihr tut nie den Mund auf! Doch was wahr ist, muß wahr bleiben. Man soll Anwesende nicht loben: aber einen Schaffer wie Gevatter Maràbito hat es noch nicht gegeben und wird es nicht mehr geben. Und auf seine Landwirtschaft versteht er sich! Wenn's einen Baum ausputzen und veredeln heißt, dann kann man seinesgleichen im ganzen Landkreis suchen! Da seht Euch nur die Mandelbäume an, die er gepfropft hat: etwas Dankbareres werdet Ihr schwerlich finden. Jeder Baum trägt drei, vier Scheffel im Jahr, die Euer Gnaden mit geschlossenen Augen nachzählen können. Und hier die Aprikosenbäumchen! Wenn Euer Gnaden diese Früchte erst einmal kosten, dann gibt's kein Aufhören mehr! Ein Genuß, kann ich Ihnen sagen. Und das hier, mein kleines Fräulein, ist ein Birnbaum: *solche* Birnen trägt der! Ach, einen Boden wie den gibt's nicht wieder! Da fehlt nichts, rein gar nichts! Denn Maràbito hat sich's sauer werden lassen; geschuftet hat er wie das reinste Arbeitspferd. Schade, daß er jetzt so alt geworden ist...«

Hier riß Don Michelangelo endlich die Geduld:

»Was heißt denn alt, du Esel«, brach er los. »Siehst du nicht, daß er besser auf den Beinen ist als ich?«

»Das will nicht viel besagen!« antwortete Grìgoli mit einem blöden Lächeln. »Euer Gnaden sind mein Herr, und deshalb möcht' ich Ihnen nicht gern widersprechen. Aber wenn man so dick und rund... will sagen, so kerngesund ist wie Euer Gnaden, dann geht sich's ein bißchen schwer im Weinland!«

Dieses war nämlich frisch gehackt, man sank bei jedem Schritte ein, und eine Unvorsichtigkeit konnte leicht zu einer Verstauchung führen. Auch stieg infolge des immer noch warmen Wetters ein dumpfer, fauliger Geruch vom Boden auf, so daß es dem armen Don Michelangelo ganz übel wurde. Zum Teil war daran freilich auch das unaufhörliche Geschwätz dieses Tölpels schuld.

»Nun halt doch endlich einmal den Rand! Das geht ja wie ein Mühlrad! Das Gut hat seine Vorzüge, zugegeben! Aber... aber... aber...«

Aber er endete den Satz mit hochgehobenem Zeigefinger und Mittelfinger, was so viel bedeuten sollte wie: zwei Lire sind zwei Lire.

»Lieber Herr«, fiel ihm da Maràbito, stehenbleibend, ins Wort. »Morgen in aller Frühe zieh ich in die Stadt hinauf, und dort wird der Tod gewiß nicht lange an meinem Häuschen vorübergehen; denn mein Leben, das laß ich hier auf meinem Gut. Ich mach nicht gern viel Worte; aber eines muß ich Ihnen doch sagen: Glauben Sie nicht, daß ich dies Geschäft mache, weil ich keine Lust mehr zum Arbeiten habe! Ich hab gearbeitet, seit ich ein kleiner Junge von sieben Jahren war; und Leben und Arbeiten sind für mich immer dasselbe gewesen. Sie können mir glauben, daß ich's nicht meinetwegen tue, sondern meines Besitztums wegen, das darunter leiden würde, wenn ich's weiter behielte; denn mir fehlt die Kraft, so zu arbeiten, wie ich gern möchte und wie es nötig wäre. In Ihren und Grigolettos Händen, der von der Landwirtschaft mehr versteht als ich, wird mein Gut ganz bestimmt alle erforderliche Pflege haben, und so bin ich denn jetzt bereit, es ohne ein Wort der Klage hinzugeben. Doch wenn Euer Gnaden anderen Sinnes geworden sind, dann sagen Sie's nur frei heraus, und der Handel unterbleibt.«

Frau Nela und die beiden Töchter waren auf diesen Ausbruch nicht gefaßt gewesen und starrten dem Alten verdutzt ins Gesicht. Don Michelangelo aber, der alte Fuchs, rief Grìgoli lächelnd zu:

»Nun sag du mir noch einmal, daß er den Mund nicht auftut. Na, ich danke!«

Dann fuhr er, zu Maràbito gewendet, fort:

»Soll ich Euch denn sagen, daß Ihr steinalt seid und mit einem Fuß im Grabe steht?«

»Wie ich bin, sehen Euer Gnaden ja selbst«, entgegnete der Alte achselzuckend. »Wieviel Jahre es sind, weiß ich nicht genau. Nur daß ich müde bin, weiß ich. Und Euer Gnaden können mir glauben, daß Sie an mich nicht viel von Ihrem schönen Gelde zu verschwenden brauchen. Ich werde bald den Weg von Ciuzzo Pace gehn. Das ist für mich das beste, die Herrschaften können sich des Besitzes freuen, und ich hoffe nur zu Gott, daß sie ihn nicht verkommen lassen.«

III

»Sie haben die Aprikosenbäumchen vor dem Hause umgeschlagen«, sagte Maràbito, noch nicht vierzehn Tage später, zu seinen Nachbarinnen vom Santa Croce-Platz.

Er schloß die Augen und sah die Bäumchen wieder alle drei auf dem freien Platz am Abhang stehen. Sie waren so hübsch gewesen! Wozu mußte man sie umhauen?

»Todsicher ist das Grìgolis Werk, der Brennholz braucht und seinem Herrn vormacht, die Bäume seien dürr.«

Aber er täuschte sich. Noch war kein Monat vergangen, als man ihm berichtete: »Sie haben das Gehöft niedergerissen.«

Das Gehöft? Gewiß doch: der ›Malteser‹ wollte an seiner Stelle ein hübsches, neues Häuschen errichten, und die drei Bäumchen waren ihm dabei im Wege gestanden.

»Regt Euch nicht auf und genießt in Ruhe Eure Rente!« ermahnten ihn die Gevatterinnen. »Ihr weint ja um diese paar Bäumchen, als hätte man Euch die Arme abgehauen!«

»Und die Tiere?« fügte Maràbito hinzu. »Mein armes Eselchen soll so heruntergekommen sein, daß es sich nicht mehr auf den Beinen hält. Und Riro? Ach, den erkennt man gar nicht mehr wieder!«

»Wer ist Riro?«

»Mein Öchslein.«

»Ach so. Es hörte sich gerade so an, als sprächet Ihr von Eurem eigenen Sohn.«

Die Nachbarinnen hatten Mitleid mit ihm, aber manchmal konnten sie sich kaum das Lachen verbeißen.

»Das Gut gehört doch jetzt dem andern! So laßt ihn halt tun, was er für richtig hält!«

Aber das war es ja gerade, was Maràbito nicht ertragen konnte. Daß der ›Malteser‹ Herr auf seinem Grund und Boden geworden war – nun, das ging noch hin; daß er ihm aber die Frucht jahrzehntelanger Arbeit zerstörte und seine Tiere mißhandelte – nein, das durfte unser Herrgott nicht zugeben!

Und er lenkte seine Schritte zur ›Promenadenstraße‹ am anderen Ende der Stadt, von wo aus er sein Anwesen tief unten im Tal zwischen den beiden antiken Tempeln liegen sah. Er starrte unverwandt hinab, als könne er durch die Kraft seiner Blicke dem Zerstörungswerk des ›Maltesers‹ Einhalt gebieten. Aber er widerstand nicht lange und ging schleppenden Schritts, die Augen voll Tränen, nach Hause zurück.

Er war ans Leben auf dem Lande gewöhnt und glaubte jedesmal ersticken zu müssen, wenn er ins Gewirr der engen Gäßchen eintauchte. Auch wenn er die Hauptstraße entlang ging, die ein wenig breiter und länger war als die andern, gepflastert und von herrschaftlichen Häusern und Geschäften gesäumt, fühlte er sich nicht besser. Seine Nagelschuhe dröhnten auf dem glatten Pflaster, während er vornübergebeugt dahinschritt, mit dem bedächtigen Gang der Bauern, die Hände auf dem Rücken und die Augen auf den Boden geheftet, seine schwarze Zipfelmütze auf dem Kopf, deren Quaste bei jedem Schritt auf seinem Nacken hin und herbaumelte.

Wenn er dann aus der Ferne Scinès Tuchgeschäft mit den vier prunkvollen Schaufenstern zu seiten des Eingangs erblickte, so zuckte er jedesmal zusammen. Oft saß Don Michelangelo vor der Tür, die Hände über dem Bauch gefaltet, der wie ein Sack Kleie auf den gespreizten Schenkeln lag, während ihm unter der zu kurzen Weste das Hemd hervorquoll. Er rauchte, den Boden im Umkreis mit seiner Spucke bedeckend. Sah er jedoch Maràbito des Weges kommen, dann heftete er die Augen auf ihn, als wolle er ihn mit seinen Blicken bei lebendigem Leibe verschlingen wie eine Schlange einen Frosch, und fragte ihn mit höhnischem Lächeln:

»Wie geht's, wie steht's?«

»Wie's Gott gefällt«, erwiderte Maràbito unfreundlich, ohne stehenzubleiben. Und bei sich selbst sagte er: »Ich will leben, bis du schwarz wirst!« Und er hätte sich umdrehen und die Abwehrgeste gegen den ›bösen Blick‹ machen mögen.

Aber wenn er bald darauf wieder in seinem alten Häuschen allein war, ließ er den Kopf hängen.

»Was tu ich eigentlich noch auf der Welt?«

»Still, alter Narr!« wiesen ihn die Nachbarinnen zurecht. »Ruft Ihr den Tod herbei? Dankt lieber Eurem Herrgott, daß er Euch ein gesegnetes Alter beschert hat!«

Aber der Alte schüttelte den Kopf und hob seine Hand in einer Gebärde des Ärgers: was sollte das für ein gesegnetes Alter sein? Und er begann zu weinen wie ein kleines Kind:

»Er wirft mir das Brot vor, das ich esse, und die paar Tage, die ich noch zu leben habe!«

»Nun, so schaut, daß Ihr's auf hundert Jahre bringt, damit er platzt vor Wut!« riefen die Frauen wie aus einem Mund und ließen einen Schwall von Schimpfworten gegen Scinè los. »Der Halsabschneider! Saugt ihn aus, wie er selbst so viele arme Teufel ausgesaugt hat! Auf hundert Jahre müßt Ihr's bringen! Der Herrgott und die heilige Mutter Gottes mögen Euch am Leben erhalten, damit er platzt vor Wut! Ja, auffressen soll er sich vor Wut!«

Gleichzeitig redeten der Goldschmied Don Luzzo, das größte Lästermaul der ganzen Hauptstraße, zusammen mit dem Apotheker von gegenüber im gleichen Sinn auf Don Michelangelo ein, wenn auch mit weniger Gesten und Worten und in spöttischem Ton.

»Der Alte erlebt sein Hundertstes, da sind wir Euch gut dafür, lieber Scinè!«

Der aber blies Mund und Wangen zu einer Grimasse ungläubigen Ärgers auf. Seltsamerweise gaben jedoch die buschigen Augenbrauen unter der niedrigen Stirn dem dicken, stumpfsinnigen und gemeinen Gesicht beinahe einen Ausdruck von Trauer und Niedergeschlagenheit.

Er hatte das Gut vor dem Abschluß des Vertrags abschätzen lassen. Zweieinhalb Tagwerk blühendes Ackerland hätten ihn sonst zum mindesten zwölftausend Lire gekostet. Nun war Maràbito schon über fünfundsiebzig: so rüstig er auch sein mochte, auf mehr als achtzig würde er es wohl kaum bringen. Drei bis viertausend Lire würde er ihn also kosten. Bis zwölftausend war es noch weit hin...

»Laßt den armen Teufel doch leben! Mir soll es recht sein!«

So gab er den andern den Ärger zurück. Ja, er winkte, um seine Rolle ganz zu Ende zu spielen, den Alten eines Morgens zu sich in den Laden herein.

»Kommt doch einmal her, in Gottes Namen! Warum lauft Ihr denn vor mir davon? Was hab ich Euch getan?«

»Nichts«, antwortete Maràbito, »gar nichts. Aber mein Gut hatte ich Euer Gnaden ans Herz gelegt, und auch das arme Vieh; Riro, mein Riro ist tot! Ich kann mich gar nicht beruhigen darüber!«

»Und ich?« rief der ›Malteser‹. »Erinnert mich nicht daran! Dieser Grìgoli ist ein Hundesohn! Er hat die Schuld. Ein bißchen Schuld habt aber auch Ihr!«

»Ich?«

»Ihr, jawohl! Denn hättet Ihr Teufelskerl mich nicht wie einen Dieb geflohen, während Gott allein weiß, welches Opfer diese zwei Lire am Tag für mich bedeuten; wäret Ihr mir statt dessen mit Rat und Tat zur Seite gestanden, dann hätten wir beide jetzt keinen Grund zur Klage, und vielleicht hätte Riro nicht dran glauben müssen.«

Der ›Malteser‹ staunte selbst über die Richtigkeit dieser Erwägung. In der Tat, wer hätte ihn wohl besser als Maràbito vor diesem Halunken Grìgoli schützen können? Doch der Alte blieb beleidigt.

»Ah, Euer Gnaden behaupten also, an Riros Tod sei ich schuld?«

»Gewiß doch! Ich hätte Eure Ratschläge befolgt und mich nicht von diesem Gauner an der Nase herumführen lassen, der sich meine Unerfahrenheit zunutze macht, mich hinten und vorn bestiehlt und sich als Herr aufspielt. Statt dessen wäret Ihr, wenn auch sozusagen von weitem, der Herr geblieben und alles wäre besser gegangen. Ich will Euch wohl und möchte, daß Ihr auf Eure Gesundheit seht. Kommt nur einmal zu mir! Wir werden bestimmt einig werden!«

Die letzten Worte sagte er mit überlauter Stimme, damit der Goldschmied Don Luzzo sie hören sollte.

»Wie gut Ihr's mit dem Alten meint!« grinste dieser denn auch, sobald Maràbito ein paar Schritte weiter fort war. »Doch wenn Ihr ihn gütlich überreden wollt, bald abzukratzen, so ist's verlorene Liebesmüh: der Alte bringt's auf Hundert!«

Don Michelangelo machte seine gewohnte, ungläubige Grimasse und hob die fünf Finger seiner fleischigen Hand:

»Soviel noch! Ihr werdet schon sehen!«

IV

Inzwischen begab sich Maràbito alle vierzehn Tage zu dem Notar Nocio Zàgara, um die Raten seiner Leibrente abzuholen.

Don Nocio konnte es an Umfang mit Scinè aufnehmen: nur war er viel größer: ein beleibter Riese, der das ganze Zimmer im Erdgeschoß füllte, wo er sein Büro hatte. Über den Fleisch- und Fettmassen ragte jedoch ein winzig kleines, rosiges Kindergesicht mit zwei hellen und springlebendigen Äuglein. Rot und großporig wie eine Erdbeere, guckte das Näslein zwischen den Pausbacken hervor, während die zarte, winzig kleine Spitze des Kinns mit dem neckischen Grübchen in den Speckwogen des Halses fast nicht mehr auszumachen war.

»Vier Jährlein erst bin ich alt«, pflegte er zu sagen, »und doch haben sie mich so aufgebläht!«

Immer zum Scherzen aufgelegt, fragte er den eintretenden Maràbito mit näselndem Stimmchen:

»Was meint denn der alte Schmutzfink?«

Maràbito verstand nicht gleich, auf wen der andere anspielte, und blinzelte ihn ratlos an.

»Na, Don Michelangelo! So arg zufrieden wird er ja mit Euch nicht sein. Da hat sich Ciuzzo Pace schon besser aufgeführt!«

»Auf jeden Fall scheint ihm mein Anwesen gefallen zu haben«, erwiderte Maràbito achselzuckend.

»Schon, schon! Aber für Euch wär's Zeit! Denn Ihr seid doch ein Ehrenmann!«

Dabei klopfte er ihm väterlich auf die Schulter.

Er wußte, daß die Geschäfte des ›Maltesers‹ schon seit einer ganzen Weile nicht mehr so florierten, wie früher. Und da er gern in Bildern sprach, münzte er auf Scinè das folgende Gleichnis: »Ein kleiner Luftballon sah den Mond am Himmel stehn und wollt es ihm gleichtun. Er bat den Wind, doch dem Jungen die Kordel aus der Hand zu reißen, die ihn hielt. Der Wind gewährte ihm die Bitte und hob ihn hoch-hoch-hoch hinauf. Zu hoch! Denn auf einmal machte es *bums*, und der kleine Luftballon war geplatzt.«

Es genügte, an die letzte Narrheit zu denken, an jene Leibrente für Maràbito, nur weil ihm beim erstenmal das Spiel mit dem armen Pace geglückt war! Dumm – sehr dumm! Denn der Tod kann seine Leute auch einmal zum besten halten, wenn es ihm gerade paßt: »Ah, du willst es noch einmal mit mir probieren? Na schön! Ich werde bei dem Alten anklopfen, wann's mir beliebt! Zahl du nur ruhig inzwischen!«

»Zwei Lire am Tag sind kein Pappenstiel!«

Für Maràbito war das Geld im Grunde wirklich

zuviel, denn er brauchte keine Miete zu zahlen, und was das Essen betraf, so begnügte er sich zu Mittag mit etwas Brot und Zukost, und am Abend mit einem Teller Gekochtem: Bohnensuppe oder Spaghetti, oder auch nur etwas Grünzeug, das er oft genug ohne Öl, mehr dem lieben Vieh als einem Christenmenschen gleich, hinunterschlang.

Das alles bereitete er sich selbst auf einem kleinen Herd in dem Kämmerchen neben dem großen Wohnraum. Besagter Herd stand unter einem vergitterten Fenster; und auf der schmierigen und verrußten Fensterbank waren die Koch- und Eßgeräte aufgestellt: eine Pfanne und ein irdener Topf, ein Teller mit roten und blauen Tupfen, unter denen man sich Blumen vorstellen konnte, eine Gabel und ein Zinnlöffel. Lauter neuerworbene Gegenstände. Das Messer, einen Knicker mit Horngriff, führte Maràbito wie jeder rechte Bauer stets in der Tasche mit sich, sei es auch nur zu dem friedlichen Zweck des Brotschneidens.

Der Wohnraum mit der rohgezimmerten Decke hatte längst eine gelbbraune Farbe angenommen, und an der einen Wand bröckelte der Verputz herunter. Dicker Staub lag in dem alten Häuschen, das so lange leer gestanden hatte, und verbreitete allenthalben einen zähen Modergeruch.

Maràbito liebte sein Häuschen genauso wenig, wie er die Stadt liebte, zu der er früher fast nie aus seinem Landgut heraufgekommen war. Jetzt lernte er nach und nach ihre engen und gewundenen Gäßchen kennen, in denen es so seltsam vertraut nach allem Möglichen roch, so daß er sinnend stehenblieb und alten Kindheitserinnerungen nachhing. Er sah sich wieder als kleinen Jungen an der Hand seiner Mutter jene Gassen hinauf- und hinabklettern, die steinig waren wie das Bett eines Gießbachs und ganz dunkel, mit den finster dräuenden Häusern rechts und links und einem Stückchen Himmelsblau hoch darüber, das man mitunter nicht einmal sah, wenn man auch noch so sehr den Hals reckte, da die Augen von dem gleißenden Licht der letzten Zinnen geblendet wurden. Bis er endlich die Hügelhöhe von San Gerlando erreicht hatte. Hier waren von der ganzen Stadt nur noch die Dächer zu sehen – ein Meer von Dächern, terrassenförmig gestuft, alte Dächer mit zerfallenen Ziegeln, neue, leuchtend rote Dächer, ausgebesserte, hell und dunkel nach dahin und dorthin abfallende Dächer; dazwischen die Kuppeln einiger Kirchen mit ihrem Glockenturm; und Terrassen, auf denen die aufgehängte Wäsche buntschimmernd im Winde flatterte.

An seine Mutter hatte er keine guten Erinnerungen. Sie war eine große, dürre Frau gewesen, mit schütterem Haar, zornig schweifenden Augen, einem langen Ziegenhals und einem kleinen Kropf. Sie hatte bald nach dem Tode seines Vaters einen Mann aus Montaperto geheiratet; und er selbst war schon als siebenjähriger Junge aufs Land geschickt worden, um einem Gevatter seines Vaters bei der Arbeit zu helfen, einem gewalttätigen, rothaarigen Kerl, der ihn Abend für Abend grundlos verprügelte – angeblich, um ihn zu erziehen.

Ferne, längstverblaßte Erinnerungen...

Auch an die in Amerika, in Rosario de Santa Fé verbrachten Jahre erinnerte er sich nur noch undeutlich. Ja, er war weit, weit übers Meer gefahren, und drüben war im Juni Winter und im Sommer Weihnachten gewesen (alles verkehrt herum). Er hatte inmitten von Landsleuten gelebt, die wie er ausgewandert waren, und die nun rottenweise die Erde bebauten, welche allüberall dieselbe ist, so wie alle Bauernhände auf der ganzen Welt einander gleichen. Und niemals hatte er sich bei seiner Arbeit Gedanken gemacht; sein Sinnen und Trachten beschränkte sich stets nur auf seine Hände und die Dinge, die er zur Arbeit brauchte. Über vierzig Jahre lang hatte er auf jenem Grundstück, das er mit dem drüben zurückgelegten Gelde hatte erstehen können, nie etwas anderes gesehen und gehört als den Baum, der beschnitten, als die Hacke, die geschärft, als das Heu, das gemäht werden mußte; nie hatte er sich durch irgend etwas ablenken lassen: die blitzende Klinge seiner Sense oder seiner Baumaxt, das Rascheln des frischgeschnittenen Grases und der Duft des Heus – das war seine ganze Welt gewesen. Und voll von Arbeit seine Tage, auch wenn der Herrgott einen erquickenden Regen auf die schmachtenden Felder niedergehen ließ: da waren Säcke zu flicken, Körbe auszubessern oder Schwefel für die Reben zu zerkleinern. Wenn jetzt sein Blick auf ein übriggebliebenes Ackergerät fiel, das in einer Zimmerecke lehnte, oder auf die verrostete Sichel über der Tür zum Kämmerchen, so empfand er eine solche Niedergeschlagenheit über sein sinnloses Nichtstun, daß er in die Bodenkammer hinaufschlich und sich wie ein kranker Hund auf dem Strohsack zusammenkauerte.

Er hielt es nicht aus zwischen all den Weibern und Kindern des Santa Croce-Platzes: der Gevatterin Milla, der vornehmsten aus der ganzen Nachbarschaft, die immer fein und sauber gekleidet ging wie eine richtige Dame und sich eines allgemeinen Respekts erfreute; der Gevatterin Gàpita, die einem alten, geborstenen Topfe glich und auf einen Bauch herunterblicken konnte, so dick, als ob sie ewig schwanger sei; der Frau Croce, die vom Morgen bis zum Abend nicht nur mit ihren fünf Kindern keifte, weil sie das sechste, einen schmutzstarrenden Säugling, nicht schlafen ließen, sondern auch mit ihren acht Hühnern und der Katze und dem Ferkel, das sie, vor der Stadtpolizei verborgen, in ihrem Hause aufzog; der Frau Carminilla, genannt ›die Besessene‹; der Gevatterin Gesa, genannt ›das Mannweib‹; und wie sie sonst noch alle heißen mochten.

All diese Frauen empfanden für den als eingefleischten Weiberfeind bekannten Maràbito ein seltsames Gefühl der Neugierde: während sie sich einerseits im stillen ärgerten, mußten sie doch auch heimlich lachen, wenn sie sahen, daß er ihnen noch immer ängstlich aus dem Wege ging und sich gegen die kleinen, harmlosen Gefälligkeiten sträubte, die sie ihm erwiesen, da er doch so allein war.

Aber noch ein anderes Gefühl war in ihnen wirksam, das weniger aus Mitleid für Maràbito bestand, als aus Haß gegen den ›Malteser‹ und aus dem immer noch lebendigen Bedauern um den armen Ciuzzo Pace, der ein knappes halbes Jahr nach Antritt seiner Leibrente hatte sterben müssen. Dieses Mal durfte der Halsabschneider nicht so leichten

Kaufes davonkommen! Und so pflegten sie Maràbito um die Wette, als hätten sie sich verschworen, ihn hundert Jahre alt werden zu lassen, um den andern zu rächen.

V

Aber dieser Schurke von einem ›Malteser‹ stand offensichtlich mit dem Teufel im Bunde. »Höchstens noch fünf Jahre!« hatte er gesagt, und wirklich wurde Maràbito wenige Tage nach seinem achtzigsten Geburtstag krank.

Als die besorgten Nachbarinnen an jenem Morgen sahen, daß sein Häuschen verschlossen blieb, schlugen sie zuerst eine Weile vergeblich mit Händen, Knien und Füßen an die Tür, dann schickten sie jemand zur Polizei. Die andern verharrten wartend, indem sie in allen Tonarten nach dem Alten riefen:

»Heda, Gevatter Marà!«

»Alterchen!«

»So antwortet doch wenigstens!«

Nachdem die Türe aufgebrochen war, eilten sie geradewegs in die Dachkammer hinauf, gewiß, ihn schon tot zu finden.

»Nein! Nein! Er hat die Augen offen! Er hat die Augen offen!«

Aber sie glänzten fiebrig. Gott, wie er glühte! Und wie ein Hund lag er dort am Boden, auf seinem Strohsack!

Zunächst beschlossen sie, ihn in den Wohnraum hinunterzutragen, damit er wenigstens ein bißchen Luft hätte und nicht, wie schon einmal, von den Mäusen angeknabbert würde. Sie machten ihm, so gut es ging, ein Bett zurecht, wozu die eine das Gestell hergab, eine andere die Bretter, eine dritte eine Matratze, ein paar saubere Leintücher und eine Decke. Dann schickten sie nach einem Arzt. Er habe eine Lungenentzündung, hatte die Gevatterin Milla inzwischen entschieden, und zwar eine gehörige. Die Croce dagegen keifte, wie sie's gewohnt war, mit aufgehobenen Armen:

»Eine Lungenentzündung? Bleibt weg! Was soll hier ein Arzt? Das war ein böser Blick! Laßt mich nur machen!«

Und von der Gàpita und der Carminilla unterstützt, begann sie das eben aufgestellte Bett mit allen erdenklichen Amuletten zu schmücken: vom Hufeisen über ein Paar Ziegenhörner bis zu roten Salzsäckchen. Darauf beschlagnahmte sie alle Besen in der ganzen Nachbarschaft und lehnte sie, den Stiel nach unten, rechts und links von der Tür an die Wand des Häuschens, zur Bewachung des Eingangs.

Wütend schrie der Arzt, als er das solcherart geschmückte Bett sah:

»Fort mit diesem Dreckskram!«

Zur Genugtuung der Gevatterin Milla bestätigte er dann, daß es sich tatsächlich um einen Fall schwerer Lungenentzündung handle, und riet, den Kranken mit aller gebotenen Vorsicht ins Spital zu schaffen. Das aber rief den lebhaften Widerspruch der Nachbarinnen hervor: wozu seien *sie* denn da? Sie würden ihn Tag und Nacht mit der zärtlichsten Hingebung pflegen und alle Vorschriften einhalten. Was sollte ihr guter Alter im Krankenhaus, wo man die Armen ja doch nur als Versuchskaninchen für die Herren Doktoren gebrauchte und einem sicheren Tode preisgab?

Kaum war der Arzt fort, da warf die Croce der Gevatterin Milla, die gerade sagen wollte: »Seht ihr wohl, daß ich recht hatte!«, einen drohenden Blick zu und eilte nach Hause, um ihren Umhang zu holen.

»Tut mir doch den Gefallen«, rief sie der Gevatterin Gàpita noch zu, »und habt ein Auge auf mein Haus und die sechs Kinderchen!«

Nicht lange, und sie kehrte mit der ›Bösen Nacht‹ zurück, einer alten Hexe, die im Rufe einer Geisterbeschwörerin stand. Die Person hatte pechschwarzes Haar, Augen wie eine Wölfin, einen erschrecklich großen Mund und eine rauhe Männerstimme.

Sie ließ sich einen Suppenteller mit Wasser und eine Ampulle Öl bringen, befahl die Tür zu schließen und den Kranken im Bette aufzurichten. Dann zündete sie eine Kerze an, setzte den Teller auf den Kopf des alten Mannes und ließ langsam einen Öltropfen mitten auf das Wasser fallen. Die Nachbarinnen, die im Kreis herumstanden, hielten den Atem an. Auf den schwimmenden Öltropfen starrend, begann die ›Böse Nacht‹ unverständliche Beschwörungen zu murmeln, worauf der Tropfen sich langsam zu verbreitern begann.

»Da – seht ihr!«

In dem Teller zitterte beim ungewissen Schein der Kerze eine gelblich leuchtende, mondförmige Scheibe.

Die Nachbarinnen hatten sich, bleich vor Furcht, auf den Zehenspitzen aufgerichtet, manche schlug sich vor Erstaunen mit den Fäusten an die Brust. Schließlich goß die alte Hexe das Wasser in ein Becken:

»Lauter böser Blick ist da drin!«

Sie goß neues Wasser in den Teller auf dem Kopf des Alten, ließ abermals einen Tropfen Öl hineinfallen, der sich diesmal bei ihren Beschwörungen schon weniger stark vergrößerte, und diesen magischen

Vorgang wiederholte sie noch mehrere Male, bis endlich der Tropfen unverändert mitten auf dem Wasser schwamm. Nun verkündete die ›Böse Nacht‹:

»Ich habe ihn befreit! Jetzt aber besorg ich's jenem Schurken!«

Niemand vermochte den Nachbarinnen auszureden, daß der Alte mit Hilfe der ›Bösen Nacht‹ gesund geworden sei.

»Ein wahres Wunder!«

Und als sich bald darauf die Nachricht verbreitete, der ›Malteser‹ sei an einem Leiden erkrankt, über dessen Natur sich nicht einmal die Ärzte klar werden könnten, dachten sie: ›Das ist die gerechte Rache der Hexe!‹ Sie hätten die Hand dafür ins Feuer gelegt.

Maràbito war seit wenigen Tagen wieder aufgestanden, als er von der Erkrankung des ›Maltesers‹ hörte. Wie hätten die Nachbarinnen ahnen sollen, daß diese Nachricht einen so tiefen Eindruck auf ihn machen würde? Sie sahen ihn weinen.

»Seid ihr verrückt geworden? Was kümmert's Euch, wenn er draufgeht? Zuerst hat er Euch ans Leben gewollt, jetzt hat er sich selbst das Grab geschaufelt. Wenn aber seine Frau und seine Töchter Euch das vorenthalten wollen, was Euch zusteht, dann werden sie Euch das Gut zurückgeben müssen. Habt nur keine Angst!«

»Aber ich weine doch nicht meinetwegen!« protestierte der Alte. »Für mich wird unser Herrgott schon sorgen. Mir tut's um ihn leid, weil er doch Familie hat und soviel jünger ist als ich.«

Und kaum erfuhr er, daß sich der ›Malteser‹ trotz seines bedenklichen Zustands auf einem Stuhl ins Geschäft hinuntertragen ließ, hielt er es für seine Pflicht, ihm einen Besuch abzustatten.

Auf alles war der arme Alte gefaßt, nur nicht darauf, daß man ihn wie einen Hund empfangen würde.

Sobald Scinè, der beim Ladentisch saß, ihn hereinkommen sah, schlug er mit der Faust auf den Tisch und schrie wie ein Wahnsinniger:

»Ihr habt den Mut, mir vor die Augen zu treten? Hinaus! Schert Euch zum Teufel, Mörder! Jagt ihn fort!«

Die Ladenschwengel eilten herbei, packten den Alten an Armen, Brust und Schultern und stießen ihn auf die Straße, während der Ärmste immer wieder stammelte:

»Aber was kann ich denn dazu, wenn mich der Tod nicht gewollt hat? Man kann ihm doch keine Vorschriften machen!...An mir liegt's doch nicht...«

VI

Den ganzen Tag saß Maràbito nun, auf Anraten der guten Nachbarinnen, zwischen langen, schlangenförmig gewundenen Weidenruten und flocht Körbe.

»Dic Untätigkeit bekommt Euch schlecht. Ihr seid nicht daran gewöhnt. So habt Ihr eine leichte Arbeit und einen Zeitvertreib dazu.«

Maràbito zeigte sich gewandt wie ein Junger. Eine Freude, ihm zuzusehen! Und mit der Arbeit hatte er auch seine gute Laune wiedergefunden.

»Wenn ich erst eine Anzahl fertig habe, dann geh ich jeden Morgen mit ihnen hausieren. ›Köööörbeee! Kauft Köööörbeee!‹ Annicchia soll eine schöne Aussteuer von mir bekommen.«

Annicchia war ein armes Mädchen, das beide Eltern verloren hatte; eine der Nachbarinnen, die Gevatterin Milla, hatte sie zu sich genommen und hielt sie wie ihr eigenes Kind. Alle Anwohner des Platzes hatten sie in ihr Herz geschlossen, und deshalb löste das Versprechen des Alten, ihr eine Aussteuer zu schenken, allgemeine Freude aus. Jeden Morgen halfen die Nachbarinnen Maràbito beim Aufladen der Körbe. Wenn er damit fertig war, bekreuzigte er sich und rief zur Probe:

»Kööörbeee! Kauft Kööörbeee!«

Dann drehte er sich um und fragte:

»Ist's gut so?«

»Vorzüglich!« erwiderten die Frauen lachend. »Gott befohlen, Gevatter Marà! Und vergeßt nicht, am Laden dieses Ehrenmannes vorbeizugehen; dann aber schreit, so laut Ihr könnt: schwarz soll er werden vor Ärger!«

Doch davon wollte Maràbito nichts wissen, obschon ihn der ›Malteser‹ das letztemal so schnöde behandelt hatte. Durch die Hauptstraße mußte er notgedrungen gehen, aber um Don Michelangelos Geschäft machte er einen weiten Bogen und verhielt sich mäuschenstill, so daß dieser ihn nicht einmal von Ferne hören konnte. Er hielt es nicht für recht, ihn auch noch zu verspotten, zumal er wußte, daß sich sein Zustand von Tag zu Tag verschlimmerte. Er bedauerte ihn ehrlich, aber mehr noch dauerte es ihn, daß der ›Malteser‹ ihn so ganz verkannte und ihn nicht mehr wie früher zu sich rufen ließ, um mit ihm über das Landgut zu sprechen.

Seit seiner Krankheit hatte er fast nichts mehr von seinem ehemaligen Besitztum gehört. Wenn er etwas erfahren wollte, mußte er wohl oder übel warten, bis Grìgoli einmal in die Stadt heraufkam. Das waren wahre Festtage für ihn. Er fragte nach dem oder jenem Mandel- oder Ölbaum, nach dem Weinland und dem Agrumenhain, und es kümmerte ihn nicht, daß die Erde nicht mehr ihm gehörte, wenn nur Grìgoli seine Pflicht tat und den neuen Herrn zufriedenstellte.

»Mit mir ist er nicht zufrieden, so soll er's doch wenigstens mit dir sein! Wie geht's den Maultieren? Auch das Eselchen ist eingegangen, wie ich gehört habe. Na, es hat ausgelitten! Schau den Tieren nur recht in die Augen, und du wirst gewahren, daß sie von Plackerei was verstehen, von Freude nichts.«

Und die guten Ratschläge, die er dem ›Malteser‹ vor ihrem Bruch gegeben hatte, gab er jetzt Grìgoli.

»Hör zu, Grigoletto, du darfst die Bäume erst nach den ersten Herbstregen beschneiden, sonst tut das Wasser ihren Wunden weh. Und noch etwas: sobald es regnet, pflüg die Felder, dann warte, bis das Gras wieder zu sprießen beginnt; und dann geh noch einmal mit dem Pflug drüber. So hast du sauberes Land und die Aussaat kann beginnen. Doch sag... hast du mir sonst nichts zu erzählen?«

»Nichts!« antwortete Grìgoli achselzuckend. »Was wollt Ihr denn wissen? Daß jede Nacht der Kauz dort drunten schreit?«

Der Alte hob die buschigen Augenbrauen und schloß kopfschüttelnd die Augen.

»Ein Zeichen, daß es schön bleibt! Wenn uns der Septembermond keinen Regen bringt, sind wir verloren! Dann gibt's eine schmale Ernte nächstes Jahr! Kann man die Insel Pantelleria draußen auf dem Meere sehen, wenn die Sonne untergeht?«

Grìgoli schüttelte den Kopf.

»Schlimm, schlimm! ›Wenn man Pantelleria sieht, die Wolke auf am Himmel zieht.‹ Das ist eine unfehlbare Regel in unsrer Gegend. Ei, du bringst deinem Herrn Feigen? Warte, schütt sie dort in die zwei neuen Körbe, ich schenk sie dir.«

Wenn er gewußt hätte, daß der ›Malteser‹ sie eine halbe Stunde später zum Fenster hinauswerfen würde! Nichts, aber auch gar nichts wollte er von Maràbito im Hause haben!

»Der Kerl hat den bösen Blick!« schrie er Grìgoli mit blutunterlaufenen Augen an. »Siehst du denn nicht, was er aus mir gemacht hat? Er steht mit der ›Bösen Nacht‹ im Bunde! Ich weiß es genau. Und wenn ich sterbe – oh, meine Frau weiß Bescheid: ins Zuchthaus kommen sie alle beide! Vorsätzlicher Mord! Ein Leberleiden, meinen die Ärzte. Zum Lachen!...«

Und er hob eine drohende Faust nach seiner Frau, wie um ihr einzuschärfen: »Wehe, wenn du's nicht tust!«

Frau Nela, rot wie eine Paprikaschote, biß sich auf die Lippen, um nicht in Gegenwart ihres Mannes loszuheulen; es zerriß ihr das Herz, ihn so krank und elend zu sehen. Auch sie glaubte, daß die ›Böse Nacht‹ und Maràbito an dem Unglück schuld seien. Und als Don Michelangelo Scinè wenige Tage später im Fieberdelirium starb, fragte sie wirklich einen Anwalt, ob man nicht gerichtlich gegen die beiden Mörder vorgehen könne.

Als Maràbito an jenem Tage den Trauerflor an den drei verschlossenen Türen des Geschäftes sah, blieb er eine Weile wie angewurzelt stehen. Dann rannte er wie ein geprügelter Hund in sein Viertel zurück. Die Nachbarinnen hielten großen Kriegsrat, erörterten lebhaft, was der Alte tun müsse, und beschlossen zuletzt, ihn zum Notar Zàgara zu schicken, nicht ohne ihm vorher zu empfehlen, unter allen Umständen an den Klauseln des Vertrags festzuhalten, an dem nicht gerüttelt werden dürfe.

»Wie?« rief Nocio Zàgara, als er den Alten mit der Mütze in der Hand eintreten sah. »Haben sie Euch noch nicht ins Kittchen gesteckt?«

Maràbito schaute ihn zuerst verdutzt an, dann lächelte er traurig und sagte:

»Was kann ich dazu, Exzellenz?«

»Aber natürlich!« erwiderte der Notar. »Ihr und

die ›Böse Nacht‹! Der Tod hatte an Euer Haus geklopft, und Ihr habt ihn, im Bund mit der Hexe, zu Don Michelangelo geschickt! So sagt man in der ganzen Stadt. Und die Witwe, mein Lieber, wird Euch wohl kaum ungeschoren lassen.«

»Mich? Oho! Nun lassen Sie aber vier gerade sein! Ich habe nicht dàs geringste mit der Sache zu tun!« versetzte der Alte, die Arme über der Brust kreuzend. »Das schwör' ich Ihnen beim Heil meiner Seele, Herr Notar!«

Er merkte nicht, daß der Notar ihm nur Angst einjagen wollte, um sich über ihn lustig zu machen.

»Aha, seht Ihr wohl! Ihr selbst gebt zu, daß eine Behexung stattgefunden hat. Das werde ich vor Gericht bezeugen.«

»Ich?« schrie Maràbito in höchster Bestürzung. »Ich soll so etwas zugegeben haben? Aber ich habe doch gar keine Ahnung, was geschehen ist! Ich lag im Sterben! Und jetzt will man mich auch noch ins Gefängnis werfen! Mir das Gut abnehmen und mich mit einundachtzig Jahren ins Gefängnis werfen! Weil ich nicht wie der arme Ciuzzo Pace nach einem halben Jahr gestorben bin? Aber es gibt noch eine göttliche Gerechtigkeit! Auch für die Armen! Und den Beweis dafür haben Sie schon: statt meiner ist er gestorben, er, der mir den Tod gewünscht hatte!«

»Hört auf, hört auf!« rief der Notar, der sein Lachen nicht mehr bezähmen konnte. »Hoffen wir, daß es keine Weiterungen gibt. Doch sind noch andere Dinge zu bedenken: ein Unglück kommt selten allein! Ihr habt ihn nicht nur ins Grab gebracht, nein, da ist auch noch ein ganzer Berg Schulden!«

Maràbito, schon von den Nachbarinnen gewarnt, runzelte die Stirn.

»Was gehen mich seine Schulden an? Ich kenne nur den Vertrag, und der spricht deutlich genug. Ich nehme mein Gut wieder an mich.«

»Nun, wir werden sehn!« seufzte Zàgara und stand auf. »Laßt mich jetzt zur Witwe gehen, ich hoffe alles in Ordnung zu bringen. Kommt heute abend wieder zu mir!«

Bei Frau Nela traf der Notar den Arzt, der seinen Beileidsbesuch machte und unaufhörlich beteuerte:

»Aber nein, aber nein, gnädige Frau! Das ist doch lächerlich... hören Sie nicht darauf! Es war ein typischer Fall von Leberkrebs. Ein typischer Fall!«

Und er lächelte mitleidig über die Unwissenheit der beleibten Dame.

Als der Arzt fort war, ging es wie ein Erdbeben durch Frau Nelas Busen, bis sie schließlich in ein leidenschaftliches Schluchzen und Wehklagen ausbrach. Nocio Zàgara ließ sich von ihren Tränen anstecken: als er jenes Fleischgebirge in seinen Grundfesten erzittern sah, packte es auch ihn und erschütterte seine eigenen Fettmassen. Doch sogleich stand er zornig wieder auf und schrie, gleichsam um sich selbst und Frau Nela für diese Tränen zu bestrafen:

»Aber das ist noch nicht alles, meine Gnädigste! Viel, viel Schlimmeres steht noch bevor!«

Da sein Ausruf wirkungslos blieb, pflanzte sich Don Nocio entschlossen vor Frau Nela auf.

»Entweder Sie beruhigen sich jetzt einen Augenblick, Gnädigste, oder ich gehe meiner Wege. Sie sind doch Mutter und müssen an Ihre Kinder denken. Kommen wir endlich zum geschäftlichen Teil!«

Als ob die Geschäfte etwas so Erfreuliches gewesen wären! Sobald Frau Nela erfuhr, daß die Finanzen ihres verstorbenen Mannes nicht nur erschüttert, sondern halb zugrunde gerichtet waren, erhob sie ein Geschrei, daß man meinte, das Haus würde einstürzen. Nocio Zàgara fiel in seiner Ratlosigkeit nichts Besseres ein, als diese wilde Verzweiflung auf Maràbito abzulenken.

»Um Gottes willen, hören Sie mit dem auf!« heulte Frau Nela mit erhobenen Armen.

»Ach, hätte Ihr Gatte selig doch mir gefolgt!« seufzte der Notar. »Indessen muß wohl oder übel davon gesprochen werden, liebe gnädige Frau. Was ist daran zu ändern? Meiner Ansicht nach ist so etwas wie eine offene Ader, aus der Tropfen für Tropfen das Blut entweicht. *Gutta cavat lapidem!*«

»Kein Wort, kein Wort von ihm!« schrie die Witwe. »Der Kerl wäre fähig, auch mich und meine Töchter ins Grab zu bringen. Genug! Ich will nichts mehr von ihm hören!«

»Gut«, schloß der Notar, »wenn's so steht, will ich Ihnen einen Vorschlag machen. Ich wüßte jemand, der die Verpflichtungen aus dem Vertrag mit Maràbito übernehmen würde. Ein Freund des Seligen. Ich erzählte ihm, der arme Don Michelangelo habe sechs Jahre lang die Leibrente ausgezahlt. ›Schlimm genug!‹ erwiderte der Freund, ›wer hatte es ihn denn geheißen?‹ Dann sprach ich ihm von dem neuen Häuschen, dessen Kosten sich schon auf mehrere tausend Lire belaufen und das noch nicht fertig ist. Ob er auch das noch auf sich nehmen würde? Nein. Für das Häuschen, sagte er, wäre er bereit, eine Abfindung zu zahlen. So an die drei- bis viertausend Lire. Wenn Sie also auf diesen Vorschlag eingehen, würden Sie sozusagen zwei Fliegen mit einer Klappe fangen: sie würden die Drohung des bösen Blicks und alte Schulden los. Wie Sie aus den Papieren ersehen konnten, die ich Ihnen vorgelegt habe, schuldete mir der arme Don Michelangelo fünftausend

Lire. Die drei- oder viertausend, die der neue Kontrahent für das Häuschen zahlen will, würden von meiner Forderung in Abrechnung gebracht. Ich würde mich damit einverstanden erklären. Sie auch?«

Und ob sich Frau Nela damit einverstanden erklärte! Als der Notar in sein Büro zurückkam, war es später Abend.

Maràbito wartete schon auf ihn.

Als Don Nocio ihn sah, legte er ihm die Hände auf die Schultern und sagte mit einem tiefen Seufzer:

»Es war einmal ein Vater, der also klagte: ›Ich bin nicht traurig, weil mein Sohn beim Spiel verliert; ich bin traurig, weil er weiterspielt, um wieder zu seinem Gelde zu kommen!‹ Ich hatte fünftausend Lire beim ›Malteser‹ gut. Um sie nicht ganz zu verlieren, begehe ich die größte Dummheit meines Lebens. Setzt Euch. Wie alt seid Ihr?«

»Einundachtzig«, antwortete Maràbito, Platz nehmend.

»Und Ihr seid noch nicht zufrieden? Was habt Ihr denn eigentlich vor?«

Der Alte starrte ihn eine Weile fragend an.

»Ah, Ihr tut so, als verstündet Ihr nicht? Ihr lebt zu lang, mein Lieber! Eine üble Angewohnheit, die Ihr besser ablegen würdet!«

Maràbito lächelte und machte eine müde Handbewegung.

»Das Leben, Exzellenz?« sagte er. »Ach, es scheint lang, aber es geht nur zu schnell vorbei. Das meine ist vorübergegangen, als wäre ich einen Augenblick am Fenster gestanden.«

»Köstlich!« rief Don Nocio. »Und habt Ihr die Absicht, noch lange an Eurem Fenster zu verweilen?«

»Meinethalben«, entgegnete der Alte, »mag es der Tod schon morgen zumachen. Mir kann's nur recht sein. Zum Sterben, Exzellenz, braucht's nicht viel; doch leben kann man nur so lange, als Gott will. *Er* muß die Entscheidung treffen, ich bin bereit. Was wünschen Sie also von mir?«

Der Notar bestellte ihn für den folgenden Tag wieder zu sich: er würde den Vertrag über die Leibrente erneuern und die Verpflichtungen des ›Maltesers‹ selbst übernehmen.

»Wenn Ihr nur ...«, sagte er, die Arme hebend und den Rest des Satzes jener Gebärde anvertrauend.

Der Alte aber deutete, schon auf der Straße, nach dem Sternenhimmel; dann faltete er die Hände, als wolle er sagen:

»Zum Herrgott müssen Sie beten!«

VII

Als Frau Nela erfuhr, daß der an der Übernahme der Leibrente interessierte Freund, von dem ihr der Notar Zàgara gesprochen hatte, kein anderer war als er selbst, schien sie vor Wut buchstäblich platzen zu wollen. Sie behauptete ohnehin schon, Don Nocio habe sie um das halbe Erbteil geprellt. Ging es etwa mit rechten Dingen zu, daß der reichste Kaufmann der Stadt seine Familie in so traurigen Verhältnissen zurückgelassen hatte? Und gab es im übrigen einen besseren Beweis als den, daß Zàgara nicht den Mut gehabt hatte, ihr zu gestehen, er würde den Vertrag mit dem Alten auf eigene Rechnung erneuern, und zwar zu solchen Wucherbedingungen? War das kein Zeichen, daß er ein gutes Geschäft gemacht hatte?

»Eine arme Witwe und zwei unschuldige Waisenkinder übers Ohr zu hauen!« schrie sie den Leuten entgegen, die zu ihr kamen, um ihre Teilnahme zu bekunden. »Eine Gemeinheit, die zum Himmel stinkt! Dieser Dieb! Dieser nichtswürdige Gauner!«

Die Ursache allen Übels war jetzt nicht mehr Maràbito, sondern der Notar. Sie vertraute jedoch auf Gott, daß Don Nocio ebensowenig Gewinn aus dem Gute ziehen würde wie ihr armer seliger Mann, der soviel Geld hineingesteckt hatte. Und eines schönen Tages ließ sie den Alten zu sich rufen.

Maràbito erschien tief bekümmert und verlegen. Und kaum erblickte ihn Frau Nela, da begann sie wieder laut zu weinen und zu jammern. Dann brach sie los:

»Seht Ihr's jetzt? Seht ihr jetzt, was Ihr angerichtet habt?«

Auch dem Alten standen die Tränen in den Augen.

»Weint nicht! Weint nur nicht!« schrie plötzlich Frau Nela wütend. »Unter einer einzigen Bedingung kann ich Euch verzeihen: daß Ihr jenem Schurken das gleiche antut, was Ihr meinem Mann angetan habt! Zieht ihm bei lebendigem Leibe die Haut ab, seht zu, daß er vor Euch stirbt, und es sei Euch verziehen! Untersteht Euch nicht, jetzt zu sterben, verstanden? Er soll nicht glücklich werden mit seinem Gut, dieser Halunke! Er soll sich nicht an dem Blut meines Mannes bereichern! Wenn Ihr ein Christenmensch seid, wenn Ihr Ehre und Gewissen habt, dann lebt! Lebt weiter! Bleibt gesund! Rüstig und stark, bis daß er krepiert! Habt Ihr verstanden?«

»Wie Euer Gnaden befehlen«, erwiderte der Alte, überrumpelt und betäubt durch diesen Schwall wütender Worte. »Doch glauben Sie mir, verehrte Frau, ich bin bekümmert, tief bekümmert, und Gott allein weiß, was in diesem Augenblick in meinem Herzen vorgeht. Wie konnte ich ahnen, wie damit rechnen, daß ich so lange leben würde?«

»Noch einmal so alt müßt Ihr werden!« fing Frau Nela mit erneuerter Wut wieder an. »Zur Strafe für diesen Betrüger! Pflegt Euch! Wenn Ihr etwas braucht, kommt zu mir und sagt mir's! Das Brot würde ich mir vom Munde absparen, um es Euch zuzustecken. Habt Ihr genügend Kleider? Wartet, ich kann Euch welche geben... die von meinem seligen Mann... Ihr müßt Euch vor der Kälte schützen, jetzt, wo der Winter vor der Tür steht. Wartet! Wartet einen Augenblick!«

Und mit Gewalt nötigte sie ihm ein Bündel warmer Anzüge ihres Gatten auf. Sie weinte, als sie sie aus dem Schranke nahm, biß sich auf die Lippen, blinzelte mit den Augen und schluckte an ihrer Seelenqual.

»Wartet... Nehmt noch diesen Mantel! Der Selige trug ihn immer, wenn er zu Euerm Gut hinunterfuhr. Hier, nehmt ihn mit! Er wird Euch warm halten! Er wird Euch vor Wind und Wetter schützen... Gebt acht, daß Ihr Euch in Eurem Alter nicht erkältet! Es bläst immer ein solcher Wind in unsrer Stadt!«

Maràbito mußte sich notgedrungen jene Gaben aufladen, die weder der Nächstenliebe noch einem Wohlwollen für ihn entsprungen waren, und kehrte bedrückt in sein Häuschen zurück.

»Oh, Maràbito! Was habt Ihr denn da erbeutet?« fragten ihn die Nachbarinnen fröhlich, im Glauben, er bringe etwas für die Aussteuer des armen Waisenkindes mit. Doch als sie die Anzüge und den Mantel des ›Maltesers‹ sahen, machten sie rasch die vorgeschriebenen Beschwörungsgesten.

»Was, dieses Zeug habt Ihr angenommen? Werft es schleunigst fort und rührt nicht dran!«

Der Alte zuckte die Achseln und schnürte das Bündel langsam wieder zu. Aber mit den Kleidern des Toten im Haus konnte er in der Nacht kein Auge zutun, und unruhig erwartete er den Tag, um sie an Bedürftigere weiterzuschenken.

Seitdem lag ein Schatten von Traurigkeit auf seinem Gesicht, der sich immer tiefer eingrub, je öfter er die Raten seiner Leibrente abholte. Der Notar behandelte ihn zwar nicht schlecht; nur hielt er ihm immer und immer wieder vor, es sei eine verdammt üble Angewohnheit, so alt zu werden. Und das bekümmerte den armen Greis. Niemals in seinem Leben war er jemand zur Last gefallen, und nun lebte er nur noch sich selbst und den andern zur

Bürde. Es war eine wahre Strafe für ihn, sich alle vierzehn Tage den Zins für sein nutzloses Leben auszahlen zu lassen, und immer wünschte er auf dem Heimweg von ganzem Herzen, es möchte das letztemal gewesen sein. Aber die Tage, die Monate und die Jahre vergingen, er wurde immer trauriger, und der Tod wollte und wollte nicht kommen.

Da die Nachbarinnen ihn so niedergeschlagen sahen, verdoppelten sie ihre Sorge um ihn: er durfte jetzt abends nicht mehr so lange vor der Türe seines Häuschens sitzen und mit ihnen plaudern.

»Geht hinein, es wird kühl. Wir kommen gleich nach!«

Sie warteten, bis ihre Männer von der Arbeit nach Hause kamen, von den Feldern drunten, oder von den Hochöfen, oder von den Fabriken. Und dann galt ihr erster Besuch dem Alten. An den Winterabenden versammelten sich alle nach dem kärglichen Mahl in dem kleinen Haus, die Männer schmauchten ihr Pfeifchen, die Frauen strickten Strümpfe. Dann mußte der schweigsame Alte von seinem langen Leben erzählen, vom fernen Amerika, wo er in seiner Jugend gewesen war und alle möglichen Arbeiten getan hatte.

»Lieber Schwarzbrot essen als Hunger leiden!«

So hatte er das kleine Kapital zusammengebracht,

mit dessen Hilfe er nach seiner Rückkehr ins Vaterland das Gut drunten im Tal erstanden hatte. Wenn er so von all den arbeitsreichen Jahren erzählte, verlor sich seine Traurigkeit allmählich. Er sprach von allem Möglichen, denn er hatte so viel gesehen!

»Ihr? Heilige Jungfrau Maria! Was wißt Ihr denn schon?« wandte manchmal eine der jüngeren Nachbarinnen kopfschüttelnd ein. »Ihr seid ja wie ein Kind!«

Und die andern lachten.

Aber jene abendlichen Gespräche zogen sich nicht lange hin, teils weil die Männer schon in der ersten Morgenfrühe zur Arbeit mußten, teils um den Alten nicht zu sehr zu ermüden. Man wünschte ihm gute Nacht, schärfte ihm noch ein, die Haustür gut zu verschließen und zu rufen, wenn er etwas brauchen sollte; auf der Straße tauschte man dann leise seine Eindrücke über des Alten Gesundheitszustand aus.

»Er wird hundert Jahre alt, so wahr Gott lebt! Viel fehlt ja nicht mehr, und besser als ihm könnt's einem nicht gehen!«

»Das stimmt schon; aber oft packt's mit einem Schlag gerade die Rüstigsten. In dem Alter sterben sie manchmal weg wie die Vögel im Winter.«

Und sie wandten sich betroffen nach der verschlossenen Tür des Häuschens am Platze um, dessen Pflaster im Mondschein glänzte. Würde der Alte seine Tür morgen noch einmal öffnen?

VIII

Seit Jahr und Tag war diese Tür die erste auf dem kleinen Platz, die früh am Morgen aufging.

Es war kein Zweifel mehr, daß der Tod die Schuldner des Alten zum Narren hielt, zuerst den ›Malteser‹, und jetzt den Notar Zàgara. Die ganze Stadt lachte darüber, und es verging kein Tag, ohne daß drei oder vier Neugierige nach Ràbato hinauswanderten, um den alten Mann in Augenschein zu nehmen, der ›zur Strafe nicht starb‹.

Eine Art Legende hatte sich um Maràbito gebildet, die ihn als einen gutgelaunten, rüstigen, hartnäckig und trotzig am Leben haftenden Greis schilderte. Die neugierigen Besucher machten deshalb zuerst recht enttäuschte Gesichter, wenn sie statt dessen ein gebücktes, verhutzeltes, demütiges und scheues altes Männlein erblickten, das ihnen mit rauher Abweisung begegnete und ihre Fragen unbeantwortet ließ. All das schien ihm Spott und Hohn dem armen Notar gegenüber, von dem er nur Gutes und Anerkennendes sagen konnte, ja, den er sogar aufrichtig bemitleidete, da er ihm nichts als Schaden und Ärger bereitete mit seinem lästigen und freudlosen Leben.

»Ach, laßt mich doch in Ruhe! Ihr seid mir zuwider!« rief er den Nachbarinnen erbittert zu, wenn sie ihn aus seinem Häuschen holen wollten, in das er sich schleunigst verkroch, sobald ein unbekanntes Gesicht auf dem Santa Croce-Platz auftauchte.

Die Nachbarinnen taten es nicht aus Bosheit. Die Neugier der ganzen Stadt schien ein gutes Vorzeichen für den Alten, den sie so sorgsam behüteten, fast als sei er ihnen anvertraut worden, damit sich an ihm ein Wunder erfülle; deshalb zeigten sie ihn den Leuten um die Wette:

»Übermorgen wird er vierundneunzig! Er hat wahrhaftig das ewige Leben.«

Als er vor etwa zwanzig Jahren von seinem Gut in das Stadthäuschen gezogen war, hatten sie noch blonde oder schwarze Haare gehabt. Und jetzt, sieh einer an, jetzt waren sie alle grau- oder weißhaarig, während der Alte sich nicht im geringsten verändert hatte. Für alle war die Zeit vorübergegangen, nur für ihn nicht. Der eine und andere unter den Nachbarn war inzwischen gestorben, und man konnte also nicht behaupten, der Tod würde den kleinen Platz meiden: nur das Haus des Alten hatte er vergessen.

Maràbito lauschte regungslos den oft und oft wiederholten Erzählungen der Nachbarinnen; jedesmal aber, wenn das Gespräch auf die Toten in der Nachbarschaft kam, die alle jünger gewesen waren als er und ihren Familien noch nützlich hätten sein können, füllten sich seine wimpernlosen, eingesunkenen Augen mit stummen Tränen. Die Tränen liefen über die Furchen seines Gesichts bis hinab zu dem tief eingekerbten, welken Mund; dann hob er eine zittrige Hand und preßte mit knotigen Fingern seine Lippen zusammen.

»Und die dort?« sagten die Nachbarinnen schnell, um den Alten auf andere Gedanken zu bringen, und deuteten auf Annicchia, ihren zweiten Schützling. »Kaum zwei Jahre war das arme Ding alt, als er hierherkam! Und was für ein prächtiges Mädchen ist es inzwischen geworden! Der Großvater hatte versprochen, für sie zu sorgen; aber nun spielt er schon eine ganze Weile den bösen alten Mann und grollt mit aller Welt.«

Und in der Tat war dem Maràbito seine Langlebigkeit allmählich zur fixen Idee geworden. Er fing wirklich an zu glauben, der Tod habe ihn absichtlich vergessen, um seinen Vertragspartnern einen Schabernack zu spielen. Denn mit dem Geld, das er vom ›Malteser‹ bekommen hatte und das jetzt der Notar

Zàgara immer weiter an ihn auszahlte, war das Gut längst über seinen Wert bezahlt; der Tod, der so hartnäckig an ihm vorüberging, ließ ihn also eine schlechte Handlung begehen, ließ ihn zum Schmarotzer werden. Er wollte das nicht. Die ganze Stadt lachte darüber, als fände er Gefallen daran, auf Kosten anderer zu leben; aber es war ja gar nicht so, er zuerst war seines Daseins überdrüssig! Die Pflege, die gutgemeinten Ratschläge der Nachbarinnen ärgerten ihn. Wollten sich vielleicht auch sie hinter seinem Rücken über ihn lustig machen? Und er setzte sich absichtlich der Kälte aus; er verließ absichtlich sein Häuschen, wenn das Wetter ungewiß war; und er kehrte völlig durchnäßt nach Hause und wurde wütend, wenn ihn die Freundinnen einen alten Narren nannten und ihn hineindrängten, damit er sich umzog und ins Bett legte.

»Laßt mich in Ruhe! Laßt mich sterben! Sonst will ich nichts mehr. Ich hab es satt!«

Schließlich kam ihm sogar der Verdacht, eine geheime, überirdische Kraft halte ihn am Leben: die arme Seele Ciuzzo Paces, der es sicher noch nicht verschmerzen konnte, sein Gütchen für ein paar Pfennige verloren zu haben. Ja, das war es wohl: Ciuzzo Pace wollte von ihm gerächt werden!

Und er begann jeden Sonntag eine Messe für das

Heil der armen Seele lesen zu lassen.

»Wenn er Erlösung findet, finde ich sie auch!«

Diese und andere Gerüchte, welche die Nachbarinnen jenen neugierigen Besuchern anvertrauten, kamen schließlich auch dem Notar Zàgara zu Ohren, der dem Gespött der Leute nach Kräften die Stirn bot.

»Macht euch nur lustig über mich!« rief er. »Immer noch zu gering sind der Schaden und der Spott. Ich verdiene etwas ganz anderes: ausgepeitscht müßte ich werden. Aber macht mir bitte nicht den Alten schlecht. Ein wirklicher Ehrenmann ist das! Ich weiß: auch er beklagt die wohlverdiente Strafe, die ich mir zugezogen habe. Ich schulde ihm nicht nur Dankbarkeit, sondern eine Belohnung, und ich werde sie ihm geben. Wenn er wirklich hundert Jahre alt werden sollte, wie ich's ihm wünsche, dann sollt ihr sehen! Das wird ein Fest geben! Musik, Lichterglanz, ein Feiertagsschmaus! Schon heute seid ihr alle dazu eingeladen!«

Da er weder nahe noch ferne Verwandte hatte, konnte er sich's ruhig erlauben, die begangene Dummheit öffentlich zu feiern. Und als der Alte eines Tages, da wieder eine Ratenzahlung fällig war, nicht in seinem Büro erschien, war er ehrlich bestürzt und ließ sich nicht davon abbringen, selbst nach Ràbato hinauszugehen, um sich nach Maràbito zu erkundigen.

Der Alte saß wie immer vor der Tür seines Häuschens in einem letzten, schrägen Strahl der Wintersonne.

»Wirklich liebenswürdig, mich dicken Mann den weiten Weg machen zu lassen!« keuchte der Notar, indem er sich langsam auf einen Stuhl fallen ließ, den ihm eine der Nachbarinnen dienstfertig unterschob. »Was ist denn los mit Euch? Warum seid Ihr heute nicht bei mir vorbeigekommen?«

An Stelle von Maràbito antwortete Gevatterin Milla, die zusammen mit den andern Nachbarinnen herzugetreten war:

»Euer Gnaden wollen den Grund wissen? Nun – unser Alter ist entweder verblödet oder übergeschnappt.«

»Ganz und gar nicht! Weder das eine noch das andere!« sagte Maràbito stirnrunzelnd. »Ich habe nur die ganze Sache nachgerechnet und herausbekommen, daß Euer Gnaden mir das Gut seit geraumer Weile bezahlt haben. Ich bin arm, aber ehrlich. Ich will kein Geld mehr.«

Nocio Zàgara schaute ihn verblüfft an und sagte dann:

»Lieber alter Freund, Ihr seid tatsächlich noch einfältiger als ich. Ich danke Euch für Eure Worte, aber ich kann nicht darauf eingehen. Ich muß zahlen bis zuletzt und tu es gern und willig.«

»Aber wissen Euer Gnaden denn nicht, daß ich sonst überhaupt nicht mehr sterbe? Wenn es keine Sünde wäre, das schwöre ich Ihnen, dann hätte ich schon lange... Aber Euer Gnaden werden sehen: der Tod kommt von ganz alleine, sobald ich keinen Pfennig mehr von diesem Gelde anrühre, das mir nach meinem Gewissen nicht zusteht. Das Gut, ich wiederhole es, ist mir über seinen Wert hinaus bezahlt worden.«

»Von mir noch nicht«, erwiderte der Notar. »Wir tragen nun schon seit vierzehn Jahren zusammen unser Kreuz, nicht wahr? Das bedeutet, daß ich Euch bisher zehntausendundzweihundertzwanzig Lire gegeben habe. Das Gut wurde auf zwölftausend geschätzt; folglich habe ich noch ein paar schöne Jährlein zu zahlen.«

»Und das Geld, das ich vom seligen ›Malteser‹ bekommen habe?« wandte Maràbito ein.

»Das geht mich nichts an.«

»Aber verzeihen Euer Gnaden, wer hat denn das Geschäft gemacht: ich oder Sie? Da hört sich doch alles auf! Ich werde wohl nicht einmal mehr sterben dürfen?«

Der Notar schüttelte mit komischem Ernst den Kopf.

»Nein! Wenigstens so lange nicht, bis ich alles auf Heller und Pfennig bezahlt habe. Wenn Ihr dann noch weiterleben wollt, um so besser! Ich verspreche Euch, daß wir unsern Spaß dabei haben werden.«

Und er ließ das Geld da und ging.

IX

Der Notar Zàgara war ein Mann von Wort.

Am Morgen des großen Tages wurde die Vorstadt Ràbato durch das fröhliche Geschmetter einer Musikkapelle aufgeweckt, die nach den Klängen eines Marsches zur Wohnung des Hundertjährigen zog. Man hatte das Häuschen nachts, während er schlief, mit Girlanden und Fahnen festlich geschmückt. Auf dem Platz waren Pfähle für die Feuerräder aufgestellt worden. Aber noch eine andere Überraschung hatten die braven Nachbarinnen für ihr gutes Alterchen bereit: einen neuen Sonntagsstaat, den sie selbst zugeschnitten und genäht hatten.

Als die Menge im Gefolge der Musikkapelle auf dem Platz zusammenströmte, war die Tür des Häuschens noch verschlossen.

»Es lebe Maràbito! Aufgemacht! Heraus, heraus mit ihm!«

Nichts regte sich. Die Tür blieb geschlossen. Umsonst klopften die Nachbarn mit Fäusten und Füßen. Das wilde Geschmetter und Getrommel der Kapelle verband sich mit dem verworrenen Geschrei und dem stürmischen Händeklatschen der Menge zu einem ohrenbetäubenden Lärm. Vergebens erhob sich da und dort eine Stimme, die sich zum Sprachrohr der bestürzten Nachbarschaft machte: man solle Ruhe halten und warten, bis der Alte selbst öffnete und ein Lebenszeichen gab.

»Der Notar soll leben!« brauste ein neuer Ruf durch die Menge.

Nocio Zàgara, der um mehr als einen Kopf über die ganze Versammlung hinausragte, schwang dankend den Zylinder. Jene Hochrufe kosteten ihn viel Geld, dafür waren sie aber wenigstens ehrlich gemeint: die Leute freuten sich über das ungewöhnliche Fest und waren ihm dafür dankbar. Der ›Malteser‹ hätte bestimmt kein Fest gegeben.

Freilich hätte es auch der Notar nicht getan, wenn er vorausgesehen hätte, daß er dem Alten damit soviel Schmerz und Beschämung bereiten würde. Das begriff er erst, als er sich durch das dichte Gedränge einen Weg bis zur Tür des Häuschens gebahnt hatte.

Er ließ sich Platz machen und befahl den Nachbarn, den Eingang zu bewachen, damit die Menge nicht ins Haus dringe. Dann klopfte er mit dem Stock an die Tür und rief laut nach Maràbito.

Endlich machte der Alte auf, was die Menge zum Zeichen nahm, noch stürmischer zu klatschen und zu schreien.

»Mein Gott, was habt Ihr denn?« rief Don Nocio, als er Maràbito am ganzen Leibe zittern und bitterlich weinen sah. »Das ganze Volk feiert Euch, und Ihr weint? Ist das der Dank dafür, daß ich Euern hundertsten Geburtstag festlich begehen wollte?«

Unmöglich, ihm klarzumachen, daß man ihn mit diesem Fest nicht verspotten wollte. Und als er endlich auf das Drängen des Notars hin an das kleine Fenster über der Tür des Häuschens trat, weinte und schüttelte er nur den Kopf über die Hochrufe und Beifallskundgebungen der Menge.

Annicchia brachte ihm, zusammen mit den anderen Nachbarinnen, den neuen Anzug; dann wurde in der Kirche von Santa Croce eine Messe gelesen, der beizuwohnen sich selbst der Notar nicht nehmen ließ:

»Die erste und die letzte!«

Als man die Kirche verließ, wurden Böller abgeschossen und die Trommeln gerührt. Schließlich war die Stunde des Banketts herangekommen.

Nocio Zàgara hatte zu diesem Anlaß einen geräumigen Saal zu ebener Erde gemietet: die Festtafel erstreckte sich über die ganze Länge des Raumes. Daran nahmen auf der einen Seite die Freunde des Notars Platz, auf der andern Maràbitos Nachbarschaft. Er selbst wurde im Triumphzug hereingetragen und auf seinen Ehrenplatz neben den Notar gesetzt. Der Alte war völlig betäubt. Inmitten des tosenden Stimmengewirrs wandte er sich bald zu dem, bald zu jenem der Tischgenossen, die ihn mit erhobenem Glas anriefen, um ihm weitere hundert Lebensjahre zu wünschen, und dankte mit einem stummen Kopfnicken. Er war der einzige, der nicht lachte und nichts aß und trank. Einige Gäste hatten ihn anfangs nötigen wollen, ließen ihn aber dann auf Bitten des Notars zufrieden. Das Fest war nicht für ihn, sondern für die andern; er verkörperte dort nur seine hundert Jahre, die ihm selbst gar nichts bedeuteten. Wenn er darüber nachdachte, dann stimmte ihn der ausgelassene Festtrubel so traurig, daß er nur mutlos aufzuseufzen vermochte. Und dabei sollte er jetzt noch eine kleine Rede halten und einen Trinkspruch anbringen! Man setzte ihm so lange zu, bis er schließlich, das Glas in der zitternden Hand, sich von seinem Stuhl erhob.

»Was soll ich euch sagen? Gott allein weiß, wie beschämt ich bin. Ich danke meinem Wohltäter. Und es bleibt mir nichts anderes übrig, als in der ganzen Stadt ausrufen zu lassen, daß alle Leute, deren Haus der Tod betritt, ihm sagen sollen, draußen in Ràbato sei ein alter Mann, der seit vielen Jahren auf ihn warte, und er möchte ihn doch endlich holen kommen...«

Doch hier wurde Maràbito plötzlich unterbrochen. Einige der Gäste sprangen jäh von ihren Stühlen auf: sie hatten inmitten des Gelächters, welches jedes Wort des Alten begleitete, beobachtet, wie der Notar auf einmal blaß wurde und den Kopf auf die Brust sinken ließ. Jetzt wandten sich alle um, sprangen auf und umdrängten den alten Zàgara. Man glaubte zuerst, dem armen Notar sei vom allzu vielen Lachen, vom Lärm und Weingenuß übel geworden. Unter allgemeiner Bestürzung trug man ihn auf seinem Stuhl in ein benachbartes Haus. Seine Augen waren geschlossen, und aus dem weitgeöffneten Mund kam ein unheimliches Röcheln.

Der lange Saal mit der chaotischen Festtafel und den umgestürzten Stühlen blieb leer. Niemand hatte auf den Hundertjährigen geachtet, der von einem krampfhaften Zucken befallen zu Boden gesunken war, als er zusammen mit den andern dem zu Hilfe eilen wollte, den er kurz zuvor seinen Wohltäter genannt hatte.

X

Ein paar vereinzelte Tropfen auf der zitternd ausgestreckten Hand, dann beginnt es leise auf das vergilbte Weinlaub herabzurieseln. Immer dichter fallen die Tropfen, und aus dem Rieseln wird ein eintöniges Rauschen.

»Großvater, es regnet!«

Der alte Maràbito nickt mehrmals mit dem Kopf und lächelt dabei dem kleinen Nocio zu, der neben ihm auf der Schwelle des Häuschens sitzt, das der ›Malteser‹ an Stelle des früheren, urväterlichen Gebäudes hatte errichten lassen.

Grìgoli und Annicchia, schon seit vier Jahren Mann und Frau, sind draußen auf den Feldern, die nach dem Tode des Notars wieder in Maràbitos Hände zurückgekehrt sind. Grìgoli klettert auf den Bäumen herum und klopft die Oliven ab, Annicchia liest sie vom Boden auf. Das arme Ding ist schon wieder guter Hoffnung, und der Alte möchte seiner Adoptivtochter so gerne helfen. Seine hundertfünf Jahre lasten ihm jetzt gar nicht mehr auf den Schultern... Aber die beiden erlauben's ihm nicht und lassen ihn nur das Kind hüten, dem sie aus Dankbarkeit den Namen des seligen Notars gegeben haben.

»Wo ist denn die Mama, Großpapa?« fragt der kleine Nocio wieder, indem er ängstlich in den Regen schaut.

»Gleich wird sie gelaufen kommen!« antwortet der Alte. »Laß es nur regnen, die Erde hat Durst, und das Wasser tut ihr gut.«

Von nah und fern verkünden die Hähne den ersten Herbstregen. Die Lerchen flattern noch auf den Feldern, als hätten sie ihre Zweifel, ob es die Wolken denn auch wirklich ernst meinen, und hin und wieder zwitschern sie einander fragend zu:

»Fliegen wir fort?«

Nachwort

Luigi Pirandello
1867–1936

Als Pirandellos Drama ›Sechs Personen suchen einen Autor‹ 1921 in Rom uraufgeführt wurde, kam es zu einem Theaterskandal. Das Publikum fühlte sich genarrt; es glaubte, der Dichter habe es zur Zielscheibe seines Spottes erwählt. Denn obgleich Pirandello mit seinem Roman ›Die Wandlungen des Mattia Pascal‹ bereits 1904 in der literarischen Welt einen beachtlichen Erfolg erzielt hatte und sein Dichterruhm ständig im Wachsen begriffen war, hatte er doch beim großen Publikum bei weitem nicht die Popularität erreicht wie der politisch engagierte Nobelpreisträger Giosuè Carducci. Der durchschnittliche Theaterbesucher konnte nicht verstehen, daß Pirandello mit der gegen die klassischen Konventionen verstoßenden Form des Dramas die Entwicklung nur folgerichtig weiterführte, die er mit seinem Darstellungsstil im Roman und in der Novelle bereits ausgebildet hatte. Aller Entrüstung zum Trotz wurden die ›Sechs Personen‹ ein Welterfolg. Der Dichter war damals 54 Jahre alt.

Luigi Pirandello wurde am 28. Juni 1867 als Sohn eines Schwefelminenbesitzers in der Flur *Càvusu* (das Wort ist eine Verstümmelung des griechischen ›Chaos‹) geboren, die sich zwischen der Stadt Agrigent und Porto Empedocle ausdehnt. Das auf einem langgestreckten Hügel gelegene Städtchen Agrigent, dessen herrlicher, das Mittelmeer beherrschender Tempelbezirk von der großen Vergangenheit des griechischen Akrágas zeugt, wurde von Pindar als die schönste Stadt Siziliens besungen. Hier verlebte Pirandello seine Kindheit, die in der bürgerlichen Einförmigkeit eines Provinzstädtchens verlief. 1886 ging er nach Rom, um Literaturgeschichte und Philosophie zu studieren. Er schloß seine Studien an der Universität Bonn ab, wo er mit einer in deutscher Sprache geschriebenen Dissertation über ›Laute und Lautentwicklung der Mundart von Girgenti‹ (=Agrigent), welche 1896 in Halle erschien, promoviert wurde. Nach einem weiteren Jahre, das er in Bonn als Lektor für Italienisch verbracht hatte, verließ er den ›wundervollen Rhein‹, dem er in seinen ›Elegie Renane‹ (Rheinischen Elegien) ein Denkmal gesetzt hatte, und kehrte nach Italien zurück. Wie er in einem Brief an seine deutsche Freundin schrieb, fühlte er sich zum italienischen Dichter berufen. Damit war das Deutschland-Erlebnis äußerlich für ihn abgeschlossen.

Doch das intensive Studium der deutschen Dichtung, das unter anderem in seiner Übersetzung von Goethes ›Römischen Elegien‹ nachwirkte, war nicht spurlos an ihm vorübergegangen. Vor allem hatte er sich mit den Romantikern beschäftigt. Ihre Theorie vom Spiegel als dem Symbol der Auflösung der einheitlichen Persönlichkeit übte einen unheimlichen Zauber auf seine Einbildungskraft aus und festigte die bereits in ihm schlummernde Vorstellung von der Verdoppelung des Ich. Der Mensch ist ständigem Selbstbetrug ausgesetzt; er lebt in einer Welt des Scheines. Er trägt eine Maske, hinter der er sein wahres Ich zu verbergen sucht. Dieses Problem ließ Pirandello zeitlebens nicht mehr los; es steht im Mittelpunkt seines Denkens und bildet das Grundthema seiner Dichtung. Obwohl er seine Gedanken auch in essayistischer Form zum Ausdruck gebracht hat, fühlte er sich doch weit mehr zum Dichter als zum Philosophen berufen. In der Tat stand ihm das dichterische Wort wie nur wenigen italienischen Prosaautoren und Dramatikern zu Gebote; mit genialer Erfindungsgabe hat er sein Grundthema immer neu abgewandelt.

Besonders deutlich wird das Problem in Pirandellos Drama ›Heinrich der Vierte‹, das 1922 uraufgeführt wurde. Ein junger Edelmann will sich im Kostüm Heinrichs des Vierten zu einem Maskenfest begeben. Auf dem Wege stürzt er vom Pferd und verliert den Verstand; er hält sich jetzt tatsächlich für Heinrich den Vierten und stattet sein Haus als kaiserliches Schloß aus. Zwölf Jahre später erwacht er aus seinem Wahn und fühlt, daß er geheilt ist. Da er es nicht für geraten hält, die Mitmenschen von seiner Genesung in Kenntnis zu setzen, fährt er fort, den Kranken zu spielen. In diesem Zustand besucht ihn unerwartet seine frühere Geliebte. In ihrer Begleitung befindet sich sein Rivale von einst, ihr jetziger Verlobter, sowie ein Arzt. Sie glauben, den Kranken durch einen heftigen Schock heilen zu können, und erscheinen deshalb in den Kostümen, die sie an dem verhängnisvollen Fest vor zwölf Jahren getragen haben. Dieser Anblick erweckt in Heinrich die entsetzliche Vorstellung, er sei noch immer wahnsinnig; doch der Schrecken geht unversehens in rasende Eifersucht über, und er ersticht seinen Rivalen. Um sich der Strafe zu entziehen, bleibt ihm nichts anderes übrig, als bis zu seinem Lebensende den Irren zu spielen.

Die Handlung bietet Pirandello Gelegenheit zur Demonstration seiner These von der Unmöglichkeit einer freien Willensentscheidung. Der Mensch, in keinem Augenblick Herr seines Schicksals, sondern stets der Spielball dunkler Gewalten, ist zu einem Scheindasein verurteilt. Mit Meisterschaft beherrscht Pirandello das Mittel der tragischen Ironie: jeder Schritt, der den Handelnden der Freiheit näherzubringen scheint, führt mit unausweichlichem Zwang in immer neue Verstrickungen, aus denen es kein Entrinnen gibt. So wird die Frage nach der Schuld des Handelnden gegenstandslos wie im Schicksalsdrama, weil der Mensch zur Ohnmacht verdammt ist, auch wenn er sich der Illusion hingibt, seinen Weg frei bestimmen zu können. Tiefer Zweifel am Wert des Lebens ist die Folge dieser Skepsis. Als Grundzug des italienischen Volkscharakters begleitet Skepsis den Gang der italienischen Literatur wie ein Leitmotiv; sie läßt sich bis zu Boccaccio, ja, bis zu Martial zurückverfolgen.

Mit diesen Dichtern teilt Pirandello auch den Sinn für Realismus und seinen ausgeprägten Hang zur ›beffa‹, einer Form der Spottlust, der wir auch im italienischen Volksmärchen oft begegnen. Diese Eigenschaften spiegeln sich in seiner Dichtung und führen zur Kritik am Laster, die Pirandello zum moralischen Schriftsteller macht. Nur bedient er sich nicht wie Martial des knappen Epigramms, sondern wie Boccaccio zunächst der Novelle, in seinen späteren Lebensjahren hingegen fast ausschließlich des Dramas. Wenn aber Boccaccio den geistig beschränkten und vom Leben vernachlässigten Menschen mit seiner Spottlust verfolgt, so will er die Damen, für die das ›Dekameron‹ als eine Art ›Zeitkürzer‹ bestimmt ist, vornehmlich unterhalten. Pirandellos Ziel ist ein anderes: Er will den Leser sittlich aufrütteln und zur Erkenntnis seiner Schwächen führen. Mit seinem Landsmann Giovanni Verga (1840–1922), mit dem er oft verglichen worden ist, hat er hingegen nur den Sinn für Realismus gemein. Denn Verga verfolgt mit seiner veristischen Darstellungsweise ein gesellschaftskritisches Ziel und huldigt in seinen Romanen im übrigen noch den ästhetischen Grundsätzen Flauberts und Zolas. Bei Pirandello kommt eine viel ›moderner‹ anmutende Einfühlungsgabe in den Seelenzustand des gebrochenen Menschen hinzu. Seine realistischen Schilderungen haben nur untergeordnete Funktionen; sie bilden den Rahmen seiner eigentlichen Aufgabe und seines Grundproblems: Erst wer ›das Spiel verstanden hat‹, ist vor Selbstbetrug und Illusionen über sich selbst gefeit.

Pirandellos erste Versuche waren lyrische Gedichte. Sein Vorbild war Carducci, dessen antiklerikaler und fortschrittsgläubiger ›Hymnos an Satan‹ die Avantgardisten der Zeit befeuerte. Doch Pirandello erkannte bald, daß er in der Lyrik den ihm gemäßen Ausdruck nicht finden könne. Darum wandte er sich der erzählenden Prosa zu. Von seinen Romanen errangen nur die eingangs erwähnten ›Wandlungen des Mattia Pascal‹ Erfolg. In der epischen Breite lag seine Stärke nicht; seine Begabung drängte ihn zur pointierten Kurzgeschichte und zur Novelle. In der Sammlung ›Novelle per un anno‹ (Novellen für ein Jahr), die 1922 bis 1928 erschien, hat er über dreihundert Novellen vereinigt. Daß die eigentliche Wirkungsstätte seiner Ideen das Theater war, erkannte er erst im höheren Lebensalter. Bis zum Ende hat er dann seine ganze Kraft dieser ›moralischen Anstalt‹ gewidmet.

Wie Carducci und andere Schriftsteller der Zeit war auch Pirandello jahrelang als Lehrer tätig. Dieser sozial nicht hochangesehene Beruf bot damals wenig Möglichkeiten zur inneren Entfaltung. Es kam hinzu, daß Pirandello sein gesamtes Vermögen verlor, das in einer Schwefelgrube angelegt war; dadurch wurde er finanziell abhängig. Im Jahre 1893 hatte er eine Familie gegründet. Seine Frau, von krankhafter Eifersucht geplagt und durch den finanziellen Zusammenbruch völlig aus dem Gleichgewicht geraten, dämmerte jahrelang in geistiger Umnachtung dahin, bis sie schließlich in einer Anstalt untergebracht werden mußte. Pirandello hat die Schicksalsschläge mit stoischem Gleichmut ertragen. Vielleicht bedeuteten sie für den geborenen Skeptiker nur eine Bestätigung der Fragwürdigkeit der menschlichen Persönlichkeit, auf die er unablässig hinwies; vielleicht waren sie auch leichter zu ertragen, weil er als Dichter die Fähigkeit zur Objektivierung der persönlichen Leiden im Werk besaß. Jedenfalls boten ihm die Eifersucht seiner Frau, der Kampf mit den ausbeuterischen Besitzern der Schwefelgruben und das gedrückte Milieu der Schulmeister und kleinbürgerlichen Angestellten unendlichen Anreiz und Stoff für seine Novellen. Pirandello ist weder ein Dulder noch ein Ankläger; er hat ganz einfach ›das Spiel verstanden‹, und nach seinen eigenen Worten kann der Eingeweihte ›keinen Geschmack und keine Freude mehr am Leben finden‹.

An dieser Grundeinstellung vermochten auch Ruhm und Ehre, die dem Dichter im höheren Alter reichlich zuteil wurden, nichts mehr zu ändern. Nach seinen erfolgreichen Bühnenwerken ›So ist es, wie Sie meinen‹, ›Sechs Personen suchen einen Autor‹, ›Heinrich der Vierte‹ und anderen hatte er eine eigene Schauspieltruppe gegründet, deren Autor, Spielleiter und Unternehmer er in Personalunion war. Den Stoff zu seinen zahlreichen Dramen entnahm er zum Teil den eigenen Novellen; seine Stücke wurden bald auf allen großen Bühnen der Welt gespielt. Die von ihm geschaffene Dramenform nannte er ›Teatro dello specchio‹ (Spiegeltheater). Seine Heimat ehrte ihn durch die Wahl in die Italienische Akademie; internationale Anerkennung fand er 1934, als er, zwei Jahre vor seinem Tode, nach Carducci und der sardischen Dichterin Grazia Deledda als dritter Italiener mit dem Nobelpreis ausgezeichnet wurde. Am 10. Dezember 1936 starb er in Rom. Obwohl er sein Leben lang Sehnsucht nach der ländlichen Heimat empfunden hatte, fesselte ihn sein Beruf als Lehrer und Theaterdirektor an die Großstadt Rom, die er als typischer Landmensch nie wirklich lieben lernte. Noch einmal ließ der ›einsame Tote‹ die Welt aufhorchen, als sie durch die Veröffentlichung des Testamentes sein letztes Bekenntnis zu einer Idee vernahm, die ihn zeitlebens gefesselt hatte:

›Letzter Wille

I. Man lasse meinen Tod schweigend vorübergehen. An Freunde und Feinde die Bitte, nichts in den Zeitungen zu berichten, ihn nicht einmal zu erwähnen. Keine Anzeigen, keine Trauerbriefe.

II. Wenn ich tot bin, so kleide man mich nicht ein.

Nackt hülle man mich in ein Leintuch. Und keine Blumen aufs Totenbett, keine brennende Kerze.

III. Wagen letzter Klasse, wie bei den Armen. Ohne Schmuck. Und keiner gebe mir das Geleit, weder Verwandte noch Freunde. Wagen, Pferd, Kutscher – das genügt.

IV. Verbrennt mich. Und sobald mein Leib verbrannt ist, soll man ihn verstreuen, denn ich möchte, daß nichts – auch nicht die Asche – von mir übrigbleibe. Sollte das nicht möglich sein, so bringe man die Aschenurne nach Sizilien und vermaure sie in rohem Gestein inmitten der Äcker von Agrigent, wo ich geboren bin.‹

Und so geschah es, wenngleich zum Leidwesen all derer, die ein prunkvolles Begräbnis des berühmten Dichters und Nobelpreisträgers erhofft hatten. Die Asche wurde lange Jahre in einer griechischen Vase in seinem Geburtshaus ›Il Caos‹ aufbewahrt. Erst jüngst wurde der letzte Wunsch des Dichters erfüllt und die Asche in die Winde seiner Heimat zerstreut.

Der Gedanke an den einsamen Tod hat ihn oft beschäftigt. In der Novelle ›Zerstreutheit‹ schildert Pirandello ein Leichenbegängnis, wie er es sich selbst gewünscht hat: ›Nackt der Wagen: kein Band, keine Blume. Hinterher ein einziges weibliches Wesen.‹ Aber die Ironie des Schicksals will es, daß das Leben mit diesem einsamen Toten noch sein Possenspiel treibt; unfreiwillig wird er zum Anlaß eines aufregenden Zwischenfalls – aufregend und lächerlich zugleich. Doch wie so oft bei Pirandellos Erzählungen erstirbt dem Leser das Lachen auf den Lippen.

Fast stets haben Pirandellos Situationen tragikomischen Charakter; der Fragwürdigkeit des menschlichen Daseins entsprechend, hat sein Humor meist einen bitteren oder traurigen Unterton. Zwischen Humor und Melancholie besteht nach seinen eigenen Worten innere Übereinstimmung. Wo aber der bittere Beigeschmack einmal fehlt, da ergeben sich Komödiensituationen, die Boccaccios würdig sind.

So hat Pirandello eine Fülle von Gestalten ins Leben gerufen, die trotz der oft unwirklich scheinenden Situationen voller Echtheit und Leben sind. Eifersüchtige Ehefrauen, geizige Bauern, gerissene Advokaten, weltfremde Gelehrte, skurrile Phantasten, betrogene Ehemänner, ehrgeizige Politiker, ausgebeutete Arbeiter, bigotte Bürger, von der Natur vernachlässigte arme Teufel bevölkern seine Novellen. Bis in die geringsten Einzelheiten beobachtete Pirandello Land und Leute, und wie jeder echte Volksdichter schaute er seinen Menschen ›aufs

Maul‹; darum ›sitzt‹ in seinen Dialogen jedes Wort mit seltener Präzision. So hat er die klassische Form der Novelle im Sinne seiner Vorbilder erfüllt. Als raffinierter Erzähler weiß er, daß Spannung zu den konstituierenden Merkmalen der Novelle gehört; daher spart er das Überraschungsmoment meist für den Schluß auf. Nur eiserner Fleiß vermochte das novellistische und dramatische Riesenwerk zu schaffen. In seinen ›Autobiographischen Notizen‹ vom Jahre 1924 schreibt der Dichter:

›... Ich stehe morgens beizeiten auf und arbeite gewöhnlich bis 12 Uhr. Am Nachmittag setze ich mich meist halb drei wieder an den Schreibtisch und bleibe dort bis halb sechs. Nach den Morgenstunden schreibe ich allerdings nicht mehr, wenn nichts Dringendes vorliegt; ich lese und studiere lieber. Des Abends nach dem Essen unterhalte ich mich eine Weile mit meiner kleinen Familie, lese die Artikelüberschriften und die Spalten von ein paar Zeitungen und gehe dann schlafen...

Ich finde, das Leben ist ein recht trauriges Possenspiel. Ohne zu wissen, wieso, weshalb und woher, sind wir ständig gezwungen, uns aus eigenem Antrieb mit der Erfindung einer Wirklichkeit zu betrügen..., die sich von Zeit zu Zeit als eitel und illusorisch erweist.

Wer das Spiel verstanden hat, vermag sich nicht mehr zu betrügen; wer sich jedoch nicht mehr zu betrügen vermag, der kann weder Geschmack noch Freude am Leben mehr finden. So ist es...

Das ist in Kürze der Grund für die Bitterkeit meiner Kunst und auch meines Lebens.‹

LISA RÜDIGER

Vitaliano Brancati im Diogenes Verlag

Der schöne Antonio

Roman. Aus dem Italienischen von Arianna Giachi
detebe 21724

»In *Der schöne Antonio* nimmt Brancati das Thema des erotikbesessenen Sizilianers, das er im *Don Giovanni* als ausgelassenes Divertissement geschildert hatte, wieder auf – diesmal aber im Klima der Tragödie. Was den schönen Antonio, von dem alle glauben, er sei ein Frauenheld, an der Erfüllung seiner hitzigen Wünsche hindert, ist nicht wie bei Giovanni eine lähmende Schüchternheit, sondern Impotenz. Er ist nicht imstande, die Ehe mit der schönen, reichen und von ihm über alles geliebten Barbara Puglisi zu vollziehen. In dieser extremen Situation enthüllt sich die sizilianische Erotomanie in ihrer ganzen Absurdität.«
Alice Vollenweider

Paolo der Heißblütige

Roman. Deutsch von Arianna Giachi
detebe 21385

»Wenn das Prädikat nicht inzwischen schon abgegriffen wäre, dann würden wir sagen, daß Brancati mit vollem Recht als ein Klassiker bezeichnet werden kann. Worin besteht seine Klassizität? Vor allem in den formalen und inhaltlichen Grenzen, die er sich setzte, nachdem er sie in sich selbst und in der Wirklichkeit entdeckt hatte; dann in der besonderen Qualität seiner Begabung, die viel Volkstümliches und Archaisches an sich hat; und schließlich in seinem Stil, der den Dingen und den Figuren treu ist, in der Darstellung realistisch und objektiv, im Ausdruck subjektiv und lyrisch. Auf seine Weise war Brancati ein vollendeter Schriftsteller, und seine Bücher geben dem Leser jenes Gefühl von

Zufriedenheit und Ruhe, das gerade die klassischen, also die vollkommen abgeschlossenen und klar konturierten Werke vermitteln. Bücher wie *Don Giovanni in Sizilien*, *Paolo der Heißblütige* und *Der schöne Antonio* haben das Bild dieses einzigartigen und genialen Schriftstellers definitiv geprägt.« *Alberto Moravia*

Don Giovanni in Sizilien

Roman. Deutsch von Hans Hinterhäuser
Leinen

»Ein Roman über den *gallismo* des sizilianischen Mannes, seine Art, als gackernder Hahn ständig auf seine Potenz aufmerksam machen zu müssen. Mit viel Sinn für Situationskomik und satirischen Witz, in schnell wechselnden Szenen erzählt Brancati von Don Giovanni, der sich und uns vorspielt, er dränge zum Weibe, und der tatsächlich die Weiber panisch flieht.«
Frankfurter Allgemeine Zeitung

● **Henry Slesar**
Meistererzählungen
Aus dem Amerikanischen von Thomas Schlück. detebe 21621

● **Adalbert Stifter**
Meistererzählungen
detebe 21609

● **Rodolphe Toepffer**
Meistererzählungen
Ausgewählt und aus dem Französischen von H. Graef. Mit einem Vorwort von Maurice Aubry. detebe 21505

● **Leo Tolstoi**
Meistererzählungen
Ausgewählt von Christian Strich. Aus dem Russischen von Arthur Luther, Erich Müller und August Scholz. detebe 21700

● **Iwan Turgenjew**
Meistererzählungen
Herausgegeben und aus dem Russischen von Johannes von Guenther. detebe 21051